부자는 천천히 벌지 않는다

SKIP THE LINE

by James Altucher

부자는 천천히 벌지 않는다

1판 1쇄 인쇄 2022. 3. 28.
1판 1쇄 발행 2022. 4. 4.

지은이 제임스 알투처
옮긴이 함현주

발행인 고세규
편집 임여진 디자인 유상현 마케팅 백미숙 홍보 이한솔
발행처 김영사
등록 1979년 5월 17일(제406-2003-036호)
주소 경기도 파주시 문발로 197(문발동) 우편번호 10881
전화 마케팅부 031)955-3100, 편집부 031)955-3200 | 팩스 031)955-3111

값은 뒤표지에 있습니다.
ISBN 978-89-349-6161-1 03320

홈페이지 www.gimmyoung.com   블로그 blog.naver.com/gybook
인스타그램 instagram.com/gimmyoung   이메일 bestbook@gimmyoung.com

좋은 독자가 좋은 책을 만듭니다.
김영사는 독자 여러분의 의견에 항상 귀 기울이고 있습니다.

제임스 알투처 | 함현주 옮김

부자는 천천히 벌지 않는다

제임스 알투처의 부의 점프 전략

SKIP THE LINE
SKIP THE LINE

김영사

이 책을 로빈 알투처Robyn Altucher에게 바칩니다.
너무 늦지 않게 당신을 만나 함께 격리 기간을 보내 기쁩니다.

· 차례 ·

모든 것이 변하는 순간

"그러면 안 돼!"

신디는 HBO의 마케팅 팀장이다. 나는 최고 경영자 사무실로 걸어가고 있다. 때는 1995년이다. 최고 경영자는 내 상사의 상사의 상사의 상사의 상사다.

나는 HBO의 사원 직급 소프트웨어 분석 개발자다. 열심히 일하면 대리로 승진할 수 있을 것이다.

신디가 이렇게 말한다. "그렇게 바로 찾아가서 아이디어를 말하면 안 돼! 수십 년간 이 일을 하면서 아이디어를 생각해둔 사람이 얼마나 많은 줄 알아? 바로 대표를 찾아가서 원하는 걸 얘기한다는 건 절대 안 될 말이야. 모든 과정을 단숨에 건너뛸 수는 없어."

하지만 나는 내 인생을 바꾸고 싶다. 나는 불행하다. 내 업무는 마치 고인 물 같다. 나는 분석 개발자든 뭐든 흥미가 없다. 6제곱피트 정도 되는 좁아터진 칸막이 안에 편안하게 앉아 있는 데 더 이상 흥미가 없다. 교도소 수감자도 보통 8제곱피트 방에서 지낸다. 개인 화장실도 있다. 나는 따로 화장실에 가는 것도 싫고, 상사가 옆 칸에 있는 건 아닐까 하고 생각하는 것도 싫다. 그래서 일이 끝날 때까지 참다 보니 내 배 속 상태는 말이 아니다.

단숨에 모든 과정을 건너뛸 수는 없을까?

"해볼 거야. 내가 잃을 게 뭐가 있겠어?"

"직장을 잃을 거야. 아무도 이런 식으로 하지 않아."

하지만 나는 하고 싶다. 단숨에 모든 과정을 뛰어넘고 싶다. 편한 지름길로 가려는 게 아니다. 나에게는 좋은 아이디어가 있다. 단숨에 건너뛸 수 없다는 규칙은 누가 만든 거지?

나는 최고 경영자 사무실로 간다.

↗ ↗ ↗

25년 후, 팬데믹으로 지구가 봉쇄된다. 미국에서는 4,000만 명이 실업 급여를 신청한다. 세상이 끝난 것 같다. 사람들은 폭동을 일으킨다. 여기저기에서 항의 시위가 이어진다. 경제가 다시 돌아가고 소동이 가라앉으면서 눈앞에 결과가 드러난다. 수많은 기업이 제자리로 돌아오지 못한다. 수많은 산업 분야가 엉망이 된다. 수많은 사람이 새로운 세상에서 어쩔 줄 모르고 있다.

변화하고, 열정의 대상을 찾고, 그것을 잘하기 위해 노력하고, 그 결과로 돈을 벌고, 그 돈으로 가족을 먹여 살리고, 신나게 사는 것, 즉 아침에 기대감과 함께 깨어나는 것이 이토록 중요하게 여겨진 적은 없었다. 학교에서는 '단숨에 도약해 성공하는' 방법 같은 건 절대 가르치지 않았다. 갑자기 이 세상이 미지의 세계에서 사는 법을 배우지 않고는 살아남지 못하는 아주 무서운 곳으로 바뀔 수 있다는 말도 해주지 않았다.

나는 내 열정의 대상을 바꿀 것이다. 그리고 그다음엔 또 다른 것으로 바꿀 것이다. 인생에서 너무 늦은 때란 없다. 오늘날 모두가 사회적 외상 후 스트레스 장애 증상을 보이며 혼란에 휩싸여 이리저리 헤매고 있다. 사람들은 변화하고 싶다고, 자신이 언제나 X를 하고 싶었지만 Y를 해야만 했다고 말한다. 우리는 태어날 때부터 지켜야 할 공휴일, 다녀야 할 학교, 승진 목표, 받고 싶어 해야 할 상을 주입받는다. 나 또한 내가 완전히 바닥으로 떨어질 때까지 이런 것들을 믿었다. 아무것도 모른 채 최악의 상황에 맞닥뜨려 어떤 희망도 남지 않을 때까지.

지금이야말로 단숨에 도약하는 법을 배워야 할 때다. 물론 단숨에 도약하는 법을 배워야 하는 순간은 항상 지금이었다. 우리가 그 사실을 잊고 있었을 뿐이다.

↗ ↗ ↗

9·11테러 당시 나는 세계무역센터에서 네 블록 떨어진 곳에 살았다. 2001년 9월 11일 오전 8시 30분경. 정말 아름다운 아침이었다. 주식시장은 며칠간 하락세를 보였고 나는 그 전날 밤에 주가가 반등할 것이라는 예측에 큰돈을 걸었다. 그날 아침 주식시장이 시작부터 급등세로 돌아설 것 같아 돈을 벌 생각에 신이 났다.

나는 세계무역센터 1층에 있는 딘앤델루카Dean & DeLuca에서 아침을 먹는다. 그런 다음 동업자 댄과 함께 내가 사는 아파트 쪽으로 걸어가기 시작한다.

댄이 나를 보고 말한다. "대통령이 오늘 온다고 했나?" 그러고는 앞쪽을 가리킨다. 비행기 한 대가 하늘을 가르며 우리 쪽으로 낮게 날아오고 있다.

1초, 혹은 100만 분의 1초, 되돌릴 수 없는 그 순간, 거리에 있던 사람들이 본능적으로 재빨리 몸을 수그린다. 나는 고개를 들고 비행기가 무역센터로 돌진하는 것을 본다. 뒤이어 생전 처음 듣는 굉음이 울린다. 마치 신이 거대한 다락방 문을 열어젖히는 것 같다.

댄과 나는 가까운 소방서로 달려가 우리도 도움을 주고 싶다고 말한다. 한 남자가 건물 안쪽에서 소방복 두 벌을 던진다. "이거 입어요." 그러고 나서 묻는다. "소방관이에요?"

"아니요, 하지만 도움이 되고 싶어요."

"그럼 안 되겠네요. 소방관만 할 수 있어요." 곧이어 그를 비롯한 소방관들이 소방복을 입고, 소방차에 타고, 사이렌을 켠 후 소방서 밖으로 나간다. 그날 건물이 무너져 내리면서 1시간도 채 안 돼 많은 소방관이 사망했다.

우리는 연기를 뿜어내는 건물 쪽으로 다시 간다. 건물 꼭대기에서 사람들이 몸을 던진다. 멀리서 보면 마치 공중에서 검은 선이 구불거리는 것 같지만 가까이 가면 우리가 알고 있는 몸의 형체가 보인다. 그때 건물이 흔들리기 시작하더니 어마어마한 양의 검은 연기를 뿜으며 무너져 내린다. 우리는 다시 내가 사는 아파트 쪽으로 뛴다. 건물 전체가 검은 구름으로 뒤덮인다.

어린 딸은 바닥에 오줌을 쌌다. 모두 두려움에 떤다. 우리 집에 모인 사람들이 울고 있다. 다들 무력감에 휩싸인 채 어찌할 바를 모른다. 확성기에서는 대피하라는 방송이 쏟아져 나오지만 우리는 움직이지 않는다. 바깥이 안전할까, 안이 안전할까? 모를 일이다. 창밖은 칠흑같이 어둡다. 검은 먼지와 함께 파멸의 기운이 집 안으로 들어올 것 같다. 우리는 번갈아가며 라디오에 귀를 기울이고 뜬눈으로 밤을 지새운다. 다음 날 모든 사람의 제2막이 시작된다.

몇 개월 뒤, 나는 데이 트레이딩으로 빈털터리가 된다. 수백만 달러를 날릴 때까지 나는 데이 트레이딩에 대해 아무것도 몰랐다. 밤에는 엄청난 해일이 맨해튼을 덮치는 꿈을 꾼다. 뛰어서 도망치는 건 불가능하다는 사실을 깨닫는 순간 잠에서 깬다.

나는 집을 팔고 싶다. 가격을 3번이나 낮췄지만 사겠다는 사람이 없다. 나는 매일 중개인에게 전화했고 그는 "가격을 한번 더 내려보세요"라고 말한다. 그러고 싶지 않다. 그래도 어쨌든 내려본다.

또 기다린다.

내 계좌를 다시 한번 확인한다. 143달러. 어쩌다 이렇게 됐지? 나는 내가 똑똑하다고 생각했지만, 그저 최악의 바보였을 뿐이다. 눈물이 난다. 뭘 해야 하지?

일단 아내에게 전화한다. 가게에 뭔가를 사러 가던 참이었지만 계좌를 확인하고 당황한 나머지 무엇을 사려 했는지 까맣게 잊어버렸다.

공중전화로 가서(당시에는 뉴욕시에 공중전화가 있었다) 전화를 건다. 발신음이 들리지 않는다. 버튼을 누른다. 소리가 나지 않는다. 내 귀에 뭔가가 있는 것 같다. 수화기를 귀에서 뗀다. 수화기에 끈적하게 머리카락이 달라붙는다.

수화기가 똥으로 뒤덮였다. 사람 똥인가? 개똥인가? 모르겠다. 그것이 내 손과 머리카락을 뒤덮고 있다. 8세 때 나는 미래가 성공으로만 가득할 것이라 생각했다. 이런 순간은 상상해본 적도 없다. 얼른 수화기를 놓는다. 내가 소리를 질러도 사람들은 내 옆을 지나갈 뿐이다.

나는 빈털터리에 머리카락은 똥 범벅이 된 데다 가게에서 방금 무엇을 사려 했는지조차 잊어버린 사람이다.

그날 밤 나는 이웃집으로 간다. 앞뒤를 가릴 상황이 아니다.

"나도 자네가 일하는 곳에서 투자 업무를 할 수 있을까?"

그는 조금 당황했는지 바닥을 바라보며 머뭇거린다. 얼굴이 화끈거린다. 다시 울고 싶은 기분이 든다. 아쉬운 소리 하는 게 싫다.

그가 말한다. "경력이 좀 필요할 것 같아. 재정학 학위가 필요할 수도 있고, 아니면 다른 투자신탁이나 은행에서 잠시라도 일한 경력이 있어야 하고, 밑바닥부터 일을 배워야 해. 잘 알겠지만 이 일을 하려는 사람이 많거든. 단숨에 그 사람들을 뛰어넘기는 힘들어."

사람들이 내게 그런 말을 하는 게 정말 싫다.

나는 변해야 했다. 다시 한번 변해야 했다. 모든 것을 바꿔야 했다. 내가 전념할 것을 찾아야 했다. 그래서 그 일을 잘하는 사람이 되어야 했다. 그래서 그걸로 돈을 벌어야 했다. 내 가족을 먹여 살리고 싶었다.

그리고 당장 그렇게 해야 했다. 나에게는 1만 시간이 없었다. 단숨에 정상까지 뛰어올라야 했다.

자다가 새벽 3시에 깨곤 한다. 눈을 뜨고 검푸른 어둠을 응시한다. 여러 목소리가 귓가에 맴돈다. 이럴 땐 궁금해진다. 이게 다 누구 목소리지? 목소리는 끊임없이 들려온다.

늦은 밤, 어둠, 목소리…. 내 마음이 길을 잘못 든 듯하다. 어쩌다 누군가의 악몽으로 들어가 내 안의 끔찍한 내가 속삭이는 단어에 쫓기며 헤매는 듯하다. 아침마다 기대감을 안고 잠에서 깨 즐겁게 놀던 소년이 지금 이런 암흑에 갇혀 있다니 믿을 수 없다.

누군가가 당신에게 "그건 안 돼!"라고 말해도 그게 정말 안 되는 일이라고 생각하지 마라. 우리는 모두 자신 안에 있는 악마를 진정시키기 위해 애쓴다. 그것은 걱정일 수도 있고 스트레스일 수도 있다. 다들 어디에서 이런 걱정과 두려움을 갖게 될까? 어디서 갖게 되었는지는 중요하지 않다. 중요한 건 삶은 우리가 예상한 것보다 더 어렵다는 사실이다.

당신이 알아두어야 할 사실이 또 있다. 누군가 당신에게 안 된다고 말할 때 그 사람은 당신과 관계된 자신의 목표를 각인시키려는 것이다. 그건 그 사람의 계획이고 진실일 뿐, 당신 것이 아니다. 그 사람의 목표를 따를 필요는 없다. 그 사람이 당신에게 바라는 목표에 에너지를 쏟을 필요 없다. 그를 설득하려 할 필요도 없다. 어차피 설득되지 않을 테니까. 그런 사람은 자기가 만들어놓은 세상에서 산다. 그리고 당신이 하면 '안 되는' 바로 그 일이 그가 만든 세상에서는 매우 중요한 문제다.

그들의 목표를 그냥 흘려보내라. 당신의 목표를 향해 나아가는 동안 그들은 혼잣말로 불평을 해대며 당신 옆을 지나갈 것이다. 어쨌든 그들이 행복하길 바랄 수는 있다. 하지만 그 이상은 하지 마라. 남들 인생에서, 남들이 당신에게 정해준 비전에서 벗어나 당신이 실현할 수 있는 것을 향해 정진해야 한다.

때때로 새벽 3시에 목소리가 다시 들린다. 지금껏 수없이 들었던 "안 돼"라는 말. 캄캄한 밤, 그리고 외로운 시간은 타인의 계획에 대한 당신의 저항력이 가장 약해질 때다. 뇌는 타인의 계획을 끌어들이고 가슴은 방어할 수 있을 만큼 깨어 있지 않다.

이 책이 당신을 깨워줄 것이며, 이제 꿈속에서도 외롭지 않을 것이다. 당신은 분명 어둠에 대항할 힘을 가지고 있다. 많은 사람이 A를 한 다음 B, C를 하고 마지막으로 D를 하는 계획을 세우고 그것이 유일한 길이라고 생각한다.

절망의 늪에 빠진 바로 그 순간, 수많은 가능성이 마치 마술사가 펼쳐놓은 카드처럼 당신 앞에 펼쳐진다. 마술사가 말한다. "아무 카드나 하나 고르세요." 당신의 마음이 카드를 결정하는 것도, 오직 당신을 위한 카드 한 장을 뽑는 것도 바로 그 순간이다. 그렇게 늦은 시간에도 당신은 단숨에 도약할 수 있고 아무도 존재한다고 믿지 않는 수많은 가능성의 세계를 탐험할 수 있다. 무력감을 느끼는 어둡고 늦은 밤에도 카드를 뽑을 수 있다. 어떤 카드든지.

유도 창시자 가노 지고로嘉納治五郎는 5피트 2인치(약 157센티미터)의 단신이었고 학교 공부에 흥미가 많았다. 그가 어릴 때 어머니가 돌아가신 다음부터 그의 가족은 여러 곳으로 이사를 다녔다. 그는 요즘 말로 하면 '너드nerd'였다. 가노는 자기보다 체격이 큰 친구들에게 괴롭힘을 당하곤 했다. 그 아이들은 가노가 지나가는 길을 막아서고는 몸으로 말했다. "못 가!" 그럼 가노는 돈을 줘야 했다.

가노는 상대의 힘을 역이용해 자기보다 몸집이 큰 사람을 이기는 법을 익혔다. 공격할 때 사람은 일시적으로 몸의 균형을 잃는다. 가노에게 돌진하는 순간, 상대는 약간 균형을 잃는다. 가노의 접근법은 이 위기의 순간에 반사적으로 몸과 마음의 평정을 유지하면서 달려드는 상대방의 에너지를 그들에게 돌려주는 법을 익히는 것이었다. '최소한의 힘으로 최대 효과를 내는' 방법 말이다.

가노는 이런 말을 했다. "더 힘이 센 상대에게 저항하면 결국 패배합니다. 하지만 공격하는 시점에 맞춰 피하면 상대방이 균형을 잃게 됩니다. 그러면 상대의 힘이 떨어질 것이고 그 틈을 노려 그를 이길 수 있지요. 힘의 상대적 크기를 역이용하면 약한 사람이 자신보다 훨씬 더 강한 사람을 이길 수 있습니다."

당신이 안락함을 버리고 대부분 사람이 좇는 똑바른 길을 벗어나 뭔가를 성취하려고 할 때, 이 세상의 힘은 당신을 무너뜨리려 할 것이다. 괴롭힘을 당할 수도 있다. 신체적 괴롭힘이 아니더라도 방법은 많다. 누군가 "그렇게 하지 마!"라고 말할 때도 있고 당신이 선택한 분야에서 성공하기 위해 단숨에 도약하려는 것에 적대감을 보일 때도 있다. 그럴 때 저항하기보다는 긴장을 풀고, 상대의 행동을 이용해 에너지를 생성하거나 증가시키고, 상대가 균형을 잃을 때 행동을 취해야 한다는 개념은 이 책에서 소개하는 도약의 기술을 더욱 탄탄하게 뒷받침해준다.

빈스는 말한다. "제임스, 제임스, 제임스, 자네는 이제 막 스탠드업 코미디를 시작했잖아. 언제부터지? 2년 전? 수년간 스탠드업 코미디를 한 사람들도 너만큼 해내지 못해. 서두를 필요 없어. 다 때가 있는 거야. 처음엔 오프닝 무대, 그다음엔 계산서 타임 공연, 그다음엔 진행자가 될 수도 있겠지. 그다음엔 5분에서 10분짜리 공연을 하고 여러 클럽에서 공연을 하는 거야. 그러면 텔레비전 무대에도 서야 할 거야. 그다음엔 공연에서 클로징 무대를 맡거나 다른 지역으로 공연을 다닐 수도 있어."

그는 자기 술잔을 응시한다. 우리는 시 외곽의 한 코미디 클럽에 있다. 짐 개피건Jim Gaffigan, 티파니 해디시Tiffany Haddish, 데이브 셔펠Dave Chappelle 사진이 우리를 둘러싸고 있다.

빈스는 낮에는 트럭을 운전하고 다니며 지하 전선로를 수리한다. 은퇴까지 2년 남았다. 그리고 20년째 스탠드업 코미디를 하고 있다. 그는 정말 재미있다. 덩치가 크고 반은 히스패닉, 반은 아프리카계 미국인이다. 그의 삶은 여러모로 뭔가 반반씩 섞인 듯한 느낌이다. 그는 손가락마다 반지를 끼고 큰 모피 코트를 입는다.

내가 좋아하는 그의 코미디는 이런 식이다. 무대 위 의자에 앉아 힘을 빼고 몸을 뒤로 젖힌 뒤 관객들과 대화하는 것이다.

"나는 칼에 2번 찔려봤어요. 데이트하던 여자에게 내 상처에 대해 말한 적이 있지요. 그녀가 이렇게 말하더군요. '아, 말도 안 돼. 당신 정말 위험한 사람이었군요.' 그래서 그녀에게 말했어요. '칼에 찔린 상처가 무슨 의미인지 잘 이해하지 못하는 것 같네요. 위험한 사람은 칼로 찌른 사람이지요.'" 사람들은 항상 웃는다. 나도 웃는다.

빈스가 이렇게 말한다. "수년간 코미디를 하고 나면 상황을 통제하는 법을 배우게 돼. 어디에서 웃음이 터질지 알면 원할 때 웃음을 이끌어낼 수 있어. 무대를 장악하게 되는 거지. 하지만 때가 될 때까지 기다려야 해. 자네는 이 바닥에서 아직 아기나 다름없어. 한번에 점프할 수는 없어. 때가 올 거야."

그날 밤 무대 매니저를 맡은 존이 나를 부른다. "제임스, 자네 차례야."

나는 긴장하기 시작한다. 방금 단숨에 도약**할 수 없다**는 말을 들은 참이다.

관객 150명 앞에서 45분간 공연을 해야 한다. 그렇게 오래 공연하는 건 처음이다. 빈스는 그 일을 20년간 해왔다. 그의 말을 들은 후 나는 자신감을 잃었다. 빈스 말이 맞을지도 모른다. 하지만 이제 와서 겁을 먹고 있을 수는 없다.

군중 사이를 뚫고 나가 문을 연다. 진행자가 말한다. "소개하겠습니다, 제이이이임스 알투처!"

나는 무대로 올라간다.

ↄ ↄ ↄ

나는 직업을 여러 번 바꾼다.

1987년, 대학을 다니며 첫 사업을 시작한다. 대학생을 위한 체크카드 사업이다. 체크카드라는 것이 존재하지 않을 때다. 비자카드나 마스터카드는 대학생에게 신용카드를 발급해주지 않는다.

나는 상점과 식당 80곳을 설득해 '칼리지 카드'를 받고 우리 회원에게 할인해달라고 설득한다. 그리고 우리 카드를 사용할 수 있는 POS 기기 프로그램을 만들어 식당에 설치한다.

자본이 더 필요하다. 그리고 내가 모든 일을 처리하고 있다. 한 친구가 말한다. "넌 너무 어려. 때가 될 때까지 기다려."

나는 1년 이상 이 사업을 운영한다. 함께하던 동업자 2명이 졸업한다. 한 명은 대학원에 진학하고 다른 한 명은 마스터카드에 취직한다! 나는 혼자 남겨진다. 6개월 더 사업을 하다가 문을 닫는다. 그 사업은 아무런 성과도 없었지만 내 인생을 바꾸었다.

나는 처음으로 컴퓨터 프로그래밍을 한다. 그리고 그 일에 몰두한다. 나는 전공을 컴퓨터공학으로 바꾸고 싶어 생활지도 상담원을 찾아간다.

그녀는 "그건 안 돼. 너는 곧 4학년이 되잖아. 어떻게 졸업에 필요한 학점을 모두 이수할래?"라고 말한다.

"4년치 미적분학 수업을 들어야 해. 너는 하나도 안 들었잖아. 컴퓨터 관련 수업을 들어봐. 하지만 지금 전공은 계속하도록 해. 지금 시점에서 그렇게 갑자기 진로를 바꾸는 건 정말 힘든 일이야."

하지만 결국 나는 프로그래머가 된다. 그러다 소설을 쓰고 싶다고 생각해 HBO에 들어간다. HBO에서 텔레비전 파일럿 프로그램을 만들다가 웹사이트 제작 사업을 시작한다.

나는 그 회사를 팔고 모바일 소프트웨어 제작 사업을 시작한다.

회사를 운영하기 위해 돈을 마련해야 한다. 한번은 미팅에서 누군가가 모바일 소프트웨어의 작동 원리를 설명해달라고 요구한다.

"음, 우선 신호가 위성으로 가면 거기서 당신의 휴대전화로 신호를 보냅니다."

"저는 신호가 이동전화 기지국으로 간다고 생각했는데요."

나도 잘 모르겠다. 내 말에 확신이 없다. "음, 기지국으로 갈 때도 있고 위성으로 갈 때도 있어요." 그 사업은 잘되지 않는다.

나중에 나는 벤처캐피털 회사를 만든다. 그리고 데이 트레이딩을 한다. 그런 다음 작가가 된다. 하나의 웹사이트에, 2개의 웹사이트에, 2개의 신문에 글을 쓰고, 그러고 나서 책을 쓴다. 그런 다음 스무 권의 책을 쓴다. 이어서 내가 만든 뉴스레터와 온라인 수업을 판매하는 사업을 시작한다.

그러고 나서 헤지펀드를 하나 시작하고, 또 다른 헤지펀드를 시작한다. 버나드 메이도프Bernie Madoff가 투자를 거절한다. 나는 사업을 시작한다. 금융에 관심 있는 사람을 위한 소셜 네트워크 사업이다. 그리고 그 회사를 판 후 또 다른 사업을 시작한다. 이번엔 광고 크라우드소싱 사업이다.

그건 잘되지 않아서 새로운 것을 시작한다. 모든 것을 반복한다. 다시 시작한다. 그리고 다시…. 팟캐스트, 글쓰기, 투자, 사업 여러 개, 스탠드업 코미디 같은 것들.

이런 시간을 거치면서 나는 여러 번 파산한다. 나는 직업을 계속 바꾸지만 돈의 3가지 법칙은 모른다. 돈 벌기, 돈 모으기, 돈 불리기. 나는 계속 돈을 잃는다. 가끔 이렇게 말하는 사람들이 있다. "당신이 계속 파산하는 그 사람이군요." 그러고는 조금 웃는다.

　실패가 성공의 어머니라는 말에 동의하는 사람이 많다. 그 말은 사실과 거리가 멀다. 고통의 결과가 창의력이라고? 실패하면 통찰력이 생긴다? 물론 그럴 때도 있다. 하지만 필요조건은 아니다. 사람들은 아기가 처음 난로를 만졌다가 손을 뎄을 때 난로는 만지면 안 된다는 사실을 배운다고 예를 들어 설명한다. 하지만 나는 손을 데지 않는 편이 좋다.

　실패하면 고통스럽고 두렵다. 부양가족이 있을 때, 간절히 성과를 바랄 때, 직업이나 관심사를 바꾸어 모든 것이 불확실할 때는 실패를 곱씹으며 배우기보다는 단숨에 도약하는 기술을 습득하는 편이 좋다. 어떻게 하면 세상이 당신에게 가한 힘을 역이용해 정상으로 도약할 수 있을까? 한 가지 답은 이 책에서 설명하는 1만 실험의 법칙이다. 하지만 '실패 포르노'에 빠지지 않는 것도 중요하다. 파산 위기에 처했지만 할 수 있는 게 아무것도 없을 때가 있었다. 밖에 나와 울고 있는데 비가 내리기 시작했다. 나는 일어나서 비를 피할 힘도 없었다. '어떻게 나한테 이런 일이 또 생길 수가 있어!' 나는 생각했다. '끔찍해!'

　나는 항상 두려웠다. 지금 이 글을 쓰는 순간에도 위가 뒤틀리는 듯한 기분이다. 기억은 일종의 시간 여행이다. 기억은 당신의 몸과 마음을 다시 그 순간으로 데려다 놓는다. 그건 도움이 되지도 않고 생산적이지도 않다. 걱정과 불안은 에너지 낭비다. 분노도 마찬가지다. 당신 머릿속의 귀중한 공간을 감정이나 남들의 계획에 내주지 마라. 남들의 계획에 따르면 나중에 핑곗거리가 될 뿐이다.

세계가 붕괴할 때 어떻게 가족을 부양할까? 바닥까지 떨어져 어찌할 바를 모를 때 어떻게 해야 그 바닥에서 벗어날 수 있을까? 세상이 거꾸로 뒤집혀 있을 때 어떻게 바로 설 것인가? 밑으로 떨어지기만 할 때 어떻게 해야 뛰어오르는 방법을 알게 될까?

↗ ↗ ↗

나는 무대 위에 있다. 스탠드업 코미디를 한 지 고작 몇 개월밖에 되지 않았다. 두렵다. 좀 역겹고 메스꺼운 이야기를 한다. 난 재미있다고 생각하지만 모두가 나를 빤히 바라보기만 한다.

객석 뒤에서 빨간 등이 깜빡거린다. 무대를 마무리하고 내려와야 한다는 신호다.

객석에서 누군가가 소리친다. "시간 다 됐어! 내려가!" 그 말에 나머지 관객들이 박수를 치며 웃는다. 나는 무대에서 내려온다.

내려오던 중 진행자가 그 방해꾼에게 이렇게 말하는 게 들린다. "선생님 괜찮으세요? 서비스 음료를 좀 가져다 드릴까요?"

그 남자가 말한다. "두 아들과 함께 왔어요. 우리는 그런 허튼소리나 들으러 온 게 아니라고요. 저런 이상한 사람을 봤나."

진행자가 "정말 죄송합니다"라고 말한다.

클럽에서 나온 나는 집으로 가서 잠자리에 들며 다시는 일어나지 않았으면 좋겠다는 생각을 잠시 해본다.

하지만 나는 또 **일어날 수 있다.** 그리고 실제로 **일어난다.**

나는 단숨에 정상에 오르고 싶다. 더 발전하고 싶다. 내가 좋아하는 일을 잘하고 싶다. 직업을 바꾸고 싶다. 내가 존경하는 사람들에게 존경받고 싶다. 나는 '1만 시간의 법칙'을 실행하고 싶지 않다. 이 법칙을 아는가? 안데르스 에릭슨Anders Ericsson이 이론을 전개했고, 말콤 글래드웰Malcolm Gladwell이 대중에게 알렸다.

1만 시간의 법칙이란 이런 것이다. 당신이 어떤 일에서 세계 정상의 자리에 오르고 싶다면 에릭슨이 '의식적 연습'이라 부르는 것을 1만 시간 실천해야 한다.

의식적인 연습은 당신이 잘하고 싶은 기술을 반복하고, 매번 성공인지 실패인지 판단하며 코치의 피드백을 받는 것이다. 그리고 이를 반복한다.

실력이 떨어진다는 이유로 고등학교 대표 팀에서 제외된 마이클 조던은 온종일 슈팅 연습을 했다. 슈팅이 실패하면 그 원인을 찾고 자세를 수정해 다시 시도했다. NBA 최고 프로 선수가 되었을 때도 조던은 가장 먼저 훈련장에 나오고 가장 늦게 훈련장을 떠났다. 그는 그렇게 1만 시간을 채웠다.

워런 버핏Warren Buffett은 젊은 나이에 투자를 시작했다. 그는 유명한 가치 투자자 벤저민 그레이엄Bejamin Graham 밑에서 배웠다. 버핏은 하루 종일 자료(투자할 만한 수천 개 기업의 연간 보고서)를 읽었다. 투자가 성공적인지 아닌지 확인해 자신의 훈련이 성공적인지 아닌지 판단했고, 훌륭한 멘토에게 피드백을 받았다. 1960년대 초에 그는 이미 1만 시간을 채웠을 것이다. 그는 역사상 가장 성공한 투자자가 되었다.

1990년대 초, 나는 1만 시간의 법칙이 유효한지 테스트하는 초기 실험에 몇 차례 참여했다. 심리학자 페르낭 고베Fernand Gobet는 경력이 없는 사람, 수천 시간을 체스에 쏟았을 마스터(나와 같은 사람들), 그리고 그랜드 마스터 등 다양한 체스 선수를 연구했다.

고베는 5가지 체스 포지션을 단 몇 초간 보여주고 우리에게 그것을 체스판에 재연하게 했다. 예상대로 그랜드 마스터들은 거의 완벽하게 다시 만들어냈다. 나와 같은 그룹에 속한 사람들은 절반 정도를 재구성했다. 그리고 아마추어는 아무것도 하지 못했다.

하지만 이 실험에서 흥미로운 부분은 고베가 세 그룹에게 완전히 새로운 무작위 포지션, 즉 체스 룰과 상관없이 체스판 위에 아무렇게나 체스 말을 늘어놓은 것을 제시했을 때 관찰되었다.

세 그룹의 체스 선수 모두 제대로 해내지 못했다. 실력 좋은 선수들이 다른 사람보다 기억력이 더 좋지는 않았다. 그들이 의식적으로 연습을 하면서 쏟아부은 시간 때문에 오직 체스에 대해서만 최고의 기억력을 발휘했던 것이다.

1만 시간의 법칙은 무언가를 정말 잘하기 위한 유일한 방법인 듯했다.

↗↗↗

2008년, 나는 월스트리트에 살고 있다. 오후에는 주식시장을 분석해주는 CNBC 프로그램에 출연한다.

주식이 전부 폭락한다. 신문 기사에서는 이 사태를 '자본주의의 종말'이라고 부른다.

나는 직장이 없다. 그리고 그때까지 내가 쌓은 모든 경험에도 불구하고 다른 사람들과 똑같이 또다시 파산 위기에 몰렸다. 나는 이런 생각을 한다. '왜 나한테 이런 일이 또 생긴 걸까? 이제는 머리가 좀 돌아가야 하는 거 아냐? 하는 일마다 망치고 있어. 수년간 고생하고 또 이런 일이 생기니 다시 일어설 에너지가 남아 있기나 할까? 도대체 어떻게 해야 제자리로 돌아갈 수 있는 거지?'

사실 나는 늘 아무것도 없이 시작했다.

어릴 땐 신문 배달로 돈을 벌었다. 대학에 가기 위해 학자금 대출을 받았고, 내 첫 회사를 팔았을 때에서야 갚았다.

뉴욕에 처음 왔을 때 나는 워싱턴 스퀘어 공원Washington Square Park 남서쪽 모퉁이에서 내기 체스를 하던 엘리아스라는 사람과 함께 살았다. 월세는 300달러였다.

우리는 방 하나를 같이 썼다. 엘리아스는 소파에서 자고 나는 접이식 침대에서 잤다. 나는 하나뿐인 정장을 쓰레기봉투에 보관했다가 매일 아침 꺼내 입고 HBO로 출근했다.

그때가 가장 행복했다. 퇴근하면 아스토리아Astoria에 있는 내기 당구장에 갔다. 거기 있는 사람들은 모두 그리스인이었는데, 당구도 치고 체스도 하고 그리스에서 인기 있는 3가지 백개먼 게임(주사위를 이용하는 보드 게임)도 했다. 그들과 밤새 놀다가 집으로 가서 정장을 입고 HBO로 출근하곤 했다. 나는 돈이 없었다. 내 연봉은 4만 2,000달러였는데, 그 정도 연봉이면 한 달에 약 2,500달러를 가져간다는 뜻이다. 월세를 내고 학자금 대출을 갚고, 종종 밥을 사 먹을 수 있는 정도였다.

하지만 나는 행복했다. HBO에서 일하는 게 좋았다. 밤새 체스를 두는 게 좋았다. 나는 젊었고 내 앞에 모든 가능성이 열려 있는 것 같았다.

하지만 모든 것이 변했다. 우선 나는 마음의 병을 얻었다. 첫 회사를 설립해서 번 돈을 다 잃은 뒤, 내 아이들의 미래를 잃었다는 생각에 후회에서 벗어날 수 없었다. 이것이 내 병의 징후였다. 나는 그 돈을 되찾고 싶은 마음뿐이었고, 그러기 위해 애쓴 10여 년의 시간은 정말 끔찍했다.

그러고 나서 9·11테러가 발생했고 2008년에는 금융 위기가 왔다.

세계가 변했다. 누군가를 고용하려는 사람은 아무도 없었다. 내가 아는 사람은 모두 직업을 바꾸었지만 아무도 행복해 보이지 않았다.

나도 직업을 바꾸고 싶었다. 하지만 돈 생각은 그만하고 싶었다. 내가 좋아하는 일을 하고 싶었다. 내가 그 일을 잘할 수만 있다면 말이다. 나는 어떤 분야에서 최고가 되고 싶었다.

한 번뿐인 짧은 인생에서 어떤 일을 너무나 잘해서 즐거움, 성취감, 자유, 그리고 통달의 경지에서 비롯된 환희를 느끼는 것이 정말 가능할까? 좋아하는 일을 해서 돈을 버는 것이 가능할까?

그런 일을 찾을 수 있을까?

가장 빨리
성공하는 법

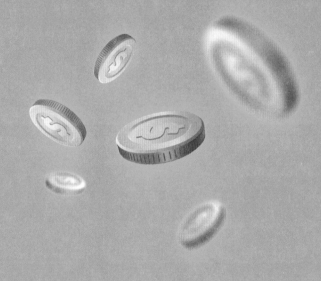

SKIP THE LINE
SKIP THE LINE

역사는 B.C.와 A.C.로 나뉜다. '코로나19 이전Before Coronavirus'과 '코로나19 이후After Coronavirus'다.

온 세상이 멈춰 섰고 모든 것이 혼란에 빠졌다. 수천만 명이 일자리를 잃었고, 지금껏 해오던 일을 그만두었다. 그러면서 불현듯 세상에 의지할 사람이 아무도 없다는 것을 깨달았다.

경제가 회복되기 시작했지만 여전히 일자리를 찾지 못한 사람이 많다. 많은 기업이 사라져버렸기 때문이다. 대학, 정부, 그 밖에 당연히 존재할 것으로 믿던 시설들마저 없어지거나 형태가 바뀌어 우리 기대를 저버렸다.

변화해야 한다. 내가 할 수 있고 좋아하는 일을 찾아야 한다. 그리고 그 일을 잘해야 한다. 그 일로 돈을 벌 수 있을 만큼 잘해야 하고, 그래서 다시는 이런 일로 걱정하지 않을 만큼 돈을 벌어야 한다.

이것은 나만의 이야기가 아니라 우리 모두의 이야기다.

사회는 새롭게 바뀌고 있다. 그리고 뒤처지고 싶은 사람은 아무도 없다.

하지만 어떻게 좋아하는 것을 찾을 수 있을까? 또 어떻게 해야 단시간에 그 일을 잘하게 될까? 1만 시간을 들여야 할까?

내게는 1만 시간이나 들일 여유가 없다. 당장 내 가족을 먹여 살려야 하기 때문이다!

처음으로 전 세계가 같은 상황에 맞닥뜨렸다. 누구든 앞으로 할 일을 찾아내야 한다. 어떻게 하면 그 일을 찾을 수 있을까? 또 어떻게 하면 그 일로 성공할 수 있을까?

어떻게 하면 다른 사람의 간섭 없이 자유롭게 살 수 있을까?

어떻게 하면 한 분야에 정통한 전문가가 되어 동료들에게 존경을 받고 돈도 벌면서, 어떤 것이든 열정의 대상이나 목표가 될 수 있음을 깨닫게 될까?

어떻게 하면 친구, 가족, 또는 우리가 속한 공동체 구성원과 함께 즐거운 시간을 보내면서 충분히 쉴 수 있을까?

이런 생각은 지나친 욕심일까?

인류 역사상 처음으로 전 세계가 공통의 목표를 이루기 위해 하나가 되었다. 팬데믹을 타개한다는 목표다. 하지만 세계는 하나로 뭉치는 동시에 산산이 부서져버렸다. 이제 우리는 좋아하는 것이 무엇인지, 어떻게 해야 지금보다 나은 삶을 살 수 있는지, 어떻게 해야 이 어려움을 극복할 수 있을지, 어떻게 해야 안전하게 살 수 있을지, 어떻게 해야 성공할 수 있을지 답을 스스로 찾아야 한다.

어떻게 해야 할까?

우리는 생명 유지 장치에 의존해 겨우 버티고 있는 경제를 되살리고 두려움에 사로잡힌 사회를 재건해야 한다. 그리고 불확실성에 대처하는 법을 배워 각자의 삶을 바꿔야 한다. 누군가가 대신 살아줄 수 없으니, 내 삶을 내가 만들어가야 한다.

그러기 위해서는 단숨에 높은 곳까지 도약해야 한다.

↗ ↗ ↗

인간의 뇌는 불확실성을 싫어한다.

아주 먼 옛날 우리 조상 중 한 명이 관목 수풀 사이를 지나가고 있었다. 그런데 갑자기 관목 잎사귀가 바스락거렸다. 그저 바람 때문에 나는 소리일 수도 있지만, 조상은 사자가 자신을 덮쳐 잡아먹으려고 나무 뒤에 숨어 있을지도 모른다고 생각했다.

아무것도 확신할 수 없었다! 그러자 코르티솔cortisol 수치가 급상승하면서 도망치려는 본능을 자극했고, 조상은 예상되는 위험에서 재빨리 벗어났다. 그 상황에서 도망치지 않은 원시인이 있다면 그들은 우리 조상이 아니다. 도망치지 않았다면 천 번에 한 번은 잡아먹혔을 테고, 불확실성을 염두에 두지 않은 사람들은 살아남지 못했을 것이기 때문이다.

우리 유전자에는 불확실성에 대한 두려움이 각인되어 있다. 우리 몸 안에서 살아남아 진화한 DNA는 불확실성에 대한 두려움을 적나라하게 드러낸다.

현대사회에서 대표적 예를 찾으라면 주식시장을 꼽을 수 있다. 주식시장은 보통 좋은 뉴스가 있든 나쁜 뉴스가 있든 호황을 이어간다. 하지만 **불확실한** 뉴스가 발표되면 붕괴한다. 세계의 불확실성 수준을 나타내는 뚜렷한 지표인 셈이다. 만약 애플에서 "수익이 감소할 것으로 예상된다"라고 발표한다면 애플의 주가는 오를 수도 있고 떨어질 수도 있다. 하지만 "수익을 예상할 수 없다"라고 발표한다면 분명 폭락할 것이다.

지금까지 사회는 인간보다 빠르게 진화했다. 우리는 이제 30명 정도가 부족을 이루어 이동하며 생활하지 않는다. 아마 규모가 그 정도인 부족에서는 모든 구성원이 서로 잘 알고 지냈을 것이다. 그리고 우리는 그보다 많은 150명 규모로 무리 지어 이동하지도 않는다. 그 정도 규모라면 친한 사람도 있고 그렇지 않은 사람도 존재했을 것이다. 이런 부족에서 가십을 공유하는 행위는 상대방이 함께 사냥을 나갈 만큼 신뢰할 만한 사람인지 판단하는 데 대단히 유용한 방법이었을 것이다.

우리 사회는 점점 진화해 더욱 복잡하고 다양한 사람으로 구성된 조직이 생겼다. 인류는 마을에서 시작해 도시를 형성했고, 도시국가, 왕국, 제국을 형성해나갔으며 종교가 발달하면서 단일한 신앙 체계로 수십억 명을 아우르는 조직도 생겼다.

그에 따라 인간의 삶은 더욱 복잡해졌다.

다른 영장류처럼 인간도 30명 정도 무리에서는 서열을 만든다. 우두머리부터 꼴찌까지 한 명 한 명 서열을 정하는 것이다. 침팬지는 무리 안에서 자신의 서열이 몇 번째인지 정확히 안다. 그중 우두머리 수컷은 여러 특권을 누린다. 모든 암컷과 짝짓기를 하고 서식지에서 한가운데 자리를 차지해 가장 안전하게 잠을 잔다. 먹이도 먼저 고른다.

그런데 꼴찌라고 모든 상황이 나쁘기만 한 것은 아니다. 우두머리는 언제나 그 자리를 지키기 위해 싸워야 한다. 반면 꼴찌는 먹이를 적게 먹고 무리 가장자리에서 자야 하지만 자기 위치를 지키기 위해 밤낮으로 싸울 필요는 없다.

인간은 하나가 아닌 여러 무리에 속하고 그만큼 다양한 계층 조직에서 투쟁한다. 조직의 서열에서 어디에 위치하는가, 즉 우두머리에 얼마나 가까운가에 따라 급여가 달라지고 맡는 책임이 결정되며 친구, 더 나아가 배우자까지 결정된다. 직함, 순위, 그 밖에 성공에 따른 다양한 부산물이 당신의 가치와 잠재력을 나타내는 중요한 척도가 된다.

당신은 사원 직급의 시스템 프로그래머인가? 아니면 과장, 부장, 상무, 전무, 부사장, 최고 운영 책임자 혹은 최고 경영자인가? 만약 테니스 선수라면 당신의 랭킹은 몇 위인가? 골프 선수라면 핸디캡이 얼마인가? 작가라면 집필한 책이 얼마나 팔렸는가? 상을 받은 적이 있는가?

먼 옛날에는 무리에서 쫓겨나면 살 수 없었다. 그곳 말고는 낄 수 있는 다른 무리가 없었기 때문이다. 일말의 희망을 안고 밀림을 헤매볼 테지만 짐승에게 잡아먹히는 것은 시간문제였으리라. 물론 현대사회에서 이런 일이 생길 가능성은 적다. 하지만 조직의 서열에 끼고자 하는 인간의 본능은 그대로 남아 있다.

인간은 무리 안에서 자신의 위치를 잃을 것 같다고 느끼면 몇 가지 신경 화학물질이 작용하면서 엄청난 스트레스를 받는다. 투쟁-도피 반응을 일으키는 것은 코르티솔이라는 화학물질이다. 고립 상태를 경험하거나 고립 상태가 될까 봐 염려할 땐 타키키닌tachykinin이 분비된다. 코르티솔과 타키키닌은 모두 우리가 무리 안에서 무사히 머무를 수 있는지 여부와 관련된 화학물질이다. 무리 안에서 자신의 위치가 불안정하다면 그런 해로운 화학물질이 더 많이 분비되고 스트레스도 커진다.

행복감을 유발하는 신경 화학물질도 있지만, 흔히 생각하는 것처럼 '우리를 행복하게 해주는 화학물질'은 아니다. 그 물질이 유발하는 행복감이 마음의 행복만 의미하는 것은 아니기 때문이다. 행복감을 유발하는 신경 화학물질 역시 그 사람의 서열 문제와 명백하게 관련되어 있다.

도파민dopamine은 보상이 눈앞에 있을 때 작용한다. 음식을 발견하고 그것을 획득하려 할 때 도파민은 그 음식을 획득하면 무리 안에서 서열이 높아질 것이라는 정보를 뇌에 전달한다. 그래서 우리는 어느 정도 위험을 무릅쓰고 나무에 기어올라 음식을 획득하는 데서 만족감을 느낀다.

세로토닌serotonin은 음식을 먹을 때 작용한다. 우리는 무리에 속해야 음식을 먹을 수 있고 안전하다는 것을 안다. 세로토닌은 뇌 화학물질이지만 90퍼센트가 소화기관에서 생성된다. 인간은 무리 안에서 안정적 지위를 확보했을 때 더 잘 먹을 수 있기 때문이다.

옥시토신oxytocin은 무리에서 우정이나 사랑 같은 유대감을 느낄 때 작용한다. 즉 다른 사람에게 도움을 줄 때, 고마움을 느낄 때, 서로 사랑할 때 작용한다. 그래서 우리는 최대한 좋은 사람이 되기 위해 노력한다. 옥시토신이 작용하면 행복감을 느끼기 때문이기도 하지만 무리에서 자신의 입지가 더욱 확고해진다는 뜻이기 때문이다.

이처럼 무리의 서열 안에서 자리를 잡으려는 욕구는 매우 강력하며 뿌리가 깊다.

하지만 지금 우리는 하나의 무리에만 속하지 않는다. 세상에는 직장 무리, 가족 무리, 그리고 우리가 즐기는 취미 활동과 관련된 무리 등 수많은 무리가 있다. 직장에서 승진하기 위해 줄을 서 있는가? 배우자는 우리를 사랑하는가? 골프장에 가면 함께하는 사람들보다 잘하는가?

무리에서 밀려나면(직장을 잃거나 이혼했을 때, 혹은 골프를 망쳤거나 코미디 공연을 했지만 관객이 전혀 웃지 않을 때) 우리는 일종의 공포감을 느낀다. 이는 원시적인 공포다. 불확실성에서 비롯된 불안감이 엄습하고, 그 불안감은 스트레스를 유발한다. 게다가 컴퓨터 스크린에서 온종일 끝없이 쏟아지는 나쁜 뉴스, 분노를 쏟아내는 이메일, 소셜 미디어에서 벌어지는 갈등을 보고 있노라면 상황은 더욱 나빠진다. 우리는 이런 식으로 강력하진 않아도 언제든 폭발할 수 있으며 해체할 수도 없는 투쟁-도피 반응 유발 폭탄을 품고 다닌다.

전 세계가 혼란에 빠질 때는 이런 상황이 더욱 악화한다. 이는 10년 단위로 점점 더 규칙성을 띠는 듯하다. 9월 11일은 끔찍했다. 2008년에는 금융 위기로 전 세계 경제가 위태로웠다. 그리고 코로나19는, 잘은 모르지만 우리 모두를 죽이거나 전 세계 경제를 완전히 무너뜨리고 영화 〈매드맥스Mad Max〉와 맞먹는 혼란 상태로 몰아넣을 듯한 기세다.

그래서인지 불확실성을 감수하는 것이 성공에서 매우 중요한 요소가 되었다.

이런 위기가 닥치면 사람들은 뉴스에 집중한다. 사람들은 확실성, 즉 마음을 안정시킬 정보를 찾으려고 애쓰다가 이렇게 말한다. "후유, 됐어! 이제야 희망의 빛이 조금씩 보이는군."

하지만 빛이 전혀 보이지 않을 때도 있다. 이번 위기로 결국 일자리를 잃고, 지금껏 쌓아온 경력도 물거품이 되는 걸까? 취미 생활은? 내 일상은?

만약 직장을 옮기거나 직업을 바꿔야 한다면, 이사를 하거나 가족과 헤어져야 한다면, 혹은 가족과 사별했다면 우리가 속한 무리를 바꾸어야 할지도 모른다. 그리고 새로운 무리의 밑바닥 서열부터 다시 시작해야 할지도 모른다. 우리가 그 전 무리에서 차지했던 위치까지 올라가려면 얼마나 오래 걸릴까? 맨 윗자리에서 시작할 수는 없는 것일까?

"그렇게는 안 돼!"

새로운 무리에 들어가자마자 최고가 될 수는 없어!

하지만 어쩌면 가능할지도 모른다.

나는 어쩔 수 없는 상황 때문에 직장을 옮기거나 직업 또는 취미를 바꾼 적이 아주 많다. 또 목표를 수정하거나 새로운 기술을 습득한 적도 아주 많다. 그럴 때마다 나는 최대한 빠르게 새로운 분야에서 뛰어난 능력을 갖추는 것을 임무로 삼았다.

나는 1만 시간을 들이며 기다리고 싶지 않았다. 하지만 편법을 써서 성공하고 싶지도 않았다. 속임수를 쓰는 것도 절대 안 된다. 그러지 않고도 원하는 지점에 도달하기 위해 단숨에 높이 도약할 방법은 있다. 나는 그동안 이 힘겨운 과정을 거치고 또 거쳐야 했다.

사회적으로든 개인적으로든 위기가 올 때마다 사람들은 '뉴 노멀(새로운 표준)'에 대해 이야기한다. 지금까지 표준이 되었던 모든 것이 완전히 변화하고 있는 것 같다. 새로운 표준이란 도대체 어떤 것일까? 앞으로 어떤 상황이 펼쳐질까?

단숨에 높이 도약하는 비결은 '알지 못하는' 세계에서 사는 것이다. 그리고 새로운 무언가를 궁금해하는 동시에 다음에 나타날 새로운 무언가에 겁먹지 않는 것이다. 모두가 두려워하는 세계에 살면서도 그 미지의 세계를 즐기면서 거친 파도를 뚫고 항해하는 것이다.

당신은 거친 파도를 헤치고 나아갈 뿐 아니라 다른 사람을 위한 등불이 될 수도 있다. 바다는 안개로 뒤덮여 있다. 오랜 친구와 새로운 친구가 안개 끼고 비바람이 몰아치는 밤바다에서 육지를 찾아 헤매고 있다. 당신은 불빛을 비추어 그들을 뭍으로 이끌 수 있다.

이렇게 할 수 있는 건 맨 끝이 아니라 맨 앞에 있는 사람이다.

1퍼센트의 법칙:
복리로 성장하라

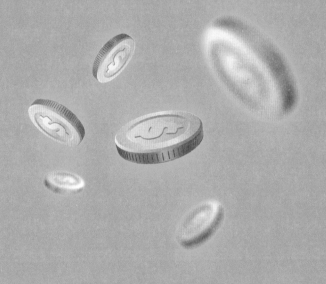

2002년에 나는 투자 능력을 키워야 했다. 당시 나는 모든 것을 잃은 상태였다. 경력도 직장도 없었다. 모든 것을 잃으면 진짜 친구가 누구인지 바로 알 수 있다. 내 곁에는 아무도 없었다.

나는 전문 투자자가 되고 싶었다. 내 돈은 물론 다른 사람의 돈을 투자해서 재산을 불려 투자자로서 경력을 쌓고 싶었다. 나는 밑바닥부터 시작했다. 사실 밑바닥보다도 더 아래였다. 나는 무일푼이었다!

나는 그 상황이 될 때까지 내가 한 모든 행동을 후회했다. 실패할 운명을 타고난 것 같아서, 인생에 좋은 일은 없을 것만 같아서 불안했다. 몇몇 행복한 기억도 떠올랐지만 그런 행복은 닿을 수 없을 정도로 멀어진 듯한 기분이었다. 두 딸을 보면서 내가 아이들의 행복한 어린 시절을 망쳤다고, 존경하고 본받을 아버지가 되어주지 못했다고 생각하곤 했다.

나는 날마다 오랫동안 걸었다. 아주 일찍 일어나 누군가 깨기 전에 맨해튼 중심가를 걸어 다녔다. 밤에는 훨씬 더 오래 걸었다. 우리 집에 있는 모든 이가 잠들었을 거라는 확신이 들 때까지 걸었다. 내가 아는 누구와도 마주치고 싶지 않았고, 그것은 집 안에서도 마찬가지였다.

그런데 어느 순간 책을 쓰는 데 흥미가 생겼다. 또 그때까지 해오던 투자에 대한 접근법에도 흥미가 생겼다. 그래서 날마다 좀 더 열심히 노력해 투자업에 대한 모든 것을 공부했다. 나는 투자업에 관한 전문 지식이 전혀 없었다. 투자의 역사를 다룬 책을 읽고 주식시장을 모델화한 소프트웨어를 만들었다. 또 여러 투자자와 만나 많은 것을 물어보았다. 나는 날마다 학습하면서 점차 그 분야에 대해 자세히 알게 되었다.

뭔가에 흥미를 느끼면 가슴에서 불꽃이 일어난다. 그 불꽃은 더 많이 배우고 연구하며 더 열심히 일하게 하는 원동력이다. 그렇게 하루를 보내고 나면 마음속에서 수년간 계속 맴돌던 후회 대신 하루 동안 해낸 일에 대한 만족감이 가득 찰 것이다.

"오늘도 한 걸음 더 발전했어."

나는 스스로 이렇게 말하곤 했다. 그러면서 오늘 하루가 더 나은 내일의 토대가 될 것임을 깨달았다. 매일 조금씩 발전하자 시간 여행을 떠나는 일이 조금씩 줄어들었다. 부끄러움, 어리석음, 후회로 얼룩진 과거, 혹은 불확실성과 불안감의 거미줄에 뒤엉킨 미래가 멀어졌다.

그렇게 한 지 2년이 채 되지 않아서 나는 수백만 달러의 투자 자금을 가지고 헤지펀드를 운용하게 되었고, 첫 책을 준비했으며 〈파이낸셜타임스〉에 칼럼을 썼다. 그로부터 몇 년이 지난 후에는 투자 관련 회사를 수백만 달러에 매각했다.

하지만 불행하게도 다시 빈털터리가 되었다!

그러나 이번에도 다시 나를 암흑 밖으로 끌어내줄 방법을 찾아냈다. 당시 나는 무슨 일이 벌어지고 있는지 파악하는 데 절대 시간을 들이지 않았다. 나중에서야 스스로 "왜 나에게는 항상 이런 일이 벌어지는 거지?"라고 물었다.

나는 내가 좋아하는 일을 잘하는 것보다 하루하루에 만족하는 데 열중하려 했다. 그리고 그런 하루하루가 모든 것의 초석이 된다고 생각했다.

↗ ↗ ↗

상근직 종사자는 1년에 2,000시간 일한다. 하지만 직업을 바꾸거나 새로운 기술을 익히려면 1년에 2,000시간이나 투자할 수 없다. 각종 비용을 지불해야 하고 가족도 먹여 살려야 하기 때문이다. 게다가 만약 1만 시간을 투자했는데 다른 일에 흥미가 생긴다면? 어떤 분야의 전문가가 되기 위해 인생에서 10년 혹은 20년을 투자해 갈고닦은 기술을 그냥 썩힐 것인가?

만약 당신이 선택한 분야의 모든 전문가를 능가할 비밀 훈련법을 알고 있다면 어떨까?

예를 들어보자. 당신이 골프를 친다면 상황에 맞는 스윙을 연습하느라 1만 시간을 보낼 것이다. 코치의 조언을 듣고 스윙 방법을 수정할 것이고, 1만 시간을 투자해 훌륭한 선수가 될 것이다. 세계 최고 수준의 선수 중 한 명이 될 수도 있다.

그런데 약 30년 전, 타이거 우즈를 비롯해 신예 프로 골프 선수들이 등장하면서 과학자와 코치는 하나의 특징이 골프 실력을 향상시키는 속도를 현저히 높인다는 사실을 발견했다. 그것은 바로 다리 힘이었다. 하체 근력 강화 훈련을 집중적으로 하면 골프공을 칠 때 더 많은 힘이 실린다는 뜻이다. 그런데 어떤 선수가 그 사실을 40년 전에 알아냈다면? 그가 그 사실을 비밀로 하고 누구에게도 말하지 않았다고 해보자. 그 선수는 1만 시간을 들이지 않고도 최고의 프로 선수만큼 잘하게 되었을 것이다. 그 선수에게 얼마만큼 시간이 필요했는지 누가 알겠는가? 아마도 한 가지 사실을 깨달은 덕분에 이 야심 찬 선수는 2,000시간 정도를 건너뛸 수 있었을 것이다.

그래서 나는 어떤 분야에서 실력을 키우는 새로운 접근법을 찾기 시작했다. 그리고 삶의 거의 모든 분야에서 최고 위치에 오른 수백 명을 인터뷰하면서 뛰어난 예술가, 경영인, 사업가, 투자자, 화가, 작가, 배우 중에는 이런 접근법을 사용한 사람이 많다는 사실을 알게 되었다.

그런 접근법은 어떤 분야에서 정상에 오르기 위해 사용할 수도 있고 그 분야에서 빠르게 상위 1퍼센트에 속하도록 새로운 기술을 습득하기 위해 사용할 수도 있다. 인맥이나 인간관계를 쌓는 데 사용하면 장차 생길 많은 기회를 포착할 수 있다.

이제는 어떤 분야에서든 '평생 직업' 같은 것은 없다. 세상은 위기와 마주칠 때마다 더욱 크게 변화한다. 일자리는 물론 각종 산업이 사라진다. 직업의 본질이 바뀌고, 사람들의 관심과 열정을 쏟는 대상도 바뀐다.

만약 당신이 최대한 빠르게 한 분야의 상위 1퍼센트에 들어가고 싶다면 어떻게 해야 할까?

↗ ↗ ↗

이 책에서 우리는 1만 시간의 법칙을 깰 것이다.

그 법칙이 지금까지는 맞았는지 몰라도 이제는 아니다. 나는 실험을 통해 내 아이디어를 신속하게 테스트하고 그 결과를 토대로 또 다른 시도를 해보는 능력이 1만 시간의 법칙을 능가한다는 것을 깨달았다. 나는 이를 **'1만 실험의 법칙'**이라고 부른다.

이 법칙은 창조성, 실행 능력, 설득력, 생산성, 리더십 등에 도움이 되는 도구를 활용해 변화와 위기에 접근하는 방식이다. 이런 능력이 모두 결합되면 당신이 가능하다고 생각한 것보다 더 높은 위치로 뛰어오를 수 있다. 그것도 모두가 불가능하다고 여길 정도로 빠르게 말이다.

연구 프로젝트 결과 때문에 이렇게 말하는 것이 아니다. 내가 그렇게 했기 때문이다. 내 흥미와 열정이 변해서, 아니면 빈털터리가 된 후에 어쩔 수 없이 새로운 분야에서 성공하기 위해 이 방법을 택했다. 가족을 부양하려면 아주 빠르게 성공해야 했기 때문이다.

과학적 연구도 중요하다. 하지만 최고의 실험실은 당신의 인생이다. 그리고 최고의 과학자는 당신 자신이다. 최고의 실험은 당신이 지금까지 시도한 적 없는 것을 시도하는 것이다. 인생은 최고의 연구 실험실이고 발견이 이루어지는 곳이다. 바로 그곳에서만 당신에게 효과가 있으면서 당신만의 통찰력을 담은 결과물을 발견할 수 있다.

딕 포스베리Dick Fosbury는 1960년대 높이뛰기 선수였다. 그는 실력이 그저 그런 선수 중 하나였다. 당시 높이뛰기 기술인 '가위뛰기'는 바를 향해 정면으로 달려가 점프한 뒤 다리를 높이 들어 올려 뛰어넘는 방법이었는데, 포스베리는 그 기술을 잘 구사할 수 없었다. 다리가 길어 언제나 바에 걸렸기에 다른 선수들만큼 좋은 기록을 내지 못했다. 그러던 어느 날 포스베리는 한 가지 실험을 했다. 뒤로 점프한 것이다. 그는 달려가 몸을 틀어 바를 등지고 넘었다. 다른 선수들과 완전히 반대였다.

포스베리의 고등학교 시절 코치는 그렇게 넘지 말라고 간청하다시피 했다.

"이런 식으론 안 돼. 그만두렴."

그는 공식 경기에서 그 방법을 쓰는 것을 막았지만 포스베리가 신입생 대회에서 몸을 뒤로 젖혀 넘는 것(지금은 '포스베리 플롭'이라고 알려진 방법)을 보고는 이렇게 말했다.

"좋아, 한번 해보자."

그저 그런 고등학생 선수 포스베리는 불과 몇 년 뒤인 1968년 올림픽에서 금메달을 목에 걸었다. 포스베리가 시도한 새로운 방법을 보고 처음에는 모든 사람이 웃었고, 그다음에는 그렇게 하지 말라고 말렸다. 하지만 결국 모든 높이뛰기 선수들이 포스베리의 방법을 따랐다.

포스베리는 자기가 가진 스포츠 지식을 활용해 독자적인 통찰력을 발휘했다. 그는 금메달을 땄다. 그리고 높이뛰기라는 스포츠 자체를 완전히 바꿔놓았다. 그러나 이것은 포스베리가 남들보다 1만 시간을 더 훈련해서 이룬 성과가 아니다. 모두가 가는 길을 따르지 않고 그 길에서 벗어났기 때문에 이룩한 성과다. 포스베리는 단숨에 높이 도약했다.

당신도 그렇게 할 수 있다.

↗ ↗ ↗

전문가가 되는 첫 번째 기술은 1퍼센트의 법칙을 따르는 것이다. 이 법칙을 이해하면 날마다 조금씩 노력해 원하는 분야에서 빠르게 세계적 수준에 오르는 데 필요한 도구를 개발할 수 있다. 이 법칙의 원리는 다음과 같다.

만약 당신의 저축예금 계좌에 1달러가 있고 거기에 날마다 1퍼센트씩 이자가 붙는다면, 1년 뒤 당신의 계좌에는 37.78달러가 있을 것이다.

다시 말해 1달러라는 '투자'에 복리로 하루에 1퍼센트씩 이자가 붙으면서 1년에 거의 3,800퍼센트 수익을 낸 것이다.

가끔 이 이야기를 해주면 사람들은 이렇게 말한다. "어째서 365퍼센트가 아니지요?" 그렇게 계산하면 1년 뒤에는 3.65달러를 얻게 된다.

37.78달러와 너무 차이가 난다.

복리법은 마법과 같다.

하루 만에 당신의 1달러는 1.01달러가 된다(1달러에서 1퍼센트가 더 늘어난 값이다). 하지만 둘째 날에는 1.02달러가 되는 것이 아니라 1.0201달러가 된다(1.01달러에서 1퍼센트가 더 늘어난 값이다). 그리고 셋째 날에는 1.03달러가 되는 것이 아니라 1.030301달러가 된다 (1.0201달러에서 1퍼센트가 더 늘어난 값이다).

다음 날도, 그다음 날도 그런 식으로 계속된다. 그것이 복리법이다. 적은 돈으로 시작했지만 결과물은 처음보다 어마어마하게 커진다.

내 친구 로브는 체스 두기를 좋아했다. 나는 20년 동안 로브와 함께 체스를 두었다. 그는 체스를 잘 두긴 했지만 결코 체스를 공부하지 않았고 더 잘하려 노력하지도 않았다. 물론 그것도 괜찮다. 지금 상태에 만족하고 행복하다면 그것도 좋다.

하지만 나는 로브가 더 잘하고 싶어 한다는 사실을 알고 있었다. 그는 게임에서 지면 실망했고 이기면 신나 했다. 나는 "자네는 소질이 있어. 강습을 받거나 책을 사서 좀 더 공부해보는 게 어때?"라고 말했다.

그리고 그에게 1퍼센트의 법칙을 이야기해주곤 했다. "하루에 체스 퍼즐을 몇 개만 공부해도 날마다 1퍼센트씩 실력이 좋아져서 아마 1년 뒤에는 자네가 아는 어떤 사람들보다도 더 잘하게 될걸. 1퍼센트의 법칙으로 계산하면 3,800퍼센트나 실력이 향상되는 셈이니까!"

그러면 로브는 항상 이렇게 말했다.

"아냐, 난 그냥 즐기려고 체스를 두는 것뿐이야."

물론 정말 그렇다면 괜찮다. 내가 로브가 발전하길 바란 건 게임에서 질 때마다 매우 실망하는 모습을 봤기 때문이지만, 누구나 자신이 원하는 대로 결정하면 된다. 게임 결과가 실망스러울 때도 있지만, 로브가 체스에서 얻는 다른 즐거움이 있는지도 모른다. 나도 잘 모르지만 다 이유가 있기 마련이다.

1퍼센트의 법칙을 직업, 열정, 기술, 그 밖에 적용하고 싶은 모든 것에 적용해보자. 매일 1퍼센트씩 요리 실력이 향상된다면 1년 후에는 요리 실력이 거의 3,800퍼센트 향상된다(즉 처음보다 실력이 38배 좋아진다). 이게 무슨 말일까? 요리 실력을 측정하기도 어려운데, 요리를 1퍼센트 더 잘하게 되었다는 것은 또 무슨 뜻일까? 이 법칙은 생각하는 방법과 관련한 문제다.

날마다 조금씩 발전한다면 나는 처음 시작할 때의 나보다 좀 더 나아지는 것이 아니라 날마다 어제의 나보다 1퍼센트 더 발전하는 것이다. 내 능력은 단리가 아니라 복리로 커진다.

기술에서 1퍼센트가 얼마만큼인지 측정할 수는 없다. 하지만 당신이 실력을 더 키우기로 하고 매일 그 결심을 지켜나갔다고 생각해보자. 만약 기술을 측정할 방법이 있다면 오늘의 당신은 어제의 당신보다 1퍼센트 더 기술이 늘었을 것이다.

나는 요리가 어렵다. 내가 마지막으로 뭔가를 요리한 건 몇 년 전 밸런타인데이였다. 그날 나는 실수로 가스 밸브를 열어놓았다. 가스 불을 다시 켜려고 성냥을 긋자 오븐이 폭발했다. 나는 소방서에 신고했고, 불길이 여기저기로 번졌다. 다행히 화상을 입지는 않았다. 집에 도착한 여자 친구가 나를 보고 소리쳤다. "도대체 뭘 한 거야!?" 그녀는 내가 겨우 바닥에 차려놓은 음식을 집어 던졌다. 그리고 우리 관계는 오래가지 못했다.

어쨌든 오늘 당장 내가 요리 실력을 1퍼센트 더 키우고 싶다면 스크램블드에그 만드는 법을 배울 것이다. 그 요리는 좀 쉬울 것 같다. 그리고 다음 날에는 생선 굽는 법을 배울 것이다. 그 정도면 전날보다 1퍼센트 더 어려운 기술인 것 같다.

그다음에는 생선 요리에 얹을 소스를 알아보기 위해 책을 찾아볼 것이다. 그리고 다음 날에는 생선을 굽고 몇 조각으로 자른 다음 각각의 조각에 서로 다른 소스를 얹어 가장 마음에 드는 소스를 찾아볼 것이다. 그러면서 책에서 본 레시피와 내 요리를 비교해볼 것이다. 이제 나는 전보다 더 많은 레시피를 알게 되었고 생선과 잘 어울리는 맛이 무엇인지 학습했다. 이쯤 되면 그 전날보다 1퍼센트 정도 요리 실력이 늘어난 셈이다.

그런 다음에는 요리 강좌를 수강할 것이다. 아니면 내가 '아이디어 교배'라 부르는 기술을 적용할 것이다. 아이디어 교배란 2가지 아이디어를 골라 서로 짝짓기를 하도록 한 뒤 거기서 태어나는 아이디어를 확인하는 것이다(아이디어 교배에 대해서는 나중에 더 자세히 다루겠다). 그 결과 나는 스시-리토(스시와 부리토를 결합한 것)를 만들어낼 것이다.

아마 결과물을 다른 사람들과 공유하고 싶은 날도 있을 것이다. 나는 블로그나 페이스북에 내가 하는 일에 관련된 글을 게시한다. 매주 조금씩 업데이트하자 사람들이 게시물에 관심을 갖기 시작한다. 나는 스시-리토에 대해서만큼은 다른 사람들이 조언을 구하는 '전문가'다. 그러면서 사람들은 그들의 아이디어를 나와 공유할 것이다. 새로운 것을 제안할 수도 있다. 모든 분야에는 '하이브 마인드hive mind'에 접근해야 얻을 수 있는 지식이 있다. 이제 나는 '스시-리토 맨'으로 1퍼센트 더 사람들에게 알려진다. 그러면서 네트워크는 더 확장된다. 이로써 나는 요리 실력이 늘었을 뿐 아니라 한 분야에서 작은 영역도 개척해냈다.

라이트형제는 항공학 분야가 존재하지도 않던 시기에 수백 명과 협력해 항공술의 기초를 익히려 노력했다. 이처럼 다른 사람들과 협력하고 아이디어를 공유하면 정보도 얻고 전문 지식도 쌓을 수 있다.

이런 식으로 365일을 보내면 나는 단순히 하루에 생선 요리 레시피를 하나씩 배운 사람보다 요리를 훨씬 잘하게 될 것이다. 아이디어 교배 기법과 1만 실험의 법칙을 활용하다 보면 나는 요리에 대한 독자적 통찰력을 기를 기회를 많이 얻게 될 것이다. 그런 기회는 세계적으로 유명한 셰프들도 얻기 힘들 것이다.

내가 세계적인 셰프들을 능가할 거라는 말이 아니다. 하지만 '유일한' 사람이 되는 것이 실력을 향상시키는 것보다 더 중요한 경우가 많다. 오래된 기술에 새로운 아이디어를 적용한 사람이 출세한다. 사람들은 대부분 오랜 기술을 잘 구사하려고 노력한다. 포스베리 플롭 같은 기술을 고안해 기술의 범위 자체를 확장시키는 사람은 거의 없다.

물론 이는 다소 주관적인 이야기다. "나는 오늘 업무를 1퍼센트 더 배웠어!"라고 말하기는 힘들다. 확인하기 어려운 문제이기 때문이다.

하루를 마무리할 때 스스로 질문을 해보자.

"나는 오늘 내 업무, 기술, 아니면 무엇이든 내가 잘하고 싶은 어떤 것에서 적어도 1퍼센트 발전했는가?"

처음엔 더디겠지만 놀라운 결과물을 얻게 될 것이다.

- 쿨리오Coolio는 17년 동안 매일 랩 가사를 썼다. 그의 히트곡 〈갱스터 파라다이스Gangsta's Paradise〉는 1995년 연간 빌보드 차트 1위를 차지했다.
- 커트 보니것Kurt Vonnegut은 25년 동안 매일 글을 쓴 끝에 베스트셀러 작가가 되었다.
- 파블로 피카소는 하루에 두 점씩 작품을 완성했다. 그렇게 평생 그린 그림이 5만 점 이상이라고 한다. 그럴 만하다.

"난 너무 늦었어!" 전혀 그렇지 않다. 복리법은 빠른 결과를 낸다. 기술, 경력, 인간관계가 복리로 향상될 수 있다면 나이와 관계없이 자신을 변화시킬 수 있으며, 이 철학을 적용하면 1년 안에도 굉장한 발전을 이룰 수 있다.

내가 하루에 1,000단어를 쓴다면 하루의 결과물은 별로 가치가 없다. 하지만 1년이 지난 후 그것은 소설 두세 권 분량과 맞먹게 된다. 아마도 문체를 실험하고 다양한 장르에 대해 새로운 아이디어를 낸 결과 글솜씨가 날이 갈수록 향상된다면, 매우 빨리 작가로서 자리를 잡고 그 위치를 유지할 능력을 갖출 것이다. 그리고 그 능력 덕분에 선두를 달리게 될 것이다.

이것은 경쟁을 위한 것도 아니고 남들이 수십 년간 공들여 쌓은 기술을 '무너뜨리려는' 것도 아니다. (그런 일이 일어날지라도) 결코 그런 문제가 아니다. 이는 당신이 좋아하는 것을 하면서 세상에 영향을 미치는 수준에 도달하는 것, 그리고 그 영향력을 인정받는 위치에 빠르게 올라가고, 당신이 좋아하는 일을 한 데 대한 대가를 받으려는 것이다.

↗ ↗ ↗

당신이 알아야 할 것이 또 있다. 하루에 1퍼센트 더 퇴보할 수도 있다는 사실이다.

당신은 이렇게 말할지도 모른다.

"에이, 딱 하루잖아요. 스트레스 주지 마세요!"

하지만 만약 당신의 지식이 하루에 1퍼센트씩 감소한다면 1년 뒤에는 원래 갖고 있던 지식 중 3퍼센트만 남을 것이다. 당신의 기술이 거의 전부 사라지는 셈이다. 현재 상태에 지나치게 만족하는 사람들, 직장에 가서 틀에 박힌 일만 하며 1퍼센트 더 발전하려고 노력하지 않는 사람들은 점차 남들에게 뒤처지면서 이런 변명을 할 것이다. "저 사람은 가족이 없잖아." "나는 일보다 다른 것들이 더 중요해."

하지만 1퍼센트의 법칙과 이 책에서 소개한 다른 도구(예를 들면 '생산성을 크게 높이는 50/1 법칙' '아이디어 생산법' '프레임 장악')를 사용해보면, 평생 매일 1퍼센트 더 발전할 시간이 거의 무한하다는 사실을 깨달을 것이다.

이 책에 기술한 것은 서로 연결되어 있다. 단숨에 도약하는 방법은 상황에 따른 팁을 모아놓은 것이 아니다. 특정 상황이 발생했을 때 사용하기 위한 편법 모음도 아니다. 그것은 개인이 보유한 학식, 시간, 그 밖의 다른 자원을 자신이 열중하는 일에 모두 쏟아붓는 방법이다. 그러면 결국 당신은 날마다 더 발전해 앞으로 마주치는 일을 스스로 처리할 수 있게 된다.

이런 기법들은 사회심리학 연구소에서 개발한 것이 아니다. 물론 여러 사람이 이런 연구를 하고 베스트셀러 저자가 된다. 하지만 그런 책에 등장하는 기술은 실제 삶에 적용하기에는 적합하지 않은 경우가 많다. 이 책에서 소개하는 방법은 실제 경험을 토대로 한 것이다. 내 경험도 있고 다른 사람의 경험도 있다. 당신이 이 책을 읽는 이유는 자신이 열정을 갖는 분야에서 최고 자리에 오르고 그 일로 돈을 벌면서 당신이 지닌 능력을 최대한 발휘하고 싶기 때문일 것이다. 이것은 남들이 강요하는 길이 아니다. 이것은 당신이 선택한 길이다.

여기서 소개하는 모든 방법이 중요하지만 하루에 1퍼센트 발전하는 방법을 이해하는 것이 나머지 방법을 익히는 데 필수다.

1퍼센트 발전하느냐 퇴보하느냐 하는 차이가 별것 아닌 것처럼 보일 수 있다. 하지만 하루하루를 보낸 결과가 차곡차곡 쌓여 당신이 어떤 사람인지 보여줄 것이다.

모든 날이 중요하다.

수학 수업 끝.

3장

1만 실험의 법칙:
성공하거나, 배우거나

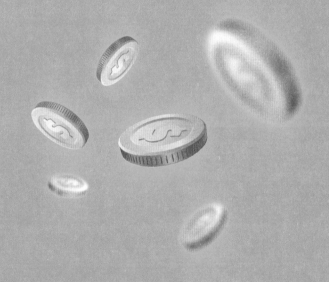

나는 실험을 하나 했다.

친구 J를 만나 아침 식사를 하기로 한 참이었다. 그는 새로운 여자친구 K를 데리고 왔다. J와 K는 그들이 '사귀기로' 했다고 말했다.

"두 사람은 어떻게 만났어?"

"제이-스와이프에서." 사실 명칭은 정확히 기억나지 않는다. 어쨌든 그것은 온라인 만남을 제공하는 앱이었다.

"40대에 '사귄다'라는 건 무슨 뜻이지?" 내가 물었다. "고등학교를 졸업한 후로 그런 말을 들어본 적이 없어."

J는 40대이고 K는 아니다. 나는 '사귄다'라는 말이 J가 K에게 반지를 주거나 했다는 뜻인지 궁금했다. 그 나이쯤 되면 '사귀기만' 할 수는 없기 때문이다.

두 사람은 휴대전화를 꺼냈다. K가 말했다. "우리 둘 다 휴대전화에서 데이팅 앱을 모두 지우기로 했어요." 그런데 휴대전화를 나한테 보여주는 두 사람의 시선은 상대방의 휴대전화를 확인하고 있었다.

음! 좋은 생각이 났다! '사귀는 사이'라는 앱을 개발하는 것이다.

사귀는 사이 앱이란 이런 것이다. 커플이 함께 앱에 가입한다. 그런 다음 서로를 지정한다. 지정이 완료되면 앱은 휴대전화에서 모든 데이팅 앱을 제거한다. 어느 한쪽이 데이팅 앱을 다운로드하거나 앱에서 파트너 지정을 취소하면 상대방은 이메일로 그 사실을 통보받는다. 아주 간단하다! 이 앱은 다음과 같은 기능을 제공할 수도 있다.

- 페이스북과 트위터에 두 사람이 '사귀기로' 했다는 알림을 보낸다.
- 기념일, 선물, 커플이 간 장소, 중요한 추억 등을 기록한다.
- 연인 관계에서 중요한 사건, 예를 들면 기념일 알림 같은 것을 두 사람의 친구들에게 보낸다.

대단한데!

하지만 이제 어떻게 하지? 이게 좋은 아이디어일 수 있지만 그렇지 않을 수도 있다. 실험해보기 전까지는 알 수 없다.

그렇다면 좋은 실험이란 어떤 것일까?

- **계획을 세우고 실행하기가 쉽다.** 매우 중요한 사항이다. 대발견을 하려면 많은 실험을 해야 하기 때문이다.
- **손실이 적다.** 예를 들어 독감 치료제를 개발한다면 당신이 그 약을

먹고 효과를 확인해볼 수는 없다. 잘못했다간 죽을 수도 있다! 과학자들이 실험용 쥐를 사용하거나 모의실험을 하는 것도 이 때문이다. 마찬가지로 당신의 실험에도 위험 요소가 없어야 한다.

- **잠재적 이점이 크다.** 만약 실험 결과가 성공적이라면 그것은 엄청난 수익을 내는 사업, 성공적인 책, 승진, 혹은 생애 최고의 사랑이 될지 모른다. 누가 알겠는가?
- **최초로 하는 실험이다.** 적어도 당신은 지금까지 그 실험을 한 적이 없을 것이다. 당신이 실험해야 하는 이유도 그것이다. 하지만 당신이 하는 실험에는 지금껏 아무도 시도한 적 없는 새로운 면이 있어야 한다.
- **실험을 통해 배울 것이 있다.** 실험이 성공하든 '실패'하든 그 실험을 통해 배울 것이 있어야 한다. 어떤 식으로든 개인적 깨달음을 얻을 수 있고 세상에 대한 전반적 지식을 얻을 수도 있다.

나올 수 있는 결과는 2가지뿐이다. 실험이 성공하거나 뭔가를 배우거나. 실패란 없다.

세상을 바꾼 가장 유명한 실험은 아마도 갈릴레오가 피사의 사탑 꼭대기에서 두 물체를 동시에 떨어뜨린 실험일 것이다. 하나는 무겁고 다른 하나는 가벼운 물체였다. 그 전까지 거의 2,000년 동안 사람들은 아리스토텔레스의 말을 신봉했다. 즉 두 물체를 동시에 떨어뜨리면 무거운 물건이 더 빨리 떨어진다는 것이다. 갈릴레오의 실험은 좋은 실험의 5가지 요건을 모두 갖췄다. 쉽고 위험 부담이 적었으며 그 실험 결과의 잠재력이 어마어마했다. 그리고 지금까지 한 적 없는 실험인 데다 실험을 통해 뭔가를 배울 수 있었다.

하지만 이 실험이 계속 머릿속을 맴돌면 자신의 성공 방법을 **생각할 수 없다.** 그럼에도 **생각해내야 한다.** 그리고 뭔가를 하려면 반드시 손실은 줄이고 이점은 무한대로 키워야 한다. 적어도 보통 '실패'라 부르는 결과가 나와도 그것을 '배움'으로 재규정할 수 있어야 한다.

갈릴레오는 그 실험으로 적어도 뭔가 배울 수 있다는 사실을 알았다. 대략 1590년쯤(그의 일대기가 명확하지 않다) 갈릴레오는 그 실험을 했다. 실험 결과 두 물체가 정확히 같은 순간에 지면에 도달했다. 이 실험으로 중력과 자유낙하에 관한 갈릴레오의 이론은 그야말로 날개를 달고 발전하기 시작했으며 현대물리학의 토대가 되었다.

이 한 번의 실험으로 갈릴레오는 2,000년간 이어온 아리스토텔레스의 이론(모두가 아리스토텔레스의 이론은 흔들리지 않을 거라고 생각했다)을 무너뜨렸고, 현대물리학의 아버지, 더 나아가 과학적 방법의 창시자로 알려졌다. 1만 실험의 법칙은 그를 단숨에 서열 맨 앞자리에 올려놓았다.

이 이야기를 듣고 이렇게 말하는 사람들도 있을 것이다. "글쎄, 갈릴레오니까 그렇지! 난 갈릴레오가 아니라고." 하지만 갈릴레오가 한 일은 그저 불완전한 건물 꼭대기에 올라가 큰 돌과 작은 돌을 떨어뜨린 것뿐이다. 그게 전부다.

누구나 실험을 할 수 있고 누구나 "왜?"라는 질문에 대한 답을 찾는 과학자가 될 수 있다. "어떻게?"라는 질문의 답을 찾는 탐험가가 될 수도 있다. 갈릴레오 이야기 같은 것을 읽고 스스로 질문해보자. "나라고 왜 안 되겠어?"

당신이 하는 모든 실험은 최소한 지식을 키워줄 것이다. 이상적으로는 1퍼센트씩 지식을 늘릴 수 있다. 1퍼센트의 법칙이 작동하는 것이다.

에디슨 역시 전구를 처음 발명할 때 1만 개의 다른 전선을 가지고 실험한 것으로 유명하다. 이는 사실이 아니지만, 학교에서 가장 많이 반복되는 이야기다. 사실 그는 기존 것보다 나은 전지를 발명하려 했다. 그는 제대로 작동하는 전지를 만들 때까지 1만 개가 넘는 전지를 실험해보았다.

에디슨의 실험은 모두 손실이 거의 없고 이점은 매우 많았다. 에디슨은 그의 실험 덕분에 역사상 가장 큰 회사 중 하나인 제너럴일렉트릭General Electric을 설립할 수 있었다. 동료 한 명이 에디슨에게 어떻게 1만 번 실패를 겪고도 끈질기게 실험을 계속할 수 있는지 묻자 에디슨은 이렇게 말했다. "실패라고? 난 실패하지 않았네. 난 전지가 제대로 작동하지 않는 1만 가지 이유를 성공적으로 발견한 것이라네!"

↗ ↗ ↗

'사귀는 사이' 앱에 관련된 내 아이디어를 테스트해볼 실험을 고안해야 했다. 만약 실험에 성공한다면 나는 백만장자가 될 것이다!

다음 날 나는 약 1시간 동안 그 앱에 대해 대략적 구상을 해보았다. 가입 방법, 꾸준히 만나는 사람과 '연결'하는 방법, 연결된 후 휴대전화에서 데이팅 앱을 삭제하는 방법, 그리고 삭제한 후 두 사람의 소셜 네트워크에 알림을 보내는 방법 등이었다.

그런 다음 내가 구상한 앱의 '설명서'를 프리랜서닷컴freelancer.com에 올렸다. 프리랜서닷컴은 전 세계 프로그래머가 사이트에 올라온 설명서를 보고 그 프로젝트를 맡기 위해 경매를 하는 사이트다. 일종의 역경매인데, 모든 조건이 동일하다면 가장 낮은 가격을 부르는 사람에게 그 프로젝트가 낙찰된다.

그런데 내 실험은 적절한 프로그래머를 고용하는 것이 매우 중요했다. 나는 경매에 참여한 사람들에게(인도, 말레이시아, 미국을 비롯해 전 세계에서 입찰에 응했다) 한 가지 질문을 했다. 휴대전화에 설치된 앱이 그 휴대전화에 존재하는 다른 앱을 확인하는 것이 가능한가 하는 것이었다. 한 프로그래머가 답장을 보내왔다. "안드로이드폰에서는 되지만 아이폰에서는 안 됩니다."

거기에서 실험은 끝났다. 내 아이디어는 실현되지 못했다. 안드로이드폰에서만 작동한다면 돈을 들여 이 앱을 개발하면 안 된다. 이유는? 조사를 조금 더 해보니(구글에서 5초 정도) 10대(내 앱의 주요 고객층)의 82퍼센트가 아이폰을 사용한다는 사실을 알 수 있었다. 그러므로 이 앱은 잘되지 않을 것이다.

나의 굉장한 아이디어는 첫 실험에서 실패했다. 그런데 이 실험은 좋은 실험의 요건을 갖추었을까?

- **계획을 세우고 실행하기가 쉬운가?** 그렇다. 나는 아이디어를 냈고 필요한 사양을 구성해 그것을 프리랜서닷컴에 올렸다.
- **손실이 적은가?** 그렇다. 나는 돈을 전혀 들이지 않았다. 1시간 정도 들였을 뿐이다.
- **이점이 큰가?** 그렇다. 만약 프리랜서닷컴에서 한 실험이 잘되었다면 나는 프로그래머를 고용해 앱을 만들어 시장에 내놓기 위한 실험을 시작했을 것이다. 그 앱이 잘 팔리면 인수할 업체가 나타날 가능성도 매우 크다.
- **최초로 하는 실험인가?** 그렇다. 나는 이 실험을 한 적이 없었다. 그래서 알게 된 것이 있다. 대강 조사해본 결과 이제까지 아무도 그런 앱을 만들지 않은 듯했다. 그러므로 추가 실험을 해서 이것이 괜찮은 앱인지 알아볼 수도 있다. 그리고 내가 처음으로 그 앱을 만들 수도 있다.
- **배울 것이 있는가?** 그렇다. 나는 프리랜서닷컴 사용법을 알게 되었고 그것이 나중에 다른 프로젝트를 수행할 프로그래머를 찾기에 좋은 사이트임을 깨달았다. 모바일 앱의 사양을 정리하는 방법도 알았다. 이전에는 해본 적 없는 일이었다. 모바일 앱 프로그래밍, 아이폰과 안드로이드폰 사업에 대해서도 알게 되었다.

물론 '사귀는 사이' 앱은 바보 같은 아이디어였을지도 모른다. 시간을 들일 가치가 없었을지 모른다. 하지만 이 실험을 하는 데 1시간이 들었고 돈은 전혀 들지 않았다. 그리고 나는 이 앱 아이디어를 실험한 이야기를 1만 실험의 법칙에 대한 유료 강연에서 사례로 사용하고 있다. 이렇게 생각하면 이 실험은 성과를 거둔 셈이다.

내가 이야기하는 방법은 당신이 지금까지 들어온 1만 시간 훈련의 법칙과 완전히 다르다. 어떤 것을 '하지 않을' 9,000가지 방법을 알아내는 것이며, 그 결과는 어떤 것을 '할' 한두 가지 방법으로 당신을 이끌어 당신이 세계에서 가장 인기 있는 앱을 만들거나 가장 큰 회사를 설립하도록 이끌지도 모른다.

이것은 코치와 함께 한 가지를 반복해서 훈련하는 것이 아니다.

당신의 지식, 어쩌면 세상의 지식을 확장하는 간단한 방법이다.

1만 실험의 법칙을 실천하면서 날마다 1퍼센트씩 더 발전한다면 당신의 지식, 기술, 직업 능력은 짧은 시간에 기하급수적으로 향상될 것이다.

↗ ↗ ↗

친구가 한 가지 아이디어를 떠올렸다. 그녀는 독특한 방식으로 홀치기염색 셔츠, 트레이닝 바지, 수술용 마스크 등을 만드는 기술을 습득했다. 나는 잘 모르겠지만 그녀는 그런 것들에 흥미를 느꼈고, 사람들이 그런 것을 원한다고 생각했다. 그리고 모든 물건에 '메이드 인 아메리카'라는 라벨을 달고 싶어 했다. 그녀는 나에게 셔츠를 보여주었다. 그 셔츠는 아름다웠고 잘 팔릴 거라고 생각했지만 내가 어떻게 장담하겠는가? 그녀는 일주일 동안 미국 내에서 필요한 모든 재료를 구하고 생산할 방법을 찾느라 애썼다.

나는 "그럴 필요 없어. 실험을 해봐"라고 말했다.

"하지만 아직도 생산할 방법을 찾고 있어." 그녀가 말했다. "그리고 '메이드 인 아메리카'라는 라벨을 달려면 미국에서 원자재를 구할 방법도 찾아야 해."

"그래 좋아. 하지만 이렇게 해봐. 필요한 것을 모두 중국에서 구해. 중국에서 원자재 구하는 방법은 이미 알고 있잖아. 그런 다음 '메이드 인 아메리카' 라벨을 다는 거야."

"하지만 그건 거짓말이잖아."

"아냐, 팔지 않을 거거든. 견본이 필요할 뿐이야. 그 물건을 엣시Etsy 같은 웹사이트에 올리고 주문이 들어오는지 확인해봐. 주문이 들어오면 원자재를 구해. 시간이 좀 걸려도 사람들은 이해할 거야. 주문 제작 상품이라고 말하면 돼."

"주문이 별로 안 들어오면 어떻게 하지?"

"그럼 주문한 사람에게 환불해주면 돼."

그녀는 방 안을 서성거렸다. "좋아!"

"잠깐만, 그렇게까지 할 필요도 없어. 방금 말한 건 다 잊어버려. 그냥 페이스북에 광고를 내. 돈은 조금만 들여. 200달러 정도."

"하지만 사람들이 광고를 클릭하면 어디로 연결하지? 난 웹사이트도 없는데."

"괜찮아. 아무것도 나오지 않아도 페이스북 광고 관리자 메뉴에서 사람들이 몇 번이나 클릭했는지 확인할 수 있어. 클릭을 했다면 사람들이 그 아이디어에 흥미가 있다는 말이야. 클릭을 안 했다면 네 시간을 낭비할 필요가 없는 아이디어였던 거고."

"좋아!"

그녀는 자기 아이디어를 증명이 필요한 일종의 가설로 여긴 덕분에 6개월을 허비하지 않을 수 있었다. 그녀는 어느 날 오후를 투자해 제품 사진을 포토샵으로 보정하고 광고를 만든 뒤 그 아이디어가 성공적인지 확인해보았다. 결과는 실패였지만, 그럼에도 그 실험은 성공적이다. 6개월이라는 시간을 절약했고 페이스북 광고에 대해 알게 되었으며 옷에 대한 다양한 아이디어가 필요하다는 것도 배웠다. 그녀는 여러 디자인, 컬러, 그리고 '메이드 인 아메리카' 외의 라벨을 가지고 실험을 할 수도 있었다. 재미 삼아 '메이드 인 바티칸'을 실험해볼 수도 있었다. 원하는 것은 무엇이든 해볼 수 있었다.

그다음에 그녀가 무엇을 실험했을까?

아무것도 하지 않았다. 그녀는 또 다른 것에 빠졌다.

문제 될 것은 없다. 우리는 처음에는 열정이 넘쳤던 일에 얼마 지나지 않아 흥미를 잃곤 한다. 그렇기 때문에 더욱 실험이 필요하다.

이 2가지 실험은 사업적 성공으로 이어지지 못했다. 아이디어 중 99퍼센트는 결실을 맺지 못한다. 실험이 실행하기 쉽고 손실이 거의 없어야 하는 이유는 바로 이 때문이다.

하지만 시간은 절약했다. 지식도 얻었다. 성공은 바로 이런 식으로 이어진다. 성공적으로 가설을 증명하는 실험도 분명 있을 것이다. 하지만 우리가 찾는 성배는 실험에서 얻는 지식 그 자체인 경우가 훨씬 더 많다.

↗ ↗ ↗

1퍼센트의 법칙을 따르면서 나는 매일 작은 실험을 한다.

예를 들어 체스를 배운다면 매우 드물고 까다로워서 지금까지 한 번도 사용한 적 없는 오프닝으로 시작해보라. 잘 사용하지 않는 오프닝이라 다른 선수들도 그것을 경험해본 적이 거의 없을 것이다. 컴퓨터로 1시간 정도 새로운 오프닝을 공부해서 준비한다. 그런 다음 온라인 체스 사이트로 가서 그 오프닝으로 몇 차례 게임을 한다. 불리할 것은 전혀 없고, 사람들이 새로운 오프닝을 보고 놀라 그 트릭에 대응할 방법을 찾지 못한다면 오히려 크게 유리하다. 컴퓨터로 게임을 복기하면 당신이 활용할 만한 방법을 알 수 있으므로 이 실험을 통해 배우는 게 있는 것도 분명하다. 그리고 학습이 효과가 있다면 당신은 오프닝 전문가가 되어 앞으로 수많은 게임에서 이길 수 있을 것이다.

나는 글을 쓸 때 실험을 하기도 한다.

나는 블로그에 2인칭 시점으로 글을 써볼 것이다('나는'이라고 쓰는 대신 '당신은'이라고 쓰는 것이다). 아니면 나와 손주들 사이에서 주고받는 편지 형태의 글을 쓸 것이다.

소설가 타오 린Tao Lin은 흥미로운 실험을 했다. 그는 소설《리처드 예이츠Richard Yates》에서 10대 청소년의 연애 이야기를 주인공 2명이 주고받은 문자메시지 형식으로 썼다.

앤디 워홀Andy Warhol은 상업적 이미지나 연예인의 모습으로 작품을 만들어 그것을 대량생산함으로써 순수예술과 미국 대중문화, 그리고 상업주의의 경계를 허문 '팝아트' 창시자로 유명하다.

하지만 그러기 전에 그는 뉴욕시 광고업계에서 최고의 일러스트레이터로 10년 넘게 활동했다. 그는 업계에서 가장 사실적인 일러스트레이터로 알려져 있었다. 그림 실력이 매우 뛰어나서 그가 그린 작품은 사진과 비슷할 정도였다. 하지만 앤디 워홀이 유명해진 이유는 그 때문이 아니었다. 작품을 파는 예술가는 '예술'을 정의하는 데서도 남들과 구별되는 독특함을 갖춘 동시에 새로운 변화를 이끌어낼 수 있어야 한다. 워홀은 사람들의 마음을 끄는 삽화를 제작하기 위해 새로운 방법을 실험했다. 예를 들어 연필로 그림을 그리고 나서 그 위에 잉크나 물감을 사용해 색칠한 다음 다른 종이를 그 위에 대고 눌러 미러 이미지를 '찍었다'.

또 카툰을 모티브로 한 그림을 그렸는데 이 역시 실험적인 방법이었지만 동료 로이 릭턴스타인Roy Lichtenstein이 이미 비슷한 시도를 하고 있었다. 그때 다른 친구가 그에게 아이디어를 제공했다. "누구나 알아볼 수 있는 것을 그려봐. 캠벨 수프 통조림 같은 것 말이야."

그의 작품 중 가장 유명한 것은 그 자신의 아이디어에서 시작되지 않았다. 워홀은 친구에게 수프 통조림을 그리는 아이디어에 대한 대가로 50달러를 지불했다. 그리고 실험을 계속했다. 수프 통조림을 한 개가 아니라 32개를 그려서 하나의 작품으로 전시한 것이다. 그 실험은 성공했고 팝아트라는 분야가 탄생했다. 덕분에 워홀은 큰 성공을 거두었다. 최근에는 수프 통조림 그림 중 하나가 1,170만 달러에 팔리기도 했다.

성공적인 실험의 비결은 다작이다.

앞에서도 살펴봤지만 에디슨은 성공적인 발명품 하나를 얻기 위해 9,000번의 실험을 해야 했다. 워홀은 자기만의 독특한 스타일을 찾기까지 수천 점의 그림을 그렸을 것이다. 피츠버그에 있는 앤디 워홀 박물관에는 7개 층에 걸쳐 그의 그림, 사진, 영화, 드로잉 등이 가득 차 있다. 하지만 박물관에 전시한 것도 그의 작품 중 일부에 불과하다. 피카소는 평생 5만 점이 넘는 그림을 그렸다. 버진 그룹 회장 리처드 브랜슨Richard Branson은 300개 이상의 회사를 차렸다.

비틀스는 12장의 앨범을 냈고 앨범 하나하나마다 그 이전 것과는 완전히 다른 스타일로 진화를 거듭했다. 모든 앨범이 실험이었다. 단지 악기 연주나 작곡에서만 발전한 것이 아니었다. 스키플 팝 스타일을 보여준 초기 앨범부터 보드빌 음악, 인도 고전음악, 록을 망라한 복합적인 〈서전트 페퍼스Sgt. Pepper's〉 앨범까지 실험을 이어 갔다. 발매된 모든 비틀스 앨범의 전형적 특징이 있다면 그것은 실험 정신이다.

단숨에 높이 도약하게 해주는 것은 바로 실험이다.

↗ ↗ ↗

나는 헤지펀드 회사를 창업하기 위해 한 가지 실험을 했다.

회사를 창업하려면 자금이 필요했다. 사람들에게 돈을 받아 투자 이윤을 내고 그중 약간의 비율을 대가로 받는 일이었다. 한 사람을 찾아가 자금을 투자해달라고 말하자 그는 나를 바라보며 웃더니 이렇게 말했다. "당신은 돈을 전부 잃었잖아요! 내가 왜 당신에게 돈을 줘야 하죠?" 또 어떤 사람은 이렇게 말했다. "도대체 왜 만나자고 한 거죠? 머리도 빗지 않았군요. 명함도 없고요. 소속된 회사가 있는 것도 아니잖아요. 나는 당신에게 돈을 맡기지 않을 겁니다."

그들 말이 맞았다. 나는 내세울 것이 아무것도 없었다. 투자 방법에 관련된 확고한 비전도 없었다.

나는 소프트웨어를 몇 개 개발했다. 그리고 1945년 이래로 현존하는 주식에 대한 모든 데이터를 긁어모은 뒤 그 소프트웨어로 패턴을 분석했다. 예를 들면 이렇다. 한 회사에 안 좋은 일이 생겨 주가가 20퍼센트 떨어졌고 그 후 3일간 계속 하락하고 있다면, 4일째 되는 날 주가가 다시 오를 가능성은 얼마나 될까? 나는 주가가 오를 가능성이 매우 큰 패턴을 수백 개 찾아냈다. 지금은 이런 접근법을 권하지 않지만, 당시(2002~2005년)에는 이와 비슷한 아이디어를 실험해서 만든 소프트웨어가 생기기 전이어서 매우 효과가 있었다.

내가 한 실험은 가진 돈을 투자하는 것이었다. 적은 금액이었고, 그중에서도 아주 적은 비율만 투자했지만 결과가 좋았다. 나는 주식시장으로서는 끔찍한 해였던 2002년에 매달 수익을 냈다.

나는 돈 벌 방법을 찾아보려고 여러 실험을 동시에 진행했는데 그중 이 실험이 성공적이었다. 결국 나는 돈을 마련했다. 최고의 전문 투자자조차 내 전략에 투자했다. 그리고 그 전략은 효과가 있었다.

나는 돈과 시간이 거의 들지 않는 단순한 실험을 했을 뿐이다. 당시 나는 업무 경력을 쌓기 위해 여러 번 시도하고 있었고, 은행 계좌 잔고는 거의 바닥났으며 집이 넘어갈 위기에 처했다. 그럼에도 실험을 통해 새로운 사업을 시작했고 새 직업을 찾았다. 나는 전문 투자자가 되었고 수년간 그 일을 했다.

↗ ↗ ↗

"그러면 안 돼!"라고 말할 때 사람들은 당신에게 중요한 인물이 되려 한다. 너무 중요한 인물이어서 당신 삶에 대해 이러쿵저러쿵할 수 있다고 생각하는 것이다.

그 사람을 보고 바로 결정해야 한다. 그가 당신에게 거울 같은 사람인가? 만약 그렇다면 당신은 저도 모르게 이렇게 말할 것이다.

"맞아요. 난 못 해요!"

그리고 당신은 그 말을 믿을 것이다.

나는 거울에 비친 내 모습을 보고 스스로 이렇게 말한다. "이것이 내 모습이로군."(그러고 나면 토할 것 같다.) 그런데 당신이 무언가를 혹은 누군가를 중요하게 여긴다면 당신은 그를 새로운 거울 삼는다. 그래서 다른 사람을 보고 당신이 누구인지 알게 되고, 당신의 가치도 다른 사람을 통해 판단한다. 동료, 상사, 가족, 미디어, 정부, 파트너의 의견이 당신 자신의 의견보다 더 중요해진다.

그렇게 되면 머리와 가슴 사이의 연결이 끊기고, 당신은 이 2가지를 타인에게 위탁하고 만다. 당신의 머리와 가슴이 해야 할 일을 남들에게 위탁할수록 당신의 서열은 더 낮아지고, 당신의 모든 행동은 남들의 행동, 생각, 한계를 따라 하려는 나약한 시도로 전락할 것이다.

어릴 때 우리는 자신의 한계를 확장하려 애썼다. 부모님이 "거기는 절대 가지 마라!"라고 말하면 당연히 거기에 갔다. 우리는 뛰어놀고 실험했다. 그리고 모든 것을 궁금해했다.

지금 당신의 동기와 관심이 단순히 주변 사람의 것을 그대로 따른 것은 아닌지 확인해야 한다. 길게 늘어선 서열 중 단숨에 높이 뛰어오르려면 우선 그 서열 밖으로 나와야 한다. 그러면 모든 사람이 당신을 이상하게 바라볼 것이다. 그들은 당신이 정해진 위치에 있어야 한다고 생각하기 때문이다. 선생님은 "줄 서라, 얘들아!" 하고 소리친다. 사람들은 실망할 것이다. 그들은 당신의 결정을 의아해하고 당신의 판단에 대해 수군거릴 것이다.

사람들은 당신의 머리와 가슴의 관계를 끊으려 할 것이다. 하지만 그것이야말로 진정 중요한 단 하나의 관계다. 당신의 가슴은 나침반이다. 이쪽으로 가세요, 여기서 방향을 바꾸세요, 뒤로 돌아서세요. 당신의 꿈과 열정, 그리고 인생의 목표가 기다리는 곳에 도착했습니다.

당신의 가슴은 머리에 올바른 방향을 알려준다. 타인의 거울에서 자유로워지면 당신은 타인의 빛을 반사하는 것이 아니라 스스로 빛의 원천이 된다. 당신의 머리는 이 책에 소개한 방법을 가지고 당신이 좋아하는 것에 관련된 독자적인 통찰력을 키우기 시작한다. 좋아하는 일을 마스터하는 데 필요한 기술도 향상시킨다. 머리는 아이디어를 내고 그것을 실행하게 해 우리가 최고 자리까지 도약하게 돕는다. 다시 말해 머리가 주도해서 실험을 계속하고 그것을 실행해 돈도 벌게 하므로 결국 당신 내면의 빛에 에너지를 불어넣는 분야에서 상위 1퍼센트에 도달하게 되는 것이다.

그렇다면 우리는 왜 그렇게 중요한 것들을 남들에게 주어버렸을까? 우리는 왜 주변 사람들, 우리가 사랑하는 사람들이 우리가 누구인지, 어떤 사람이 되어야 할지 마음대로 결정하도록 내버려뒀을까?

바로 외로움 때문이다. 혼자가 되고 싶은 사람은 없다.

"그 사람들은 나를 좋아해요. 정말정말 좋아해요!"

우리는 타인에게서 사랑을 갈구한다. 다른 사람 말을 무시하고, 단숨에 도약하는 것 따위는 하지 않으려 한다. 그래야 사람들에게 계속 인정받을 수 있기 때문에. 안 그러면 사람들을 모두 잃게 될 것이기 때문에.

이해한다. 나도 항상 두렵다. 그래서 살면서 누구나 겪는 단기적이고 사소한 문제에서도 선택은 분명 나의 몫이라는 사실을 끊임없이 스스로 상기해야 한다. 이것은 나의 삶인가? 아니면 남들의 가치를 그대로 따르고 있을 뿐인가?

내가 HBO의 최고 경영자 사무실로 가려 할 때 내 동료는 "그러면 안 돼!"라고 말했다. 그의 말은 맞았다. 그러면 안 될 것 같았다. 거울로 가득 찬 복도에서 길을 잃을 것 같았다. 나는 실패하고 상처 입을 위험을 무릅써야 할 것이다. 혼자가 될지도 모른다.

사무실로 가니 대표가 책상에 앉아 나를 올려다봤다.

"누구시죠?"

나는 아이디어를 쏟아냈다. "HBO에는 자체 제작하는 텔레비전 쇼가 있습니다. 최고의 텔레비전 프로그램이지요. 이런 프로그램을 새로운 매체인 웹에서 만들어보면 어떨까요?"

나는 대표 앞에서 내가 III:am('스리에이엠'이라고 읽는다)이라고 이름 붙인 아이디어를 소개했다.

나는 화요일 새벽 3시에 인터뷰를 하러 갈 것이다. 왜 하필 화요일일까? 화요일 새벽 3시에 밖에 나가면 뭔가 좋지 않은 일이 발생할 것 같기 때문이다.

그는 손을 내젓더니 책상 위에 있는 종이로 시선을 돌렸다.

"뭐가 됐든 괜찮은 것 같으니 한번 해봐요."

그래서 나는 했다. 그로부터 2년 동안 뉴욕시에서 새벽 3시에 수천 명을 인터뷰했다. 매춘부, 매춘 알선자, 마약 밀매자, 노숙자 등을 인터뷰했다. 나는 새벽 3시에 라이커섬 교도소에 가서 한밤중에 보석으로 풀려난 사람들과 시간을 보냈다. 그리고 뉴욕시 구석구석을 찾아다녔다. 이것은 아마 최초의 '웹 쇼'였을 것이다. 나는 HBO 웹사이트에 거의 3년 동안 인터뷰를 올렸다. 내가 하던 III:am 웹 쇼는 〈타임〉에도 소개되었으며 당시 HBO 웹사이트에서 가장 인기 있는 코너였다. 나는 이 프로그램을 진행하면서 인터뷰하는 방법을 배웠다.

HBO에서는 이 웹 쇼를 텔레비전 파일럿 프로그램으로 만들도록 예산을 편성해주었다. 이때 유명한 다큐멘터리 프로듀서와 작업한 덕분에 1년간 텔레비전 쇼에 대한 모든 것을 배웠다.

다른 회사에서 내가 하는 프로그램에 대해 듣고는 나에게 전화해서 말했다. "우리 회사에도 그런 웹사이트를 만들어줄 수 있나요?"

이 일을 계기로 나는 내 첫 회사를 설립했다. 나는 거의 모든 엔터테인먼트 회사와 미디어 회사의 웹사이트를 만들었다. 후에 그 회사를 수백만 달러에 매각했다.

"그러면 안 돼!"라는 말을 듣고도 내가 하려던 일을 해내자 거울이 깨져 산산조각 났다. 다른 사람 흉내 내는 걸 멈추면 그때부터 세상에 진정한 자신의 발자국을 남길 수 있다. 그리고 그때부터 지식을 얻는다.

거울에 비치는 상은 거울 앞에 있어야 볼 수 있다. 거울에서 멀어지면 사라진다. "난 할 수 있어"라고 선언하고 내가 한 일의 결과에 얽매이지 않을 수 있다면 그것이 곧 자유다.

어째서 "결과에 얽매이지 않는다"라는 말을 했을까? 결과를 의식하면서 실험을 하면 내 안의 에고가 실험을 하는 셈이다. 그러면 진정한 지식 탐구를 할 수 없다.

그 누구도 나에게 "그러면 안 돼!"라는 말을 할 만큼 중요하게 여겨져서는 안 되는 것처럼, 어떤 결과나 성과도 중요하게 여겨져서는 안 된다.

그래야만 거울, 거울 속 상, 환영, 그리고 에고의 세계를 떠나 우리를 기다리는 세계로 들어갈 수 있다.

↗ ↗ ↗

나는 또 다른 실험을 했다.

2009년 초였다. 회사 3개를 매각하고 작가로서 벌이도 좋아졌지만 나는 빈털터리였다.

돈과 관련한 3가지 기술이 있다.

첫 번째, 돈을 버는 기술.

두 번째, 돈을 모으는 기술.

세 번째, 돈을 불리는 기술.

나는 돈을 버는 것은 아주 잘하는 듯했다. 하지만 나머지 2가지 기술이 부족했다. 지금까지는 그랬다.

나는 또 다른 데이팅 웹사이트를 구상하고 있었다. 1999년에 데이팅 웹사이트 중 하나에 투자하려고 그 사업을 연구한 적이 있다. 당시에는 데이팅 사이트가 가장 중독성 있는 사이트였고, 지금은 데이팅 앱이 가장 중독성 있는 앱이다.

마침내 페이스북도 대학생들이 서로를 평가하는 데이팅 사이트를 시작했다.

그래서 나는 생각했다. 트위터와 연동된 데이팅 사이트를 만들면 어떨까? 내 사이트('140Love.com'이라고 이름 붙였다)에 가입하면 그 사이트의 프로그램이 당신의 트위터 피드와 팔로어를 확인한 뒤 당신과 트위터 피드가 유사한 사람을 찾아 연결해준다. 당신은 상대를 선택하기 전 당신과 연결된 모든 사람의 트위터 피드를 볼 수 있다. 따라서 다른 데이팅 사이트와 달리 당신과 잘 맞는 사람이 누구인지 판단할 수 있다.

나는 소프트웨어를 만들었다(만약 당신이 직접 소프트웨어를 만들지 않는다면 이런 기본적인 사이트를 만드는 데 약 1,500달러가 들 것이다). 그리고 그 사이트를 공개했다. 결과는 괜찮았다. 하지만 썩 좋지는 않았다. 왜 내가 바란 만큼 인기를 끌지 못했을까? 나는 사람들이 누군가와 연락을 취해 교제를 시작하려면, 당연히 데이트 상대가 될 사람에 대해 더 많이 알고 싶어 할 거라고 생각했다. 하지만 내 판단은 틀렸다. 일반적으로 사람들은 익명으로 운영하는 데이팅 사이트를 더 좋아했다.

그럼 실패한 걸까? 전혀 그렇지 않다. 나는 프로그램을 짜는 데 일주일 정도를 들였다. 당시 나는 다른 일도 많이 했다. 〈월스트리트저널〉에 매일 칼럼을 썼고, 〈파이낸셜타임스〉에도 칼럼을 썼다. 여러 뉴스쇼에도 고정 출연했다. 책도 쓰고 있었다. 하지만 프로그램을 짜면서 보낸 일주일 동안 나는 트위터의 API(다른 프로그램이 트위터에 요청해 프로필, 트위터 메시지 등의 정보를 얻게 도와주는 인터페이스)를 사용하는 소프트웨어 사용법을 배웠다. 데이팅 사이트를 연구하고, 그런 사이트가 어떤 식으로 사람들에게 알려지는지도 터득했다. 데이팅 산업의 역사도 공부했다(관심 분야가 무엇이 됐든 그 역사를 공부해야 한다). 사이트를 폐쇄해야 하는 상황에는 어떤 것이 있는지도 구체적으로 익혔다.

전혀 예상치 못한 또 다른 일도 발생했다.

3대 광고 에이전시 중 한 곳에서 나에게 전화해서 만나고 싶다고 했다. 내가 만든 데이팅 사이트가 마음에 들었으며, 마침 트위터 '전문가'가 필요하다는 것이었다. 나는 전문가가 아니었지만, 이런 사이트를 만들었다는 사실이 나를 전문가처럼 보이게 했다.

그들은 내가 '트위터 컨설팅'을 해봤는지 알고 싶어 했다. 나는 그렇다고 말했다. 그들은 고객인 대형 자동차 회사 중 하나가 새로운 전기차를 출시하려는데, 젊은 세대의 관심을 끌고 싶어 한다고 했다.

그들은 트위터를 사용하는 전략을 원했다.

나는 아이디어를 쏟아냈고 그들은 그 아이디어에 관심을 보였다 (10장 '6가지 아이디어 생산법' 참고). 나는 일감을 얻었다! 다만 한 가지 문제가 있었다. 고객을 만나기 위해서는 디트로이트를 오가야 했다. 게다가 알고 보니 고객이 매우 많았다.

나는 에이전시 사업에 대해 잘 알았다. 1990년대에 웹 에이전시를 운영한 적도 있었다. 이번에 일이 잘되어 실제 에이전시를 설립한다면 최종적으로 큰 광고 에이전시에 그 회사를 팔 수 있을 것이었다. 어쩌면 지금 나에게 자기 고객을 맡아달라고 부탁하는 그 회사에 팔 수도 있었다.

하지만 확신이 없었다. 지금까지 나는 이 아이디어에 시간과 돈을 거의 들이지 않았다. 그리고 실제 회사, 설립하고 팔 수도 있는 진짜 회사 운영을 눈앞에 두었는데도 흥미를 잃은 것 같았다.

나는 인간관계를 잘 활용하는 사람이 아니었다. 사람들에게 연락하는 것이 어색하고 회신 전화도 잘 안 하는 편이다. 그러다 보니 사람들과 연락이 끊기는 일도 많았다. 나는 언제나 잘생긴 얼굴로 그것을 만회했다(농담이다. 13장 '모두가 배워야 할 미시적 기술'에서 '6분 네트워크' 부분을 기다려라).

나는 버디 미디어Buddy Media CEO 마이클 라제로Michael Lazerow에게 전화했다. 버디 미디어는 페이스북 광고 에이전시로, 펩시 같은 브랜드의 페이스북 페이지, 페이스북 콘테스트, 페이스북 전략 및 광고 등을 의뢰받아 제작하는 곳이다.

나는 이렇게 말했다. "지금 네가 페이스북에서 하는 사업의 트위터 버전을 생각하고 있어."

그가 말했다. "좋은데! 그거 잘되면 우리도 의뢰해야겠어." 전화기 너머로 시끄러운 소리가 들렸다.

"지금 어디야?" 내가 물었다.

"세인트루이스 공항이야. 도쿄에 가야 해서. 24시간 뒤에는 LA에도 갔다 와야 해."

이런, 나는 그러고 싶지 않았다. 나는 전 세계를 돌아다니며 굳이 함께 있고 싶지 않은 사람들과 마주 앉아 상품을 팔고, 팔고, 또 팔고 싶지 않았다.

나는 거울 앞에 꼼짝 못 하고 서 있었다! 첫 번째로는 광고 에이전시가 말했다. "우리는 당신이 대단하다고 생각합니다! 디트로이트로 가세요!" 다음은 마이크였다. "이거 멋진데! 우리도 의뢰해야겠어!" 그들은 나를 좋아했다. 정말정말 좋아했다. 하지만 나는 눈앞에 펼쳐진 아름다운 이미지에서 멀리 떨어져야 했다. 마음을 비춰 볼 거울은 없다. 당신은 자신이 속한 무리와 사회, 그리고 존경하는 사람들이 당신을 혼란스럽게 하는 가운데 마음에 귀를 기울여야 한다.

나는 이 일을 하고 싶지 않았다. 이유는 알 수 없었다. 하지만 모두가 나에게 하는 말에 내 마음은 들어 있지 않았다.

나는 디트로이트 일을 거절했고, 사업도 접었다. 그리고 다른 일을 이어갔다. 실험은 끝났지만 나는 많은 것을 배웠다. 그리고 배운 것들을 내가 원하는 다른 기회로 바꿀 수 있었다.

그 경험은 수년간 나에게 도움이 되었다. 그때는 트위터가 막 시작된 때였기 때문에 내가 쌓은 지식으로 나만의 구독자를 구축할 수 있었다.

나는 트위터에서 질의응답 시간을 실험했다. 이전까지 누구도 시도한 적 없는 것이었다. 2시간 동안 창업과 투자에 대한 질문에 대답하며 시작했는데 사람들은 어떤 주제든 상관없이 질문했고 나는 거기에 답했다. 너무 좋았다! 그러면서 트위터에서 나를 팔로하는 사람들이 점점 늘어났다. 나는 구독자를 구축하고 있었던 것이다. 단 1달러도 들이지 않고 단지 2시간만 투자한 실험은 성공적이었다. 나는 이 질의응답 시간을 일주일 뒤에 또 열고 그로부터 일주일 뒤에 또 열었다. 이렇게 6년 동안 매주 목요일에 질의응답 시간을 이어갔다.

사람들이 이런 질문을 할 때도 있다. "당신은 누구죠? 왜 우리가 질문을 해야 하죠?" 내 지위를 확인하려는 것이다.

무엇으로 내 자격을 증명할 수 있을까? 나는 솔직히 대답한다. "저는 아무것도 아닙니다." 사람들이 질문을 하면 나는 그저 답할 뿐이다.

이 실험을 통해 얻은 것이 많다. 한 가지는 이것이 내 책을 판매하는 데 도움이 되었다는 것이다. 결국 나는 트위터 사무실을 방문했고 트위터의 당시 CEO와 친구가 되었으며 그는 내 책《과감한 선택Choose Yourself》서문까지 써주었다!

완전히 실패한 것처럼 보였던 데이팅 사이트 실험은 내 인생을 바꿔놓았다. 뭔가를 배우면 뭔가를 얻을 수 있다. 그리고 그런 실험을 통해 단숨에 성공할 수 있다.

(많은 다른 실험 중에서도) 그 실험에서 얻은 지식 덕분에 나는 트위터 플랫폼을 활용해 자비출판을 할 수 있었다. 당시에는 매우 드문 일이었다. 그 책은 전체 아마존 스토어에서 1위를 차지했다. 자비출판한 책이 전체 1위를 차지한 것은 처음일 것이다. 덕분에 아마존과도 관계를 쌓을 수 있었다.

나는 출판계에서 단숨에 성공했으며, 밑바닥에서 시작해 꼭대기까지 올라갔다. 내가 그 전에 쓴 책들은 베스트셀러 목록에 올라간 적도 없었지만, 자비출판으로 낸 첫 책이 그 일을 해냈다. 그리고 마케팅은 거의 전부 트위터를 통해 이루어졌다.

다시 정리해보면 데이팅 사이트 실험은 다음과 같았다.

- 계획을 세우고 실행하기가 쉬웠다.
- 손실이 거의 없었다.
- 잠재된 이점이 컸다. 즉 긍정적인 일로 이어질 기회가 많았다.
- 독창적이었다. 내가 아는 한 지금까지 시도된 적이 없었다.
- 깨달은 바가 있었다. 덕분에 나는 디트로이트에 가지 않았다.

나는 자비출판하는 법과 도서 마케팅을 배우는 데(혹은 트위터를 중심으로 광고 에이전시 사업을 시작하는 법을 배우는 데) 1만 시간을 들이지 않고도 맨 윗자리까지 갈 수 있었다.

모든 것이 작은 실험 덕분이었다.

나는 항상 크고 작은 실험을 해본다. 내 주변 사람들이 생각하기에 정말 한심하게 느껴지는 실험도 있다. 하지만 그들도 이제 나에 대해 잘 알기 때문에 그저 웃으면서 잘되길 바랄 뿐이다. 내가 하는 실험은 당연히 나에게 새로운 가르침을 주며, 손실이 적고 잠재적 이점이 큰 것들이다. 그리고 나는 절대 결과를 미리 의식하지 않는다. 뭔가를 궁금해할 때, 나는 내 가슴과 머리가 소통하고 있음을 느끼고 그것이 추구할 가치가 있는 일이라는 것을 깨닫는다.

이제 지금 내가 하는 실험 몇 가지를 이야기할 것이다. 나는 그 실험을 통해 배우고 또 성취할 것이다.

나는 수년간 프로그래머와 팟캐스터로 활동했기 때문에 현재 급증하는 화상회의 소프트웨어에 관심이 많다. 예를 들어 줌Zoom은 코로나19로 세상이 멈춘 동안 일상 사용자가 2억 명이나 늘었다.

하지만 팟캐스터로서 말하자면 줌은 부족한 점이 많다. 경쟁 소프트웨어도 딱히 더 나은 것이 없다.

나는 메모지를 꺼내 오늘의 10가지 아이디어를 쓰기 시작했다 (자세한 내용은 9장 '가능성 근육 훈련'에서 확인할 수 있다). 줌에 추가되었으면 하는 기능 10가지를 생각해냈다. 그리고 소프트웨어 관점에서 그것을 어떻게 실행할지 선행 연구를 했고, 다음 날 '자문을 구할 10명의 프로그래머' 리스트를 적었다.

나는 실험을 하기로 결정했다. 이번에는 다른 회사에 아이디어를 제안하기보다는 직접 그 소프트웨어를 만들어보고 싶었다.

나는 한 프로그래머를 발견해 이야기를 나누었다. 그가 무척 마음에 들었기에 함께 일해보기로 했다. 나는 필요한 기능을 제시했고 그는 소프트웨어를 개발했다. 두 사람 모두에게 손실 위험은 거의 없으며, 만약 그 소프트웨어가 팟캐스터나 이벤트 기획자의 요구를 해결할 수 있다면 큰 사업이 될 수 있다. 또 적어도 나에게는 매우 중요한 원격 팟캐스트에 대해 많은 것을 배우고 내 팟캐스트의 질을 향상시킬 기회가 될 것이다.

1만 번, 혹은 그보다 훨씬 더 적게라도 실험을 하는 것은 지식을 쌓고 크게 성공하는 방법이다. 모든 분야에서 단숨에 도약해 최고 위치에 오르는 방법인 동시에 손실이 가장 적은 방법이다. 가노 지고로가 말했듯 "최소한의 힘으로 최대 효과를 내야 한다."

4장

내 인생의
과학자 되기

SKIP THE LINE
SKIP THE LINE

트레이시 모건Tracy Morgan이 내가 지분을 소유한 클럽, 스탠드업 뉴
욕Stand up NY에 들렀다. 혹시 모를까 봐 하는 말인데, 트레이시 모건
은 세계적으로 매우 유명한 스탠드업 코미디언이자, 큰 인기를 모
은 텔레비전 프로그램 〈서티록30Rock〉의 주연배우 중 한 명이다.

　매니저가 그에게 말했다. "무대에 오르시겠어요?"

　그러자 모건이 말했다. "준비한 게 아무것도 없어요. 아무것도···.
하지만 뭐 어때요. 올라갈게요. 나는 트레이시 모건이니까!"

　모건은 무대에 올라 20분 동안 끊임없이 우스갯소리를 쏟아냈
다. 모두가 웃었다.

　그는 이렇듯 강렬한 에너지를 지닌 사람이었다. 그는 소리 지르
고, 웃고, 웃긴 표정을 지었다. 모건의 뇌와 관객 사이에는 어떤 필
터도 존재하지 않는 듯했다. 그는 무대 앞쪽에 앉아 거기 모인 사람
들을 가리키며 말했다. "당신 부모님이 섹스를 했고, 당신 부모님도
섹스를 했고, 또 당신 부모님도 섹스를 했고···. 우리가 여기 있는
건 다 여러분의 아빠가 그의···." 그렇게 계속 이어갔다. 대박!

　그는 나중에 말했다. "떠오르는 걸 그냥 얘기해요. 요즘 무슨 문
제가 있나요? 얘기하세요. 사람들은 바로 그런 걸 듣고 싶어 해요."

두려운 일이었다. 클럽 매니저가 트레이시 모건의 무대 바로 앞에 설지, 바로 뒤에 설지 선택하라고 한 것이다.

나는 이런 식의 선택을 해야 했던 적이 여러 번 있다. 다른 사람들이 이런 선택의 기로에 서 있는 것도 보았다. 그럴 때 모두가 즉시 대답한다. "앞이요."

왜일까? 트레이시 모건 같은 일류 코미디언이라면 관객의 기대치를 높이기 때문이다. 그 유명인의 에너지, 명성, 타고난 개성에 매료된 나머지 이어지는 코미디는 실망스럽게 느껴진다.

내가 유명인 다음에 관객 앞에 섰을 때, 관객들의 머릿속에는 '방금 트레이시 모건 무대를 봤어!' '방금 짐 개피건을 봤어!' 또는 '역시 티파니 해디시!' 같은 생각뿐일 것이다. 유명인이 누구인지는 중요하지 않다. 분명한 것은 유명하고 능수능란한 슈퍼스타를 보고 나면 그다음에 누가 나오더라도 청중은 실망한다는 사실이다.

하지만 나는 "뒤에 할게요"라고 말했다. 그날의 실험은 바로 이것이었다. 불편한 상황을 이겨낸다면 성장할 수밖에 없다. 가장 덜 붐비는 방에 있어야 실력을 키울 수 있는 법이다.

나는 무대에서 내려오는 트레이시 모건과 악수를 하고 마이크를 건네받았다. 관객들은 차츰 조용해졌다.

나는 모건 앞 순서를 선택할 수도 있었다. 그렇게 하는 것은 1만 시간의 법칙에서 쓰는 방식이다. 해오던 소재를 반복한다. 그 공연을 녹화해(나는 항상 내 무대를 녹화한다) 나중에 본다. 그런 다음 또 공연한다. 마법의 한계점인 1만 시간을 채울 때까지 계속 공연한다.

'앞'은 안전 구역이다. 그곳에서는 마음이 편하다. 안전 구역을 선택하지 않을 사람이 어디 있겠는가? 하지만 한 분야에 통달하려면 사람이 가장 적은 방에 머물러야 한다. 유일한 사람이 돼라. 안전 구역을 벗어날 기회는 많지 않다. 벗어나고 싶지도 않을 것이다. 불편하게 지내고 싶은 사람이 어디 있겠는가?

하지만 실험은 언제나 안전 구역 밖에 있다. 실험을 통해 당신은 누구나 가기 싫어하는 장소를 탐험하게 될 것이다.

앞 순서는 1만 시간의 법칙이다. 하지만 나는 1만 시간이 없다. '뒤'는 1만 실험의 법칙이다. 불안 구역에 들어서는 일이고 당신이 하는 실험은 폭발할지도 모른다.

↗ ↗ ↗

평소 하던 일에 궁금증이 생기고 '만약 이렇게 해보면…' 하는 생각이 드는 순간, 어떤 실험이 필요한지 알 수 있다. 그러면 갑자기 두려워진다. 누군가가 "그러면 안 돼!" "하지 마!"라고 소리치는 것 같은 기분이 든다. 이런 생각이 들 수도 있다. '이걸 하고 나서 사람들이 날 좋아하지 않으면 어쩌지?' 이런 두려움이 가장 문제다.

그러다 당신은 '안 돼'의 반대편에 있는 유일한 사람이 된다. 그러면 성공이다.

실험을 할 때마다 당신은 1만 시간 중 일부를 뛰어넘을 수 있다. 당신이 방금 해낸 일을 남들은 할 수 없기 때문이다. 나는 직접 해봤기 때문에 잘 안다. 당신은 1만 번 실험 모두를 실패할 수도 있지만, 그렇게 하면 에디슨이 되는 셈이다. 수년간 묵묵히 노력을 기울인 사람들이 하룻밤 새 성공한 것처럼 보이는 이유가 바로 이것이다.

난 실패하면 울곤 했다. 지금도 그럴 때가 있다. 너무 힘들다. 항상 포기하고 싶은 기분이다. 그래서 나는 작은 규모로 실험하는 법을 익혔다. 내일은 내일의 태양이 뜬다. 새로운 실험이 기다리고 있다. 1만 번 실험을 해낸다면 당신은 세계 최고가 될 수밖에 없다(사실, 1,000번으로도 충분하지 않을까 하는 생각이 든다. 하지만 거기서 멈출 이유가 어디 있겠는가?).

↗ ↗ ↗

스탠드업 코미디로도 실험할 방법이 많다.

1. 내가 트레이시 모건 다음에 한 것처럼 정말 잘하는 사람 바로 다음에 무대에 선다. 청중의 호감을 얻지 못한 채 시작해야겠지만, 그럼에도 그들의 호응을 얻어야 한다.
2. 계산서 타임(웨이터가 사람들에게 술과 음식 값 계산서를 나눠주고 모든 사람이 서로 이야기를 나눌 때)에 무대에 선다. 당신은 테이블에 팁을 놓아두려고 22.58달러의 15퍼센트가 얼마인지 계산하려 애쓰는 술 취한 관객마저 즐겁게 하는 법을 배울 것이다.

3. 진행자가 되어본다. 그러면 6개의 작은 스탠드업 코미디 세트를 보여줄 수 있다. 그 공간의 에너지를 읽고 다시 분위기를 활기차게 만드는 데 능숙해질 것이다.

4. 첫 순서로 무대에 오른다. 청중은 아직 몸이 풀리지 않았을 것이다. 아이들은 하루에 300번 웃지만, 어른들은 하루에 겨우 5번 웃는다. 아직 몸이 풀리지 않은 청중은 웃는 법을 기억하지 못할 것이다.

5. 마지막으로 무대에 올라본다. 그때는 청중이 피곤하고 취한 상태이기 때문이다.

6. '크라우드 워크'만으로 무대를 꾸며본다. 미리 소재를 준비하지 않고 관객과 즉흥적으로 이야기하는 것이다. 크라우드 워크로 진행하려면 매우 영리하게 대처해야 하며 그 순간에 완전히 몰입해야 한다. "버펄로시에서 왔고 마룻바닥 설치 일을 하시는군요?" 이런 말로 시작해 개그를 이어나가야 한다. 연이어 백번은 해야 할 것이다.

7. 스탠드업 코미디 한 세트를 공연할 때마다 20퍼센트 정도는 새로운 소재로 준비한다. 코미디언 대부분이 새로운 소재를 전혀 준비하지 않고 수년간 같은 농담만 한다.

8. 상황극을 해본다. 목소리도 재미있게 바꿔본다.

9. 사람들이 당신을 싫어할 만한 농담을 해본다. 정적이나 야유에 대처하는 훈련을 하는 것이다. 정적은 스탠드업 코미디를 잡아먹는 무서운 짐승이다.

10. 5분 정도는 실제 당신의 삶에 대해 이야기한다. 그러면 당신의 이야기에서 재미있는 부분을 발견하게 될 것이다.

이것은 생각보다 행동이 낫다는 사실을 증명한다. 의심스러운 눈초리로 당신을 바라보는 수백 명 앞에 서야 코미디 실력을 갈고닦을 수 있는 법이다. 나는 실험을 통해 어떤 것을 배울지 미리 알지 못한다. 학생으로서 단지 실험을 할 뿐이다. 어쨌든 모든 실험은 나를 변화시킨다. 나는 집에 오면 그날 내가 배운 것을 적어놓는다. 그러면서 더 많은 시간을 절약한다.

한번은 짤막한 개그를 잘 던지는 데 필요한 실험을 해보고 싶었다. 나는 친구와 함께 지하철을 탔다. 친구에게 내 모습을 녹화해달라고 한 다음, 가장 반응 좋은 농담이 무엇인지 공부할 생각이었다. 장담하건대 지하철 안에 있는 사람 중 내 스탠드업 코미디 공연을 보고 싶어 하는 사람은 아무도 없다. 단연코 가장 힘든 관객이다. 이것은 내 재담 실력과 글솜씨를 향상시키기 위한 실험이었다. 이런 실험을 통해 나는 어떤 상황에서든 최소한 한 명은 웃게 할 수 있을 터였다. 그러기 위해 내 유머에서 군더더기를 빼야 했다. 단 한마디의 사족도 없어야 했다.

↗ ↗ ↗

트레이시 모건에 이어 무대에 오른 날 밤, 나는 그럭저럭 괜찮은 공연을 했다. 특별한 일은 없었다. 내 무대에 열광하는 사람은 없었다. 그래도 사람들이 웃었고 그 정도면 괜찮았다. 지하철에서도 마찬가지였다. 몇몇 사람이 웃었고 대부분은 나를 무시했다. 내가 던진 농담 한마디가 생각난다. "우버풀UberPool을 불렀더니 이 지하철을 보내줬네요." 잠깐, 하나 더 생각난다. "이 전철, 6과 2분의 1호선인가요? 호그와트행이지요?"

하지만 분명 배운 점이 있었고 나는 더 발전했다. 두 경우 모두 두려운 경험이었지만 나는 두려움을 극복하고 해냈다. 콤플렉스, 더 나아가 나를 겁먹게 만드는 문제까지 이겨내는 법을 조금이나마 배웠다. 이번에도 1퍼센트 더 발전한 것이다. 실험을 거듭할수록 기술이 발전해 더 어려운 상황을 통제할 수 있게 된다.

나는 무대를 통해 실험할 만한 것이 하나도 생각나지 않을 때는 스탠드업 코미디를 중단하기도 한다. 한번은 농담을 하는 대신 에어 피아노를 연주했다(나는 〈그레이트 볼스 오브 파이어Great Balls of Fire〉를 연주하는 시늉을 했다). 이 실험은 완전히 망했다. 하지만 이번에도 배운 점이 있었다. 나는 일주일 정도 연습해 손동작을 바로잡았다.

또 한번은 내가 어떤 이야기를 할지 관객이 선택하도록 했다. 나는 그때까지 어떤 코미디언도 그렇게 하는 것을 본 적이 없었지만, 공개 무대에서 이 방법을 사용했다(5장 '시간 빌리기' 참고). 관객은 자신이 선택권을 쥐었다고 생각하면 인지 편향적 태도를 보여 당신이 하는 말에 더욱 몰입한다. 이 실험은 성공적이었다.

나는 매일 밤 실험했다. 그리고 1년 뒤, 뉴욕에서 가장 큰 코미디 클럽 캐럴라인Carolines에서 45분 동안 공연했다. 그로부터 6개월 뒤에는 네덜란드 전역에 있는 대규모 코미디 클럽을 돌며 공연해달라는 요청을 받았다. 내가 무대에 오르는 모든 클럽이 매진이었다.

나는 거의 10년치를 단숨에 뛰어올랐다. 하지만 여전히 배울 게 많다. 그리고 실험을 계속한다. 실험은 멈추지 않는다.

시간 빌리기

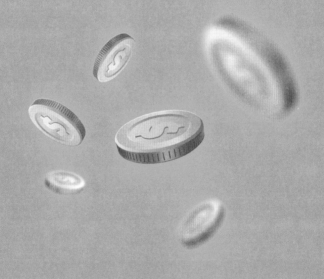

SKIP THE LINE
SKIP THE LINE

그녀는 그런 법칙을 알지도 못했다!

마리아 코니코바Maria Konnikova는 심리학 박사다. 그녀는 어릴 때부터 셜록 홈스에 빠졌다. 베스트셀러《생각의 재구성: 하버드대 심리학자가 과학적 연구 결과로 풀어낸 셜록 홈스식 문제 해결 사고법Mastermind: How to Think Like Sherlock Holmes》의 저자이기도 하다.

그 후 그녀는 포커를 배워 그에 대한 책을 쓰기로 했다. 당시 그녀는 포커 룰도 모르는 완전한 초심자였다. 코니코바는 세계 최고의 포커 선수 중 한 명인 에릭 세이델Erik Seidel의 코치를 받으며 규칙을 배웠다. 그리고 대회에 나갈 만큼 실력을 키웠다. 1년 후 그녀는 단숨에 도약하는 데 성공했다. 포커 토너먼트에서 세계 정상급 선수들과 겨루어 25만 달러를 획득한 적도 있다. 참가한 선수 중에는 경력이 20년 넘는 프로 선수도 있었다!

나는 그녀에게 물었다. "박사 학위를 따느라 심리학에 쏟아부은 수천 시간에서 뭔가 빌려 온 듯한 기분이 들지 않나요?"

"맞아요!"

심리학을 공부하면서 쌓은 경험, 그리고 셜록 홈스의 문제 해결 방법에 집요하게 관심을 기울인 덕분에 그녀는 남들보다 유리한 위치에서 포커를 시작할 수 있었다. 그녀는 상대가 허세를 부리는 것인지 아닌지 읽어낼 수 있었다. 그리고 셜록 홈스 스타일로 빠르게 결정을 내리는 데도 탁월했다. 또 박사 학위를 취득하기 위해 연구하고 공부한 과정 덕분에 필요한 것을 빠르게 습득하는 훈련법이 몸에 배어 있었을 뿐 아니라 전문가 수준의 통계학 지식도 갖추고 있었다. 통계학은 포커에서 대단히 중요한 역할을 한다.

그녀의 코치이자 포커 역사상 가장 많은 우승 상금을 받은 사람으로 꼽히는 에릭 세이델도 '시간을 빌린다'는 개념을 익히 알고 있었다. 그는 포커 선수가 되기 전에 백개먼 세계 챔피언이었다.

백개먼 기술 중에는 포커 기술과 중복되는 것이 있다. 상대방의 수 읽기, 자금 관리(백개먼도 도박이다), 통계학, 경쟁심리학, 게임 중 자신의 생각을 남들이 읽지 못하게 하는 포커페이스 등이다. 주목해야 할 점은 이런 기술이 서로 아무 관련이 없다는 사실이다. 포커페이스를 유지하는 것은 자금 관리와 아무 관계도 없다. 하지만 둘다 상위 1퍼센트의 백개먼 선수나 포커 선수가 되는 데 매우 중요하다.

한 분야에서 배운 기술을 다른 분야에 적용함으로써 시간을 빌릴 수 있다는 것은 매우 큰 이점이다. 하지만 필요한 기술이 당신이 이미 익힌 기술과 중복된다는 사실을 모른다면 새로운 기술을 습득하느라 오랜 시간이 걸릴 것이다.

가장 위대한 축구 선수라 할 수 있는 펠레는 어떻게 그토록 빨리 좋은 실력을 갖추었을까? 그는 15세가 되어서야 정식으로 축구를 시작했다. 15세면 대다수 프로 선수가 축구를 시작한 지 10년 정도 되어 1만 시간을 채웠을 나이다.

펠레는 빈곤한 가정에서 자랐고 주변에는 친구들과 함께 이용할 만한 축구 시설이나 설비가 없었다. 대신 그는 브라질에서 인기 있는 풋살을 했다. 풋살은 축구공보다 작은 공으로 좁은 경기장에서 하므로 빠른 발놀림과 패스가 중요하다.

펠레는 이렇게 말했다. "풋살은 빠르게 판단하고 플레이해야 해요. 그래서 나중에 축구로 전향했을 때 모든 것이 더 쉽게 느껴졌습니다."

게다가 펠레는 딱딱한 길바닥에서 맨발로 풋살 경기를 하곤 했는데, 덕분에 나중에 잔디 구장에서 (스니커즈까지 신고) 뛰기가 훨씬 수월했다. 어릴 때 풋살을 하면서 보낸 시간은 축구에 필요한 훈련 시간으로 쉽게 전환되었고, 그는 순식간에 세계 최고가 되었다. 한 종목에서 시간을 빌려 와 다른 종목에 적용한 것이다.

당신이 과학자든 아니면 열정에 따라 진로를 변경하는 호기심 많은 사람이든, 지금 쏟는 노력이 나중에 어떤 결과를 가져올지 알 수 없다. 결과를 추측해볼 수 있지만, 어떤 결과가 나오든 그 결과를 자연스럽게 흡수해 자신을 변화시켜야 한다. 실험 결과에 집착하지 않는 것은 과학에서도 가장 중요한 법칙일 뿐 아니라 단숨에 높은 서열로 뛰어오르는 데도 가장 중요한 법칙이다.

인간관계 역시 결과에 집착하는 요인이 되어서는 안 된다. 나는 지금껏 인간관계에 확신이 없을 때가 많았다. 나는 지나치게 비위를 맞춰주려 애쓴다. 내가 주길 좋아하는 친절한 사람이어서가 아니다. 오히려 그 반대로 상대방 마음을 갖고 싶은 것이다. 상대방 마음에 들려고 하다 보면 상대방에게 처음 다가갔을 때쯤 시작한 실험의 결과는 점차 오염된다.

결과에 집착하지 말고 실험하라는 것은 열정을 갖지 말라는 뜻이 아니다. 신경 쓰거나 전념하지 말라는 뜻도 아니다. 사실 당신이 그 어느 때보다 많은 실험을 하는 것은 당신이 사랑하는 사람들은 물론이고 이 세상에도 유익한 지식을 발견하고 싶기 때문이다. 그리고 실험으로 알아낸 지식을 토대로 세상을 이롭게 할 수 있다면, 그 지식은 궁극적으로 당신도 이롭게 할 것이다.

그러나 만약 (당신이 사랑하는 사람을 포함해) 다른 사람의 욕구와 요구, 그리고 그들의 편견이 당신 머릿속에서 너무 많은 자리를 차지한다면 당신이 되려는 사람, 즉 실제로 세상에 도움이 될 잠재력을 지닌 사람이 되기 위해 쓸 공간은 얼마 남지 않는다.

결국 남들에게 도움을 주고 관대한 사람이 되는 방법은 내가 하는 실험 결과에 집착하지 않는 것, 즉 남들의 요구에서 자유로워지는 것이다.

당신이 또 다른 우주, 또 다른 차원에서 왔다고 생각하자. 당신은 이 우주가 당신에게 내준 퍼즐을 풀기 위해 이곳에 왔다. 비밀이 풀릴 때까지 그 퍼즐을 만지작거리고 비틀 것이다.

이것이 당신의 임무다. 당신은 사람들을 돕기 위해 우리 세계에 파견되었고, 정말로 사람들을 돕고 싶다면 퍼즐을 푸는 방법밖에 없다. 남들의 반응을 두려워하지 않는 장난기 가득한 아이들만이 이 세계의 본질을 꿰뚫어 볼 수 있다. 임금님은 벌거벗었고, 늑대는

물지 않으며, 하늘은 끝이 없다.°

↗ ↗ ↗

매거진 〈와이어드Wired〉를 창간한 케빈 켈리Kevin Kelly는 나에게 이렇게 말했다. "최고가 아니라 '유일한' 사람이 되어야 합니다."

자신만의 독자적 관점을 찾을 수 있는지 여부에 따라 단지 기술을 보유한 사람과 그 분야 상위 1퍼센트에 속해 큰 성공을 거둘 사람이 구분된다(금전적 성공이든, 비평가들의 극찬이든, 그 분야 전문가들의 존경이든 상관없다). 나는 모든 것을 걸었다 모든 것을 잃고 나서야 이말을 완전히 이해할 수 있었고, 그 후 이 말은 많은 기회와 성공의 원천이 되었다.

앞으로 나는 단숨에 도약하기 위해 습득해야 할 미시적 기술을 찾아내는 방법을 보여줄 것이다. 즉 당신이 1만 실험의 법칙을 활용하는 데 필요한 기술을 알려줄 것이다. 그러면 당신은 계속 같은 것을 반복해야 하는 1만 시간의 법칙을 따라 힘겹게 걸어가는 사람들을 모두 뛰어넘을 수 있다. 나는 투자, 기업 운영, 글쓰기, 코미디 등 다양한 분야의 예를 들면서 바로잡아야 할 것이 있거나 새로운

○ 동화책 《늑대는 물지 않아!Wolf won't Bite!》와 《무엇이든 할 수 있어The Sky is the Limit》 내용에서 따온 말. 아기 돼지 삼 형제 이야기와 달리 《늑대는 물지 않아!》에서는 늑대가 무조건 아기 돼지를 물지는 않으며, 《무엇이든 할 수 있어》에서는 마지막에 아이들이 기구를 타고 하늘 위까지 올라간다.

것을 시작할 때 열어볼 수 있는 공구 상자를 선물하려 한다.

당신은 사회와 새로운 협상을 하게 될지도 모른다. 아니면 어떤 것을 좀 더 빨리 배워야 한다거나 누군가를 설득해야 할 수도 있다. 생산성을 높이거나 소통 능력을 키워야 할 수도 있다. 모두 자신의 인생을 연구하는 과학자가 되기 위해 갖춰야 할 것들이다. 이런 능력을 갖춰야 단숨에 높이 뛰어오르게 해줄 실험을 할 수 있다.

남들이 이른바 '표준'에 매달려 애쓰는 동안 당신은 불확실성을 감수할 것이다. 인생이 무엇인지, 특히 성공한 인생이란 어떤 것인지 결정하는 요소가 바로 이 불확실성이다. 당신은 호기심을 무기 삼아 앞으로 나아가면서 새로운 것을 발견하고, 배움에 매달릴 것이다.

호기심과 집념이 만나면 실험으로 이어진다. 실험을 하면 새로운 것을 발명하거나 획기적이고 독특한 방법을 찾아낼 수 있고, 그 방법을 이용해 더 많은 지식을 창출할 수 있다. 그렇게 얻은 지식은 당신만의 것이 된다.

독특함에 새로운 지식을 더하면 당신은 원하는 분야에서 상위 1퍼센트에 진입할 수 있다.

그리고 위기가 세상을 뒤집어놓을 때는(어떤 위기든 상관없다. 개인적인 위기, 9·11테러, 금융 위기, 코로나19 팬데믹 등 살다 보면 인생을 바꿔놓을 위기를 경험할 수 있다) 관심 대상, 심지어 직업을 바꾸어 빠르게 세계 최고 자리에 오르는 능력이 매우 중요하다.

살아가는 동안 열정과 관심의 대상은 여러 번 바뀔 것이고, 눈이 휘둥그레질 정도로 자신을 흥분시킬 새로운 걸 발견할 것이다. 하지만 사람들은 "저거 해봤으면 좋겠다"라는 말만 할 뿐, 그저 하던 일을 하고 정해진 일과를 수행한다. 새로 발견한 열정은 다시 생각하지 않는다.

이해한다. 사회와 협의한 것을 거스르기는 어렵다. "하면 안 돼!"라고 말하는 사람들에게 "할 수 있어"라고 말하기도 쉽지 않은 일이다. 하지만 이 책에서 소개한 기술을 이용하면 '유일한 사람'이 되는 법을 배울 수 있다. 당신이 좋아하는 일을 하기 위해 실험하고 성공에 이르는 법을 배울 것이다. "할 수 있어"라고 말하는 법을 배우면 결국 "해냈어"라고 말할 수 있을 것이다.

6장

미시적 기술
습득하기

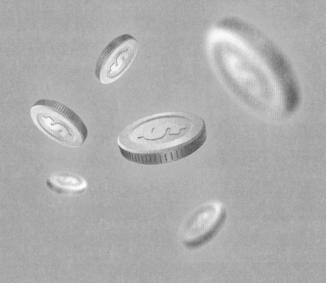

SKIP THE LINE
SKIP THE LINE

'사업 기술' '기업 운영 기술' '투자 기술' 같은 것은 없다. '소프트웨어 개발 기술' '체스 기술' '글쓰기 기술'도 마찬가지다. 우리가 통달해야 할 기술은 모두 실제로는 미시적 기술들의 모음이다. 그리고 뭔가를 정말 잘하려면 그런 미시적 기술을 능숙하게 수행해야 한다.

나는 최악의 기업가였다. 처음 사업을 시작해 CEO로 일할 때, 나는 월스트리트 44번가에 있는 회사 건물 바로 앞에서 비서에게 전화해서는 사무실 앞 복도에 누가 있는지 물었다. 비서가 누가 있다고 하면 계단으로 뛰어 올라가서는 슬며시 사무실로 들어가 문을 잠갔다. 그런 다음 내가 준비될 때까지 누가 노크를 해도 모른 척했다. 나는 수줍음이 많아서 사람들을 똑바로 바라보지도 못했다. 우리 엄마도 나를 별종이라고 부르곤 했다.

나는 운 좋게도 인터넷 사업이 호황을 누리던 시기에 〈포춘〉 500에 선정된 기업의 웹사이트를 구축하는 일을 맡았다. 그래서 사업을 운영하는 데 그렇게 많은 기술이 필요하지는 않았다. 하지만 사업 또는 기업을 잘 운영하려면 수많은 미시적 기술에 능숙해야 한다. 다시 한번 말하지만 하나로 통합된 '사업 기술'이란 건 없다.

사업에 필요한 미시적 기술은 다음과 같다. 판매, 협상, 아이디어 창출, 실행, 리더십, 관리, 마케팅, 사업체 매각, 프로젝트 관리, 후속 조치, 네트워킹, 위임(관리에 포함할 수 있는 미시적 기술이지만 나는 이것을 따로 분류한다). 이 밖에도 많은 기술이 있다.

사업체를 잘 운영하기 위해서 모든 기술을 연마해야 하는 것은 아니다. 그리고 이 중 한 가지 기술을 마스터했다고 해서 그 밖의 다른 기술까지 향상되는 것도 아니다. 미시적 기술 하나하나를 집중해서 배워야 한다.

첫 사업에서 나는 판매, 아이디어 창출, 실행은 잘해냈다. 하지만 나머지는 엉망이었고, 당시 나는 미시적 기술이라는 말을 들어본 적도 없었으므로 결국 많은 시행착오를 겪었다.

어째서 판매는 잘했을까?

나는 실제 판매 경험이 없었다. 하지만 상업적 월드와이드웹 초창기에 월드와이드웹을 위한 프로그래밍 경험을 쌓았고, 이 경험을 통해 유행을 감지할 수 있었다. 나는 프로그래머로 훈련한 시간을 '빌려 와' 초보 판매자가 기술을 향상시키는 데 적용할 수 있었다. 나는 소비자의 인터넷 사용을 늘리는 데 열정을 쏟았고, 아메리칸 익스프레스 같은 회사에 결국 모든 거래가 인터넷을 통해 이루어질 것이라고 말하면서 그 열정을 전달했다. 열정이 넘쳤을 뿐 아니라 내 말에는 설득력이 있었다. 그리고 사람들에게 내 비전에 대한 확신을 줄 수 있을 정도로 풍부한 지식을 보유했다.

판매에도 많은 미시적 기술이 있다. 하지만 비전을 제시하고 그 비전을 전달하는 능력은 그중에서도 특히 중요하다. 나는 고객을 위해 아이디어를 내는 데도 능숙했다. 그리고 고객의 웹사이트를 개발하는 실력도 좋았다. 판매에서 이로운 기술을 3가지 갖춘 셈이다.

하지만 나는 직원 관리하는 방법을 전혀 몰랐고 사업 가치를 평가하는 표준 방식도 몰랐다. 예를 들어 서비스업(광고 에이전시나 컨설팅 회사 등)은 생산업(소프트웨어 회사 등)보다 가치가 낮게 평가된다는 것을 몰랐다.

사람들이 서비스업에 대해 하는 말이 있다. "돈이 밤마다 문밖으로 새어 나간다"는 것이다. 그런가 하면 생산업에 대해서는 이런 말을 한다. "자는 동안에도 돈을 번다." 나는 이 2가지를 몰랐다. 하지만 이 말을 들은 사람이라면 어떤 사업의 금전적 가치가 더 큰지 쉽게 짐작할 수 있을 것이다.

이 사실을 몰랐기 때문에 나는 수백만 달러를 잃었다.

예를 들어 아메리칸 익스프레스 웹사이트는 수만 페이지짜리였다. 그래서 나는 여러 개의 템플릿을 이용해 한 번에 모든 페이지를 구축할 수 있는 소프트웨어를 개발했다. 하지만 아메리칸 익스프레스 측에 소프트웨어를 개발했다는 말은 하지 않았다. 그들이 생각하는 것만큼 많은 시간이 들지 않았다는 사실을 알리고 싶지 않았기 때문이다.

나는 서비스를 제공하기 위해 가치가 30억 달러 넘는 워드프레스WordPress 같은 걸 만든 것이다. 하지만 내가 제공한 서비스의 값어치는 25만 달러였다. 내가 워드프레스를 만들었다는 말은 아니지만, 그것이 시작일 수 있었다. 내가 사업 수완이 좀 더 좋았더라면 계속 이어나갈 수 있었던 사업의 출발점인 것이다.

일을 그르치고 있었지만 그런 사실도 몰랐다. 다양한 사업이나 기업 활동을 하느라 1만 시간을 들인다면 내가 놓친 이런 기본적 개념을 발견하는 데 더 오랜 시간이 걸릴 것이다.

사실 나는 빠르게 그 회사를 매각했기 때문에 내가 천재라고, 더 배울 것이 없다고 생각했다. 여기서 성공할 수 있다면 어디서도 성공할 수 있다! 누군가가 나를 앉혀놓고 이렇게 말해주었더라면 좋았을 텐데. "제임스, 이번엔 운이 좋았어! 이제 여기 있는 10가지 기술을 더 배워야 해."

지금 되돌아보면 기본적인 네트워킹 원리를 좀 더 이해했더라면 (예를 들어 당신의 인맥의 인맥은 당신의 직접적 인맥보다 훨씬 더 확실한 기회의 원천이다) 사업을 훨씬 더 확장할 수 있었을 것이다. 만약 사람을 제대로 관리하는 방법을 알았더라면, 내 사업에서 어느 부분이 금전 가치가 더 크고 어느 부분이 덜한지 알았더라면, 그 사업에서 훨씬 더 크게 성공했더라면, 내가 좀 더 능숙하게 '후속 조치'를 했더라면 더 많은 고객을 유치했을 것이다. 내가 영업 프레젠테이션을 하면 모두 흥미를 보이곤 했다. 하지만 나는 적절한 후속 조치를 취하지 않았고 그래서 경쟁사에 기회를 넘기는 일도 많았다.

사업 기술을 터득하려면 미시적 기술을 모두 익히고 연마해야 한다. 사업 기술이라는 것은 그런 모든 미시적 기술을 담은 바구니일 뿐이다.

글쓰기에도 한 가지 기술만 있는 것이 아니라 다양한 미시적 기술이 있다. 스토리텔링(이것 자체에도 많은 미시적 기술이 있다), 언어유희, 다양한 장르에 대한 이해, 등장인물 설정, 수정, 슬럼프 대처법, 작품을 팔고 홍보하는 법 등이다.

체스를 하려면 오프닝, 미들게임, 엔드게임, 오픈 포지션, 클로즈 포지션, 전략, 포지션 플레이 등을 알아야 한다.

스탠드업 코미디에는 (당연히) 유머, 호감도, 무대 장악력, 크라우드 워크, 야유에 대처하는 법, 정적에 대처하는 법, 목소리, 스토리텔링, 셋업라인/펀치라인(상황을 설정하는 부분/웃음을 유발하는 부분) 실연實演 기술 등이 필요하다. 물론 코미디의 사회적 측면은 별도다. 공연 매니저, 다른 코미디언, 클럽 소유주와 매니저를 상대하는 법, 그리고 코미디 사업의 여타 전문적인 면에 대해서도 알아야 한다.

관심 분야가 무엇이든 메모장을 준비하고 그 분야에서 성공하는 데 필요한 미시적 기술을 적어도 10가지 이상 적어보라.

우선 기교적 요소가 있다. 화가가 되고 싶다면 드로잉, 원근법, 유화 기법, 수채화 기법 같은 기술이 필요할 것이다. 그런 다음 미술사를 알아야 할 것이다. 그래야 두각을 나타내고 독보적인 존재가 되는 법을 알 수 있기 때문이다. 그다음에는 '무리 짓기의 기술(소프트 스킬)'이 있다. 소프트 스킬은 실제로는 매우 익히기 어렵지만, 미술 분야에서 두각을 드러내는 데 필요하다. 네트워킹, 작품에 대한 소통 기술, 판매 기술 등이다.

기술을 익히려면 당신이 메모한 각각의 기술에 필요한 실험을 생각해내야 한다. 프로그래밍을 배우고 싶다면 무엇이 됐든 프로그램을 실행하는 데 필요한 도구를 다운로드해 컴퓨터 스크린에 '안녕하세요'라는 글자를 띄워보는 게 한 가지 실험이 될 수 있다. 그런 다음 '안녕하세요'를 '이봐, 안녕!'으로 바꿔본다. 이것도 실험이다.

요리를 배우고 싶다면 재미있는 실험을 해본다. 우선 먹어보고 싶은 특이한 요리를 생각해낸다(스시-리토를 기억하는가?). 친구를 몇 명 불러 그 요리를 주문해달라고 한 뒤 요리해준다. 짜잔! 당신은 그날 저녁 마스터 셰프가 된다.

내 친구 중 한 명은 물리학 박사였는데 한때 컴퓨터공학 교수가 되고 싶어 했다. 그는 코넬대학Cornell University 교수 자리에 지원서를 냈는데 여자 친구가 그 근처에 살고 있었기 때문이다.

친구는 채용되지 않았다. 학생을 가르친 경험도 없고 컴퓨터공학에 대한 지식이 있는지도 확실하지 않았기 때문이다. '컴퓨터공학을 가르친 경험'이 친구에게 없는 미시적 기술이었는지도 모른다. 그래서 그는 가르치는 기술을 습득하기 위한 실험을 했다. 친구는 코넬대학에 이런 문구가 쓰인 표지판을 갖다 놓았다. '저녁 8시 컴퓨터 프로그래밍 수업.' 그는 저녁 8시에는 학교에 수업이 없다는 것을 알고 있었다. 첫날 저녁에 학생 몇 명이 나타났다. 친구는 그 학생들을 가르쳤다. 둘째 날 밤에는 학생들이 몇 명 더 왔다. 그다음 날에도, 그리고 그다음 날에도 학생이 늘어났다. 그는 좋은 선생님이 되는 데 필요한 미시적 기술을 배웠다. 그를 따르는 학생들이 늘어났다. 매번 수업을 준비하면서 그가 알아야 할 컴퓨터 과학 분야 기술도 더 많이 공부했다.

결국 코넬대학은 그 친구를 교수로 고용했다.

그의 실험은 성공했다.

당신이 익힌 다른 기술에 들인 시간을 빌려 새로운 미시적 기술을 터득할 수 있다. 예를 들어 당신이 스페인어를 할 줄 안다면 훨씬 쉽게 이탈리아어를 배울 수 있을 것이다. 그런 다음 학습한 것을 접목해볼 수 있는 실험을 설계하면 당신의 이탈리아어 실력은 원하는 수준으로 빠르게 향상될 것이다.

1999년 나는 이런 것을 전혀 알지 못했다. 단지 회사 하나를 매각했다는 사실에 오만해졌고 목적의식을 잃었으며 비전도 없는 데다 지속적으로 실험하고, 궁금한 것을 찾아 배우면서 전문 기술을 습득해야 한다는 사실도 망각했다. 이 모든 것이 자아실현과 행복의 수단이라는 것도 말이다.

나는 그때까지 가능성 근육을 단련하지도 않았다(9장 '가능성 근육 훈련' 참고). 아이디어도 다른 모든 것처럼 근육이다. 당신이 2주 동안 침대에 누워만 있으면 어떻게 될까? 아마 다시 걷기 위해서 물리치료를 받아야 할 것이다. 또 다리 근육을 다시 키우기 위해 매일 운동해야 할 것이다.

아이디어 근육 또는 가능성 근육도 마찬가지로 단련해야 한다. 당신이 바로 눈앞에 놓인 모든 가능성을 파악하지 못하면, 기회가 와도 그것을 활용할 수 없기 때문이다.

그런데 그때 나는 투자에 흥미를 갖기 시작했다. 나는 가능한 한 모든 것을 배우는 데 빠져들었다.

누구나 자신이 푹 빠진 일을 잘할 수 있다. 모든 조건이 동일하다면 자동차 경주에서 누가 더 좋은 실력을 발휘할지 생각해보라. 자동차 경주에 푹 빠져 그것의 역사를 공부하고 경주로에서 운전하는 동안 신나게 새로운 아이디어를 시도하는 사람, 최고의 트레이너를 구하고 최고의 훈련법을 고안해내려 애쓰는 사람, 그리고 최고의 선수들이 갖춘 기술을 배우기 위해 그들의 비디오를 분석하는 사람일 것이다. 다른 분야에 쏟아부은 시간을 빌려 오거나 많은 실험을 해서 당신의 소질을 테스트하면, 또 한번 다음 단계로 올라갈 수 있다.

일단 이런 식으로 생각하기 시작하면 인생이 더욱 재밌어진다.

매일 이런 질문을 던지게 될 것이다. "오늘은 무슨 실험을 할까?" 계획 중인 것도 있고 진행 중인 것도 있다. 몇 분 만에 끝나는 실험도 있다. 나는 언제나 5~10개의 실험을 진행한다.

하지만 1만 실험의 법칙으로 상위 1퍼센트, 혹은 그보다 더 높은 곳까지 뛰어오르려면 그 정도로는 부족하다.

당신은 살아가는 동안 열정을 느껴 전문가가 되어보고 싶은 분야를 여러 개 발견해야 한다.

그러려면 많은 것을 해봐야 한다. 열정은 당신의 마음이 이끄는 곳이다. 투자를 해보고 싶은가? 해보라. 책을 써보고 싶은가? 시작하라. 사업을 하고 싶은가? 허락을 구하지 마라. 당신의 아이디어를 테스트해볼 방법을 찾아내 사업을 시작하라.

당신의 실험에 대한 남들의 반응은 참고 자료일 뿐이다. 그들이 당신이 누구인지 보여주는 거울이 되게 하지 마라. 과학자는 결과에 연연하지 말아야 한다. 그리고 과학자는 실험을 통해 얻은 자료가 가리키는 대로 다음 실험을 계획한다.

아무것도 계산하지 않는 바보가 되어야 한다.

아웃사이더가 되어야 한다.

7장

플러스, 마이너스, 이퀄:
당신을 도울 사람들

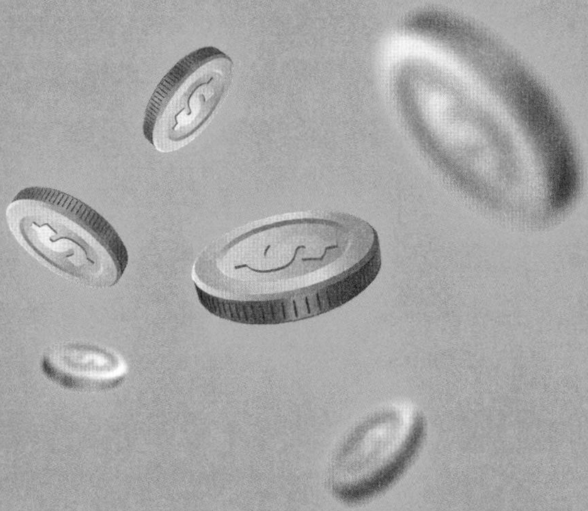

SKIP THE LINE

브라질리언 주짓수 블랙 벨트 보유자 앨런 고에스Allan Góes가 프랭크 샴록Frank Shamrock의 눈을 찌르려 했다. 그때 샴록이 고에스의 한쪽 다리를 잡아 자기 겨드랑이에 끼우자 고에스는 그 다리를 움직일 수 없었다. 이어 샴록은 다리로 고에스의 무릎을 감아 그의 발목이 탈구되기 직전까지 비틀었다. 몇 년 후 프랭크 샴록은 UFCUltimate Fighting Championship 미들급 세계 챔피언이 되었다.

폭력적인 가정에서 태어나 그 집에서 쫓겨난 뒤 성인이 될 때까지 위탁 돌봄 시설을 들락거렸다는 것은 보통 일찍이 감옥에 가서 인생 대부분을 감금된 채 보내는 삶을 살게 될 수도 있다는 뜻이다. 프랭크 후아레스는 그런 삶을 향해 가고 있었다.

밥 샴록Bob Shamrock은 이런 사실을 알았기 때문에 그런 아이들을 돕고 싶었다. 아이를 가질 수 없었던 밥 샴록과 그의 아내는 위탁 돌봄 시설을 통해 아이를 입양하기 시작했다. 밥은 독특한 육아 방식을 갖고 있었다. 아이들을 항상 바쁘게 움직이게 해서 피곤하게 했으며, 아이들에게 자랑스러워할 일을 만들어주었다. 그리고 아이들이 흥미를 보이는 일을 알게 되면 그것을 집중적으로 시켰다.

그는 아이들이 장작을 패고 영화관을 청소하는 등 지역사회에서 수없이 많은 일을 하도록 했다. 그리고 아이들에게 샴록 가문의 문장紋章이 새겨진 재킷을 하나씩 나눠주었다. 네가 누구이며 너의 뿌리가 어디인지 자랑스러워하라는 의미였다.

켄 킬패트릭Ken Kilpatrick은 샴록의 집에 왔을 때 15세였다. 하지만 이미 교정 시설을 여러 번 들락거린 데다 차에서 생활하며 목표도 없이 살고 있었다. 밥 샴록의 집에 오고 나서 밥은 켄이 스포츠를 좋아한다는 사실을 알아챘다. 밥은 켄에게 학교 레슬링 팀에 들어가보라고 권했다. 하지만 최소한 평균 성적 C학점을 유지해야 한다는 조건을 달았다. 켄은 빠르게 학교 최고 레슬링 선수가 되었고 복싱과 무술도 배웠다.

몇 년 후 또 다른 아이가 샴록 가정에 합류했다. 밥의 집에 오기 전에 12개 위탁 보호시설을 거친 아이였다. 그 아이, 즉 프랭크 후아레스도 스포츠, 그중에서도 특히 켄이 가르쳐주는 무술에 빠져들었다. 밥은 두 사람에게 지켜야 할 규율과 윤리를 가르쳐주는 멘토였다.

켄은 프랭크에게 '서브미션 레슬링'이라는 무술 종목을 가르쳤다. 서브미션 레슬링은 대결에서 적을 지배하고 다양한 기술로 항복하게 하는 '탭아웃'을 받아내는 것이다. 켄은 라이온스 덴Lion's Den이라는 훈련 도장을 열었고 프랭크는 켄이 훈련시킨 첫 선수가 되었다.

두 사람 모두 자신들을 받아준 데 대한 감사의 의미로 성을 샴록으로 바꿨다.

프랭크는 UFC 미들급 세계 챔피언이 되었고 타이틀 방어에 네 차례 성공한 후 무패로 UFC에서 은퇴했다. 그는 동급 UFC 선수 중 역대 최고라는 평가를 받는다.

하지만 이후에도 그의 격투기 경력은 계속 이어졌다. UFC 경기 아나운서로 활약했고, 격투기 교육기관을 세워 훌륭한 선수를 양성했다. 그는 그가 배운 것들을 돌려주었다.

나는 몇 년 전 프랭크를 만났다. 그는 나에게 세계 최고의 격투기 선수가 된 비결을 이야기해주었다. 하지만 그가 말한 대로 이는 당신이 원하는 분야에서 최고 수준에 오르는 비결이기도 하다. 그 비결이란 바로 '플러스, 마이너스, 이퀄'이다.

플러스

좋은 멘토가 있어야 한다. 프랭크의 경우에는 그의 양부 밥 샴록과 켄 샴록이 그런 존재였다.

만약 멘토가 없다면 가상의 멘토를 찾아본다. 가상의 멘토는 많이 구해도 좋다. '플러스'는 당신의 멘토, 가상의 멘토, 배울 것이 있는 모든 사람을 뜻한다. 처음 투자를 공부할 때 나는 처참했다. 투자가 무엇인지 조금이나마 감을 잡기 시작한 것은 워런 버핏과 관련된 모든 자료를 읽고 나서였다.

멘토는 어떻게 찾을까? 나는 가끔 기업가, 투자자, 작가 등 각종 분야에서 막 경력을 쌓기 시작한 젊은이들에게서 이메일을 받는다. "제가 선생님을 위해 할 수 있는 일이 없을까요?"

대답은 언제나 "없습니다!"다. 그러면 그들은 "아무튼 물어본다고 손해 볼 건 없으니까요"라고 답하기도 한다.

물어봐서 손해 볼 건 있다. 당신이 누군가에게 "내가 뭘 하면 될까?"라고 말한다면 당신은 그들에게 숙제를 내주는 셈이다. 나는 고등학교를 졸업한 이후로 다시는 숙제를 하고 싶지 않았다. 누군가가 나를 도와주면 고맙겠지만 내가 어떤 도움을 받고 싶은지 알아내는 것은 자신이 직접 해야 삶의 균형이 유지된다.

지금까지 나에게 멘토가 나타날 때마다 나는 '더 많은 것을 약속하고 더 많은 것을 해주곤 했다'. 대학 시절 나는 컴퓨터 프로그래머가 너무나 되고 싶었다. 그래서 교수님 중 한 분에게 "교수님은 책을 써야 합니다"라고 말했다. 그 교수님이 내가 듣는 수업을 주제로 책을 쓰는 데 자료로 활용할 수 있도록 정교하게 그의 수업을 필기했고, 필기한 내용을 교수님의 말투로 다시 썼다. 그는 내 첫 멘토가 되었다. 내가 요청했기 때문이 아니라 내가 뭔가를 해주었기 때문이다.

투자자로서 능력을 키우고 싶었을 때 나는 우선 많은 사람에게 나를 만날 수 있느냐고, 그래서 내가 그들의 지혜를 빌려도 되느냐고 묻는 편지를 썼다. 자신의 지혜를 그저 나눠주고 싶은 사람은 아무도 없다. 그래서 나는 한발 물러서서 내가 만나려고 하는 사람들을 위한 솔루션을 고안해냈다. 나를 만나준 사람도 있고 그렇지 않은 사람도 있다. 그렇지만 그 결과 나는 몇몇 멘토를 찾아냈다.

내가 성공하고 싶은 모든 분야에서 나는 진짜 멘토와 가상 멘토(멘토 역할을 할 무언가)를 찾아내야 했다. 가상 멘토는 어떻게 찾을까?

이런 질문을 받아본 적 있을 것이다. "초능력을 가질 수 있다면 어떤 걸 갖고 싶어?" 사람들은 '엄청난 힘'이나 '하늘을 나는 능력'

111

처럼 어리석은 대답을 한다.

잘 생각해보라. 당신이 하늘을 날아다니는 모습을 사람들이 본다면 당신은 총에 맞을 것이다. 또 엄청난 힘을 가져서 무엇을 할 것인가? 자동차를 맨손으로 들어 올릴 일이 몇 번이나 생길까?

독서는 가장 중요한 초능력이다. 독서를 통해 당신은 평범하고 나약한 인간에서 초자연적 뱀파이어로 변화할 수 있다.

어떤 사람은 자기 인생에서 30년을 한 가지 기술을 개발하는 데 보내고 나서 책을 써 그동안 익힌 지식을 공유한다. 만약 당신이 그 책을 자세히 읽고 메모하고, 다시 읽고, 써본다면 저자의 인생 중 30년을 마음속으로 흡수하는 것과 같다.

독서를 하면 한 사람의 인생뿐 아니라 수천 명의 인생을 흡수할 수 있다. 또 당신이 읽는 책의 모든 저자의 기억과 기술을 가질 수 있다. 자세히 읽고, 메모하고, 다시 읽고 쓰는 것이 가능하다면 말이다. 독서를 하면 모든 저자가 멘토 역할을 하게 된다. 그리고 장담하건대 가상 멘토가 실제 멘토보다 훨씬 나을 때도 있다. 가상 멘토는 당신이 크게 성공해 그들을 앞서간다고 해도 억울해하지 않을 것이기 때문이다.

마이너스

알베르트 아인슈타인의 말 중 내가 가장 좋아하는 것은 "어떤 것을 간단하게 설명할 수 없다면 그것을 이해하지 못한 것이다"라는 말이다. 당신의 '마이너스'는 당신보다 기술이 떨어져 당신이 가르칠 수 있는 사람들이다. 당신이 기초적 내용을 초심자가 이해할 수 있게 가르칠 수 없다면, 당신 자신이 그 기초를 완전히 이해하지 못했다는 뜻이다.

어째서 지금껏 가장 똑똑한 사람이라고 하면 첫 번째로 떠오르는 이름이 알베르트 아인슈타인일까? 어째서 아인슈타인을 유명하게 만든 일반상대성이론을 완성하는 데 도움을 준 그의 동료 미셸 베소Michele Besso와 마르셀 그로스만Marcel Grossmann은 떠올리지 못할까? 둘 다 유능한 수학자이자 물리학자였는데 말이다.

나도 확실히 말할 수는 없다. 아인슈타인에게는 카리스마 같은 것이 있었다. 헤어스타일 때문일 수도 있고 엉뚱함 때문일 수도 있다. 하지만 내 짐작은 이렇다. 베소와 그로스만은 위대한 수학자였고 아인슈타인이 자신의 최종 논거를 조합하는 것을 도왔을 테지만, 아인슈타인은 간단한 질문을 던지고 대중이 그의 대단히 복잡한 이론을 이해할 수 있도록 손쉬운 사고실험을 고안해냈다. 만약 사람이 빛처럼 빠른 속도로 달린다면 무엇을 보게 될까?

아인슈타인이 전 세계의 상상력을 사로잡고, 무명 물리학자에서 유명한 천재가 되고, 결국 노벨상까지 받는 등 수많은 업적을 이루게 이끈 것은 바로 아이의 언어로 사물을 파악하는 능력이었다. 아인슈타인을 둘러싼 신화는 모두 그의 그런 지적 능력에서 나왔다.

아인슈타인이 복잡한 수학 이론을 연구할 때는 항상 누구에게나 설명할 수 있는 기본적인 요소를 이용해 단순화했다. 가장 복잡한 수학적 이해가 필요한 물리학 분야인 양자역학이 그의 확신을 흔들어놓았을 때도, 그는 단순하지만 강력한 비유를 사용해 양자역학에 대한 자신의 반대 의견을 한 문장으로 표현했다. "신은 주사위 놀이를 하지 않는다."

호세 카파블랑카José Capablanca는 1921년부터 1927년까지 체스 세계 챔피언이었다. 1921년에 그는 체스의 기초적 내용을 설명하는 《체스의 기본Chess Fundamentals》이라는 책을 썼다. 세계 챔피언이 된 첫해에 그를 세계 최고로 만든 중요한 게임을 분석하는 좀 더 난해한 책을 쓰지 않고 이 책을 쓴 이유는 무엇이었을까?

그는 세계 챔피언이 되자 기초를 되새겨보는 것이 중요하다고 생각했다. 실제로 오래 걸리고 복잡한 베리에이션에 대한 이해를 강조하는 많은 체스 책 저자와 달리 카파블랑카의 책은 매우 단순한 데다 기초를 고수하기 때문에 읽기 매우 편하다. 그는 그 책 재판본에서 이 책은 자신이 처음 썼을 때도 일반적인 책이었지만 '100년 후에도 일반적인' 책이 될 것이라고 말했다. 그리고 정확히 100년이 지난 지금, 나는 그의 말이 옳다고 감히 말할 수 있다.

언제나 자신에게 기본을 상기시키는 것이 성공을 유지하는 비결이다.

프랭크 샴록은 선수로 활동하면서도 최고의 전문 종합 격투기 선수들의 기술을 연마했다. 그런 선수 중에는 세계 10위 안에 드는 선수도 있었다. 그리고 샴록은 다음 세대 선수들을 가르치고 훈련시키면서 비로소 완전한 대가가 되었다.

프랭크를 만났을 때 나는 대결을 제안했지만 그는 거절했다.

다음을 기약해본다.

이퀄

프랭크가 UFC, 그리고 종합 격투기 세계에서 이름을 알리기 시작했을 때, 그는 시합하고 훈련하고 도움을 주고받으며, 그의 '이퀄equal'에게 격투기를 배웠다. 그들은 함께 성장하고 있었다.

당신은 자신과 동등한equal 사람들과 경쟁함으로써 학습할 수 있다. 상대보다 더 많이 배우려 하거나 상대방에게 도전하면서, 혹은 상대에게 강한 인상을 남기려 노력하면서 발전한다. 이런 일은 멘토와는 할 수 없다. 당신이 배워야 할 것을 그들은 이미 알고 있기 때문이다. 하지만 당신과 같은 '무대' 안에 있는 사람들과는 이런 일을 할 수 있다.

역사 속 여러 무대를 생각해보자. 1970년대에 실리콘밸리에서 마이크로컴퓨터라는 새로운 기술을 연구하는 데 관심이 많은 이퀄들이 홈브루 컴퓨터 클럽Homebrew Computer Club을 결성했다. 그들 중에는 10대 청소년도 있었고, 그보다 조금 더 나이가 많은 사람도 있었다. 그들은 모두 컴퓨터에 관해 이야기했고 서로 지식을 주고받았다. 스티브 잡스와 스티브 워즈니악도 멤버 중 하나였으며 빌 게이츠와 폴 앨런도 모임에 참석했던 것으로 알려져 있다.

비트 작가beat writer들은 또 다른 무대를 만들었다. 그들은 1950년대 후반부터 1960년대 초반까지 샌프란시스코와 뉴욕을 중심으로 뚜렷한 조직에 속하지 않고 활동했다. 앨런 긴즈버그Allen Ginsberg, 잭 케루악Jack Kerouac, 윌리엄 버로스William S. Burroughs는 갑자기 명성을 얻은 비트 작가들이다.

재스퍼 존스Jasper Johns, 로버트 라우션버그Robert Rauschenberg, 존 케이지John Cage, 머스 커닝햄Merce Cunningham은 독특한 추상적 표현주의, 실험적 음악, 새로운 스타일의 춤을 발전시키며 1950년대에 함께 시간을 보냈다.

혼자서는 누구도 상위 1퍼센트에 도달할 수 없었다. 그들은 자신의 무대를 찾아야 했다. 패트릭 헨리Patrick Henry가 "자유가 아니면 죽음을 달라"고 말했지만 알렉산더 해밀턴Alexander Hamilton, 제임스 매디슨James Madison, 조지 워싱턴George Washington, 존 애덤스John Adams, 그 밖에 미국 독립 혁명을 이끈 사람들이 곁에 없었다면 무척 외로웠을 것이다. 당신의 무대에 속한 구성원들이 무시무시한 경쟁자가 되기도 한다. 하지만 그것도 도전이다. 이쳘들과 보조를 맞추면서 그들이 앞서가기 전에 당신이 먼저 앞서가야 한다.

살아가는 동안 항상 누군가와 경쟁해야 하는 것은 아니다. 하지만 우리는 모두 자신이 잘되기를 바란다. 그리고 배우려 하는 것이 무엇이든, 그 분야의 서열 안에서 우리 위치를 알아보는 방법(인생의 모든 분야에는 서열이 존재한다)은 우리의 발전 과정을 무리 속 같거나 비슷한 수준의 사람들과 비교해보는 것이다.

8장

인생의 목적을
찾는 방법

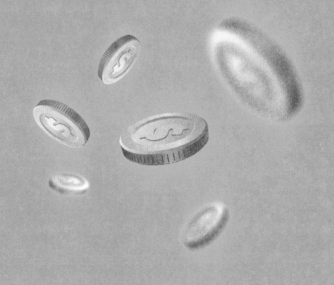

아인슈타인은 물리학계에서 완전히 아웃사이더였다. 박사 학위도 가까스로 받았다. 그를 교수로 받아주는 대학은 없었다. 그가 할 수 있는 일 중 최선은 3급 보조 심사관으로 스위스 특허청에서 일하는 것이었다.

아웃사이더가 된 것은 물리학계가 아인슈타인에게 준 가장 큰 선물이었다. 누가 논문을 발표할지, 누가 전임 교수가 될지, 누가 가장 좋은 수업을 맡을지 하는 대학 내 정치적 문제에 휩쓸릴 필요 없이 그는 홀로 궁금해하고 생각할 수 있었다.

그는 빛과 경주를 하면 어떻게 될지 궁금해했다. 빛과 같은 속도로 달리면 빛은 어떻게 보일까? 그 빛 쪽에서는 내가 어떻게 보일까? 특허청에서 일한 지 4년이 지났을 때, 그는 특수상대성이론에 관련된 첫 연구 논문을 발표했다. 다른 사람들의 야망과 그 밖에 여러 문제의 방해를 받지 않았기 때문에, 그는 자유롭게 학문을 탐구하고 원하는 연구를 했다. 그 덕분에 이 아웃사이더는 단숨에 최고의 물리학자가 되었다.

아웃사이더가 높은 서열에 올라가려면 남들과 다른 길을 찾아야 한다. 처음에 당신은 줄 선 사람들을 보고, 나는 왜 저 줄에 낄 수 없을까 하는 생각을 할 것이다. 그 사람들은 만족스러워 보인다. 모두 서로 친한 듯하고 최종 목적지까지 함께 나아가는 것처럼 보인다. 당신이 아웃사이더만 아니라면 그 줄에 합류해 관심과 목표가 비슷한 사람들과 친구가 될 수 있겠다는 생각을 할 것이다.

하지만 그렇게 되지는 않을 것이다.

우리가 사는 혼돈의 세상에서는 직업, 업종, 관심, 열정이 계속 바뀌는데, 어떻게 모든 꿈과 희망을 한곳에 묶어둔 채 천천히 움직이는 줄에서 기다릴 수 있겠는가?

루실 볼Lucille Ball은 뉴욕에 있는 존 머리 앤더슨-로버트 밀턴 드라마 학교John Murray Anderson-Robert Milton School of Drama에서 공부를 시작했다. 그녀가 태어난 곳은 뉴욕주 외딴 지역이지만, 루실 볼의 가족은 몬태나주, 뉴저지주의 트렌턴 등 전국 각지로 이사를 다녔다. 드라마 학교 학생들은 그녀의 시골 출신다운 행동을 비웃었고 교사조차 서슴없이 볼을 무시했다.

그들은 루실 볼에게 연기도 못하고, 춤도 못 추고, 노래도 못하는 데다 재미도 없는 아이라고 말했다. 루실 볼은 엄마와 친한 친구들이 보고 싶었다. 잔뜩 위축된 그녀는 더욱 내향적인 사람으로 변했고 연기를 하기도 힘들었다.

당시는 대공황기였는데 그런 상황에서 성공을 꿈꾸던 루실 볼은 모델 일을 시작해 돈을 벌었다. 쇼걸에도 도전했지만 춤을 못 추어서 해고당했다. 마침내 할리우드 영화에서 작은 배역을 맡게 되었지만, 수년간 단역 신세를 면치 못했다.

그러다가 라디오 프로그램 〈내가 가장 좋아하는 남편My Favorite

Husband〉에서 아내 역할을 맡으며 주목받았다. CBS에서는 이를 텔레비전 프로그램으로 다시 만들기로 했다. 루실 볼 역시 텔레비전 프로그램에 출연할 의사를 밝혔지만 한 가지 문제가 있었다. 그녀가 남편 역할에 실제 자신의 남편 데시 아르나스Desi Arnaz를 캐스팅해달라고 요구한 것이다.

CBS에서는 이를 거절했다. 그녀가 맡은 캐릭터가 쿠바인과 결혼했다는 설정이 미국 대중의 정서에 맞지 않으리라고 생각했기 때문이다.

그녀는 아웃사이더가 되는 데 익숙했다. 그리고 "안 돼!"라는 말도 연예계에서 성공하려고 애쓰던 그녀가 늘 듣던 말이었다. 그래서 루실 볼과 데시 아르나스는 작은 실험을 했다.

두 사람은 버라이어티쇼의 일종인 보드빌vaudeville 공연을 했다. 그 공연은 훗날 〈왈가닥 루시I Love Lucy〉라는 이름의 쇼로 발전했고, 큰 인기를 끌어 CBS에서 그 공연을 텔레비전 프로그램으로 만들기로 했다. 〈왈가닥 루시〉는 6개 시즌이 방영되었으며 그중 4개 시즌이 전국적으로 가장 높은 시청률을 기록했다. 180회 에피소드를 끝으로 종영한 이 프로그램은 최고 순위에서 막을 내린 첫 번째 프로그램이었다(그 후로 〈앤디 그리피스 쇼The Andy Griffith Show〉와 〈사인필드Seinfeld〉, 단 두 작품만 같은 영예를 누렸다).

어니스트 헤밍웨이는, 인생은 이동축일(교회 축일 가운데 해마다 날짜가 바뀌는 축일)이라고 했다. 즉 인생은 예상치 못한 방식으로 바뀌고 변형된다는 말이다. 나는 회사를 매각할 때마다 내가 바라는 일을 해냈으니 더 이상의 발전은 필요 없다고 생각했다. 그리고 항상 바로 그 순간에 빈털터리가 되었다. 그러면 그런 축일을 다시 찾아야 했다.

이동축일은 예고 없이 지나가버릴 것이다. 그리고 나서는 내 편이 아무도 없는 듯한 기분만 남는다. 이 세상이 외롭고 어둡게 느껴질 것이다. 이런 순간이 찾아오면 당신은 다음과 같은 질문에 대답할 수 있어야 한다. "당신은 누구인가? 어째서 당신인가? 어째서 지금인가?" 이 3가지 질문을 해보면 낯설고 어색한 환경에서 성공하는 데 필요한 자의식을 발견할 수 있다.

가끔 지난 일을 되돌아보면서 내가 이런 것을 좀 더 일찍 이해하지 못한 것이 후회된다. "결국 다 잘될 거야" 또는 "이건 운명이야"라고 말하기는 쉽다. 하지만 계속 거절당하는 듯한 기분이 드는 순간, 혹은 내가 잘 알고 이해한다고 생각했던 세상이 암흑 속으로 사라지는 듯한 기분이 드는 순간에는 이런 말도 불편하게 느껴질 뿐이다.

루실 볼은 수년간의 경험을 통해 자기 내면의 열정을 만족시키려면 남들의 호의를 기대해서는 안 된다는 사실을 깨달았다. 그녀는 여러 실험을 수행하면서 경력을 쌓아나갔다. 우리는 루실 볼이 얼마나 많은 실험을 했는지 알지 못한다. 하지만 〈왈가닥 루시〉를 탄생시킨 실험을 알고 있으며, 그 실험 덕분에 그녀가 선생님, 부모님, 브로드웨이 제작사, CBS에서 들은 "안 돼!"라는 메시지를 딛고 높은 곳까지 뛰어오른 사실도 알고 있다.

아인슈타인이 사고실험 결과를 세상과 공유할 준비가 될 때까지 자신의 창의성에만 집중할 수 있었던 건 남들의 시선에서 완전히 벗어났기 때문이다. 아인슈타인은 자신을 몰아내고 아주 행복해할 사람들을 신경 쓰기보다는 "어째서 지금인가?"라는 질문에 대한 답을 찾을 때까지 자신의 창의력을 쏟아부었다.

↗ ↗ ↗

인생에서 한 가지 목적만 생각해서는 안 된다.

20세기로 거슬러 올라가는 '옛날'에는 사람들이 앞으로만 쭉 뻗은 좁은 길을 따랐다. 학교에 다니고, 대학에 진학하고, 직장을 얻고, 그곳에서 승진하고, 돈을 모으고, 금시계를 받으며 은퇴한 뒤 세상을 떠나는 것이다.

이것은 조합주의corporatism 철학이다. 내 차선을 찾아 그 차선을 벗어나지 않으면서 적정 속도로 사고 없이 달리다가 목적지에 도착한다. 그리고 가는 내내 만나는 교통 당국자들 모두와 좋은 관계를 유지한다.

몇 해 전 링크드인 사무실을 방문한 적이 있다. 나는 긱 경제(정규직보다 필요에 따른 임시직 고용이 커지는 경제 상황)와 관련한 일자리를 찾는 사람이 얼마나 많은지 물었다. 대답은 "거의 없습니다"였다. "하지만 해마다 빠르게 증가하고 있어요." 미국 실업률이 거의 최고치에 도달했던 2020년, 내가 이야기를 나눈 사람 거의 모두가 부업으로 삼을 만한 재밌는 아이디어가 없냐고 물었다. 사실 이런 질문을 하는 사람들이 정말 많아서 나는 실험을 하나 해보았다.

내가 일주일에 3번씩, 보통 1시간에서 3시간 동안 진행하는 팟캐스트 외에 '금요 부업'이라는 새로운 미니 팟캐스트를 하기로 했다. 매주 금요일에 하는 단 5분짜리 팟캐스트로 사람들이 관심을 가질 법한 기발한 임시직, 또는 부업을 소개하는 것이었다. 이는 실험이었고 처음 몇 개를 녹음하는 데 겨우 30분 정도 걸렸다. 그 정도면 이 팟캐스트가 인기를 얻을지 시험하기에 충분하다고 생각했다. 새로운 에피소드가 나올 때마다 그 전 에피소드보다 트래픽이 두 배 증가했다. 그리고 나는 그 5분짜리 에피소드의 스폰서도 찾았다. 이 실험은 효과가 있었다.

대기업 직원이 되면 당신은 그 회사가 속한 업종에 대해 중요한 것을 배울 수 있다. 어떻게 대기업을 경영하는지, 좋은 경영과 나쁜 경영이란 무엇인지 배울 수 있고, 고도로 조직화한 환경에서 성공하는 법(혹은 실패하는 법)을 배울 수도 있다. 이런 기술은 배워서 나쁠 것이 없으며 새로운 목표가 생겼을 때 여기서 시간을 빌릴 수 있다. 하지만 대기업 직원 대부분은 열정을 쏟는 분야에서 성공할 기회를 얻지 못한다. 출세하려면 어떻게 해야 하는지 알게 되지만 그건 또 다른 문제다. 물론 당신은 '기업가적 노동자'로 진화해 회사 내에서 기업가적 활동을 할 수 있다. 그러면서 자신의 길을 갈고 닦아 회사가 추구하는 가치에 부합하는 성공을 일궈낼 수도 있다. 하지만 평범한 직원은 보통 기계 속 톱니바퀴처럼 일할 뿐 큰 그림을 전혀 보지 못한다. 또 회사의 목적과 비전을 자신의 것인 양 혼동한다. 이렇게 되면 직원들은 자신만의 비전을 찾아 세상에 영향력을 행사할 기회를 얻지 못한다.

하지만 언제나 예외는 있다.

혁신의 장을 마련하는 기업도 있다. 한번은 스티브 천Steve Chen이 그의 친구 채드 헐리Chad Hurley와 함께 디너파티에 갔다. 그들은 파티 모습을 동영상으로 촬영해 친구들과 공유하고 싶었다. 하지만 저장한 동영상을 모두가 볼 수 있는 공통 포맷으로 공유하기가 쉽지 않다는 사실을 깨달았다. 그들은 거기서 아이디어를 얻었다. 사진 공유 사이트 플리커Flicker(나중에 야후가 인수했다)에서는 모든 사진을 표준 포맷으로 전환하기 때문에 사람들이 사진을 플리커 사이트에 업로드한 후 그 링크를 친구에게 보내면 사진을 공유할 수 있다. 똑같은 방식으로 동영상 공유 사이트를 만들면 어떨까?

한 영역에서 효과가 있는 아이디어는 보통 또 다른 영역에서도 효과를 발휘한다(10장 '6가지 아이디어 생산법' 참고).

두 사람은 유튜브를 설립했고 2년이 채 지나지 않아 구글이 16억 5,000만 달러에 매수했다.

스티브 천은 차고에서 혼자 작업하지 않았다. 대신 운 좋게 피터 틸과 일론 머스크가 설립한 페이팔PayPal에서 일했다.

페이팔을 이용하면 어떤 모바일 기기나 컴퓨터를 사용하든 상관없이 한 기기에서 다른 기기로 쉽게 돈을 지불할 수 있다. 디지털 결제 사업이 탄생한 것이다. 페이팔은 그 업계에서 계속 중추적 역할을 했으며 항상 기업가 정신을 유지했다. 스티븐 천같이 페이팔을 떠난 직원들은 곧 '페이팔 마피아'라 불리며 세상에 이름을 알렸다. 페이팔은 성공을 일굴 수 있는 거대한 땅이었다. 페이팔을 떠난 직원들이 설립한 몇몇 회사를 살펴보면 다음과 같다.

- 링크드인: 리드 호프먼 Reid Hoffman
- 옐프 Yelp: 러셀 시몬스 Russell Simmons
- 레딧 Reddit: 스티브 허프먼 Steve Huffman, 알렉시스 오헤니언 Alexis Ohanian
- 팔란티어 Palantir: 조 론즈데일 Joe Lonsdale
- 야머 Yammer: 데이비드 색스 David Sacks

이 아이디어들은 모두 연매출 10억 달러가 넘는 기업이 되었다. 설립자들은 그들 사이의 네트워크 덕을 보았을까? 어느 정도 영향을 미쳤다. 하지만 그들이 지닌 더 큰 이점은 피터 틸과 일론 머스크의 비전이 페이팔보다 더 높은 곳에 있다는 사실을 알았다는 점이다. 두 사람의 비전은 곧 모든 일상 활동(동영상 공유, 레스토랑 리뷰, 이력서 공유, 기업 소통 등)이 인터넷으로 이루어진다는 것이었다.

그 비전을 받아들이면서, 그리고 피터 틸과 일론 머스크가 보여준 공격적이고 적응력이 뛰어난 접근법을 보고 배우면서 이 기업가적 노동자들은 스스로 기업가가 되었고 피터 틸과 일론 머스크에게 배운 비전과 목적을 바탕으로 각자의 독자적인 비전을 창출했다.

기업 자체는 오히려 기업가 정신과 정반대인 경우가 많다. 당신이 계속 성장하고, 배우고, 궁금해하고, 그래서 한 기업에 처음 들어갔을 때 동의한 최초 비전을 능가하지 않으면 봉급 말고는 보장

받을 수 있는 것이 없다. 요즘은 봉급조차 보장받기 어렵다. 자기 자신의 목소리로 말하는 것이 어느 때보다 더 중요해지고 재미있어진 이유다. 목소리가 세상을 흔들 것이다.

당신이 이루어야 할 목적은 마치 보물찾기 게임 단서처럼 당신 인생 전체에 걸쳐 여기저기 흩어져 있다. 게임에서 승리할 방법은 많다. 하지만 앞으로 나아가면서 끊임없이 단서를 찾아다니지 않는다면 승리하지(목적을 찾지) 못할 것이다.

다시 말하지만, 우리 인생에는 단 한 가지 목적만 있는 것이 아니다. 목적이 될 만한 것은 아주 많다. 그렇지만 목적이 당신에게 다가오기를 기다려서는 안 된다. 생각만으로 목적을 찾으려 해서도 안 된다.

나는 거의 매일 이런 이메일을 받는다. "저는 18세(혹은 27세… 아니면 61세)입니다. 그런데 아직 인생의 목적을 찾지 못했어요. 제 인생은 실패한 걸까요?"

물론 아니다.

'행동 > 생각'. 당신은 뭔가를 해야 한다. 당신은 노력해야 한다. 그리고 실험은 최고의 방법이다.

↗ ↗ ↗

집념은 목적을 찾기 위한 첫 번째 단서다. 그리고 당신의 집념을 불러일으키는 대상을 발견하는 방법은 행동하는 것이다.

나는 자신의 목적을 발견한 사람 수백 명과 이야기해봤다. 리처드 브랜슨, 타이라 뱅크스Tyra Banks, 자동차 경주 선수 대니카 패트릭Danica Patrick, 前 체스 세계 챔피언 가리 카스파로프Garry Kasparov, 작가 켄 폴릿Ken Follett과 주디 블룸Judy Blume, 자립 전문가 토니 로빈스Tony Robbins와 웨인 다이어Wayne Dyer, 그리고 그 밖에도 많다.

첫째, 그들은 모두 하루에 1퍼센트 더 발전하기 위해 몇 가지 일상 훈련을 수행한다. 기본적인 일상 훈련에는 어떤 것이 있을까?

1. 신체 훈련: 먹기, 움직이기, 자기. 앓아눕는다면 목적은 아무 소용 없다.

2. 감정 훈련: 유독성 인물을 멀리한다(친구나 가족이라도 마찬가지다). 당신을 사랑하고 지지하는 사람들, 그리고 당신이 사랑하고 지지하는 사람들과 함께한다. 당신의 인간관계에 대해 항상 화가 나거나 원망스럽다면, 혹은 관계 맺기가 두렵다면 당신의 목적을 발견하기 어렵다.

3. 마음 훈련: 날마다 창의성 근육을 키운다. 창의성 근육은 매일 사용하지 않으면 쇠약해지고, 날마다 사용하면(메모지에 하루에 10개씩 아이디어를 적어라) 초능력을 발휘할 것이다. 목적을 발견하고, 그 분야에서 이미 이루어진 것을 능가하는 성과를 내려면 이런 초능력이 필요하다. 당신만의 독자적 목소리를 발견하라. 그 목소리를 통해 남들보다 높이 올라갈 수 있을 것이다.

4. 영적 훈련: 통제할 수 없는 일은 포기한다. '영적'이라는 말이 기도나 명상을 뜻하는 건 아니다(그런 것도 포함될 수는 있다). 천사 같은 영

적 존재에 대한 것도 아니다(그런 것은 포함되지 않는다). 이는 우리가 모든 것을 통제할 수 없을 때 느끼는 기분에 대한 것이다. 통제할 수 있는 것에 집중해야 한다. 통제할 수 없는 일을 걱정하거나 후회하거나 분노하지 말아야 한다.

나는 매일 이런 일상 훈련을 한다. 삶의 기반을 강하고 활동적인 상태로 유지하려는 노력이다. 일상 훈련을 하지 않으면 목적을 발견할 방법이 없다. 또 일주일 정도만 지나도 우울과 분노, 원망, 또는 그보다 더 나쁜 감정이 생기기 시작한다. 당신은 공든 탑이 무너지기를 바라지 않을 것이다.

둘째, 당신에게는 목적이 하나가 아니라는 사실을 기억하라.

나는 12년간 전국 스케이트보드 협회 챔피언 자리를 지킨 토니 호크Tony Hawk와 이야기를 나눈 적이 있다. 은퇴한 후 그는 최고의 스케이트보드 게임을 제작했다.

나는 9년간 세계 체스 챔피언 자리를 지킨 바 있으며 여전히 세계 최고의 체스 선수 중 하나인 가리 카스파로프와도 이야기를 나누었다. 지금은 자신의 명성을 바탕으로 전 세계를 돌며 인권을 보호하기 위해 싸우고 있다.

기업가 아리아나 허핑턴Arianna Huffington은 전통적인 뉴스 출처보다 더 정확하고 힘 있는 뉴스를 공유하고 싶어 〈허핑턴포스트Huffington Post〉를 설립했다. 〈허핑턴포스트〉에서는 수천 명의 저술가가 아이디어와 뉴스를 공유하고 그곳에서 저술 경력의 첫발을 내딛기도 한다. 전통적인 뉴스 출처에서 탈피하기 위해 인터넷을 사용한 것은 〈허핑턴포스트〉가 거의 최초였다. 아리아나 허핑턴은 인터넷이 사이버 공간에서 의견을 내는 트롤들이 모인 익명의 그룹이 아니며 인터넷 공간에서 정당한 저널리즘이 발달할 수 있다는 사실을 보여주었다. 그녀는 〈허핑턴포스트〉를 AOL에 3억 1,500만 달러를 받고 매각했다.

나중에 그녀는 수면과 건강의 관계를 연구하는 데 몰두했다. 그리고 수면에 관련된 책을 썼고, 그것을 기반으로 그녀의 새로운 조직, 스라이브 글로벌Thrive Global이 탄생했다. 스라이브 글로벌은 스트레스와 건강의 관계를 다루는 곳이다.

또 나는 최고 랭킹의 여성 카레이서 대니카 패트릭에게 목적을 찾는 것에 대해 어떻게 생각하는지 물어본 적이 있다. 그녀가 프로 선수였을 때, 그리고 38세에 은퇴한 지금의 생각은 어떤지 말이다. 그녀는 3가지 아이디어를 이야기해주었다.

1. 자신에게 물어본다. "어떤 식으로 완벽한 하루를 짜볼까?"
2. 당신의 전화기에는 어떤 사진이 있는가? 당신이 가장 많이 찍은 대상이 당신의 목적에 대한 단서를 담고 있다.
3. 당신의 열정을 북돋는 일은 무엇인가? 지난달에 한 일을 모두 적어본다. 그런 다음 활동할 때 행복을 느낀 정도에 따라 순위를 매긴다.

위의 3가지 모두 당신의 목적을 찾을 수 있는 단서다.

나는 여기에 한 가지를 더하고 싶다.

---

4. 12~15세 때 가장 관심이 많았던 것은 무엇인가? 그런 관심은 세월
   이 흐르면서 어떻게 성숙했는가?

예를 들어 10대에 농구를 좋아했다면 50세가 된 당신은 농구 관
련 블로그를 만들고 싶을 수도 있고 가상 농구 리그를 시작하거나
농구 코치가 되고 싶어 할 수도 있다. 농구를 다룬 책을 쓰고 싶거나
농구복을 만들거나 농구 팀을 위한 음악을 만들고 싶을 수도 있다.

제시 이츨러Jesse Itzler는 실패한 래퍼였다. 그는 랩을 너무 좋아했
지만 그의 노래들은 히트하지 못했다(유튜브에서 제시 제임스Jesse Jaymes
의 '칼리지 걸College Girls'을 찾아보라).

하지만 나이가 들면서 우리의 관심도 성숙하고 변화한다. 제시는
래퍼로 성공하지는 못했다. 래퍼 바닐라 아이스Vanilla Ice에게 밀린
탓도 있다. 그 대신 제시는 스포츠 팀이 경기하는 동안 사용할 응원
가를 만들었다.

그는 그 사업을 시작했고 매각했다.

전용기를 타고 다닌 그는 이런 생각이 들었다. '이거 정말 굉장한
데! 이런 것은 더 많은 사람이 이용할 수 있어야 해.' 그래서 마키스
제트Marquis Jet를 설립해 비행기를 소유하지 않은 사람도 전용기를

이용할 수 있도록 했다. 그 회사는 워런 버핏이 소유한 버크셔 해서웨이Berkshire Hathaway의 자회사 넷제트NetJets에 매각됐다.

하지만 오랜 관심은 쉽게 사라지지 않았다. 제시는 스포츠에 대한 관심으로 돌아갔다. 그는 농구를 하지는 않지만, NBA의 애틀랜타 호크스를 소유했다. 은행 잔고가 바닥난 상태에서 사회생활을 시작한 그가 말이다.

맷 베리Matt Berry는 할리우드 시나리오 작가였다. 꿈의 직업처럼 보이지만 그는 그 일에 싫증이 났다.

그는 일을 그만두었고, 모든 것을 잃었으며, 이혼했다. 할리우드에서 시나리오를 쓸 때는 벌이가 꽤 좋았으나 일을 그만두고 나서는 블로그 게시물 하나당 100달러를 벌었다.

무엇에 대한 블로그였을까? 바로 판타지 스포츠였다. 판타지 스포츠란 실제 운동 선수들을 바탕으로 가상의 팀을 꾸려 경기를 치르는 온라인 게임의 일종이다. 그는 어릴 때 스포츠를 좋아했다. 하지만 이제 와서 운동선수의 길을 걷고 싶지는 않았다. 그리고 일반적인 스포츠에 대해 글을 쓰고 해설해주면서 인기를 얻는 사람들은 많았다.

성숙해진 그의 관심은 그를 판타지 스포츠의 세계로 이끌었다. 그는 판타지 스포츠와 시나리오를 쓰는 노하우를 결합했고 곧 다수의 팔로어가 생겼다.

맷 베리는 ESPN에서 판타지 스포츠 앵커를 맡고 있다. 세계 최초의 판타지 스포츠 앵커로서 자신의 일자리를 창출해냈다. 맷 베리와 길을 걷다 보면 사람들이 우리를 멈춰 세우고 말한다. "지난주 판타지 스포츠 정보 잘 들었어요!"

그는 열정의 대상을 찾아냈고 그것으로 돈을 벌었으며 명성도 얻었다. '가장 덜 붐비는 방'을 찾아낸 것이다. 게다가 이 모든 것이 인생 후반에 시작했음에도 이뤄낸 성과다.

셋째, '목적 교배'를 훈련한다. 말하자면 당신이 좋아하는 것을 혼합하는 것이다. 당신이 음악과 스포츠를 좋아한다면 스포츠 팀을 위한 음악을 만드는 것은 어떨까? 앞서 등장한 제시 이츨러의 예를 보라. 만약 심리학과 경제학을 좋아한다면 행동경제학 분야를 개척해 대니얼 카너먼Daniel Kahneman처럼 노벨상을 받는 건 어떨까? 미디어와 천문학을 좋아한다면 닐 디그래스 타이슨Neil deGrasse Tyson처럼 비전문가에게 천문학을 설명해주는 책을 쓰거나 방송 프로그램과 팟캐스트를 제작해볼 수도 있다.

마지막으로 당신이 하길 두려워하는 것을 알아내야 한다. 두려움은 나침반이다. 두려움이 느껴지지 않는다면, 당신이 지금 하는 일이 다른 사람들이 앞서 한 일을 반복하는 것임을 알고 있다는 뜻이다. 그 일이 안전하다는 사실을 본능적으로 아는 것이다.

체스 선수는 자신보다 앞서 세계 챔피언이 된 선수의 오프닝을 분석하며 훈련한다. 체스 토너먼트에서 아마추어 선수가 두는 첫 10수에서 20수 정도는 그들이 연구한 세계 챔피언의 경기를 보고 외워서 그대로 두는 경우가 많다. 그런 수를 둘 때 선수들은 두려움이 없으며 매우 신속하다.

선수의 손이 떨리고 심장이 빨리 뛰는 건 외우지 않은 수를 두어야 하는 순간뿐이다. 이제 그들은 새로운 영역에 있다. 최고 수준의 선수라면 이때 그들이 놓은 수가 체스의 모든 이론을 바꿔놓을지도 모른다. 아마추어라면 그들이 놓은 수는 그 게임이 끝난 후 다시 연구해야 할 학습의 시작점이 될 것이다.

인생 후반이나 되어야 호기심이 생길 때 긴장하게 된다. 우리는 사람들이 우리를 어떻게 생각할지 두려워한다. 바보같이 보일까 봐, 스스로 사기꾼 같은 모습을 보일까 봐 두려워하기도 한다.

좋아하는 일을 시작하면 당신은 아주 불행해질 수도 있다. 블로그로 100달러를 벌 때, 맷 베리는 분명 아주 행복하지는 않았을 것이다. 제시 이츨러는 처음 시도한 랩 음악이 엄청난 성공을 거두었더라면 분명 더 기뻤을 것이다. 대니카 패트릭도 수많은 경주에서 패배했을 것이 분명하다. 기분 좋은 패배는 없다.

그렇다면 두려움은 내가 좋아하는 일과 어떤 관계가 있을까? 나는 건물에서 뛰어내리는 것이 두렵다. 하지만 건물에서 뛰어내리는 건 내가 몰두하는 일이 아니다.

두려워하는 것이 무엇인지 스스로에게 질문해야 한다. 좋아하는 일을 잘하지 못할까 봐 두려운가? 무리 안에서 지위를 잃을까 봐 두려운가?

두려움을 인정하라. 나는 글을 쓰고 나서 이렇게 생각한다. '이런, 이게 출판된 후에도 사람들이 날 싫어하지 말아야 할 텐데.' 이 걱정은 글쓰기에서 혹은 작가로서 내가 갖춘 기술 수준과 아무 관련이 없다. 이는 내가 내 삶을 너무 많이 바꾸어놓는 것은 아닐까 하는 두려움이다. 두려움을 받아들이고 출판해야 한다. 그것이 실험이다.

↗ ↗ ↗

그런데 당신의 목적을 알려줄 단서를 발견하면 어떻게 해야 할까?

1. 하루 중 최대한 많은 시간을 그 목적과 관련된 것을 하며 보낼 방법을 모두 적어본다.
2. 당신처럼 그 일을 사랑하는 사람들의 커뮤니티를 찾고 의견을 교환하며 배운다. 그리고 사람들을 돕고 멘토를 찾는다.
3. 자신의 목적과 관련 있는 책을 최대한 읽는다. 그 분야 역사를 공부하고 그 분야에서 업적을 이룬 사람들의 전기를 읽는다. 최근의 관점을 담은 책도 읽는다. 당신만의 목소리를 발견하기 위해서다.
4. 목적 교배를 한다.
5. **실행한다.** 목적으로 삼은 분야에서 당신의 이름을 알릴 일을 시작한다.

내가 투자에 빠진 2002년, 나는 읽을 수 있는 모든 책을 읽었다. 그리고 주식시장을 모델화한 소프트웨어를 만들었다. 내 결과물을 다른 사람들과 공유했으며, 사람들은 나와 함께 투자를 했다. 나는 투자에 대한 책도 썼다(목적 교배). 투자 전문 웹사이트를 개설하고, 투자회사를 설립했다. 그리고 당연히 모든 투자 전략을 익혔고 점점 성공적으로 투자하기 시작했다.

↗ ↗ ↗

단숨에 도약하는 기술을 여럿 익히면서 알게 된 것은 그 기술을 이용해 행동심리학자들이 말하는 '웰빙' 상태에 도달할 수 있다는 사실이다.

지구에서 보내도록 할당받은 짧은 시간에 가능한 한 가장 좋은 사람이 되려는 욕구를 충족시키고 그에 따른 기쁨을 누리지 못한다면 굳이 성공할 이유가 없다.

지구상에는 수많은 사람이 방향을 못 잡고 목적지를 모른 채 표류하고 있다. 마치 다른 사람들의 열정이라는 바람과 기상 여건에 따라 떠밀려 가는 식이다. 당신은 안개 낀 밤에 작은 배를 타고 떠다니는 것처럼 목적에 대한 확신 없이 겁을 먹고 어쩔 줄 모르고 있다.

내가 돈 같은 특정 목표에만 집중한 시간은 내 삶에서 가장 불행한 시기였다. 이 사회는 나에게 그런 목표를 성취해야 친구를 얻고, 사랑하는 사람도 생길 것이며, 호화롭고 행복한 삶을 누릴 거라고 했다. 또 그래야 사람들이 나를 인정해줄 것이며 여기저기서 내 의견과 도움을 바랄 것이라고 했다. 하지만 단숨에 도약하는 것, 열정을 찾아내는 것, 그리고 그런 열정을 느끼는 분야에서 상위 1퍼센트까지 뛰어오르는 것 모두 전통적 세계의 룰을 벗어나는 일이다.

전통적 세계에서는 당신이 이런 식으로 도약하는 것을 결코 허용하지 않을 것이다. 그리고 당신이 잘못된 길을 가고 있다고 설득하려 할 것이다. 하지만 인생은 한 번뿐이다. 살아가는 내내 이런 잘못된 통념을 믿는다면 어떻게 될까? 그런 통념이 진심으로 당신이 잘되기를 바라는 사람들에게서 비롯된다면? 하지만 그들의 좋은 의도, 즉 그들이 따르기로 한 통념이 존재하는 곳은 그 사람들의 마음이지 당신의 마음이 아니라는 사실을 잊지 말아야 한다.

잘되려면 남들과 같이 행동해야 한다고 설파하는 사람에게서 당신의 목적과 자의식을 되찾아와야 한다. 물론 그들은 정말 좋은 의도로 하는 말일 수 있다. 좋지 않은 의도로 말할 이유가 뭐 있겠는가? 하지만 내가 아는 사람 중 눈뜨자마자 "제임스 알투처가 오늘 당장 크게 성공하게 하고 싶어"라 말하는 이는 아무도 없다.

내가 속한 모든 무리 또는 서열 안에서 받아들여지기 위해 나는 그 무리의 가면을 쓰고 어울리는 옷을 입어야 했다. 그들의 관습과 의례에 따라 살아야 했다. 기업 세계에서 정장 차림으로 일하고, 재무 분야에서 똑똑한 투자자 역할을 하고, 내가 관계를 유지하고 싶은 사람이 '진짜 나'의 모습을 싫어할까 봐 두렵고 불안해 그의 기분을 맞춰주었다.

사람들과 잘 지내려면 그들에게 맞춰야 한다는 생각은 엄청난 착각이다. 가면과 옷을 벗어버리고 이 사회가 당신 앞에 가져다 놓은 거울을 치워야 비로소 정신을 차리고 당신을 위해 준비된 길이 무엇인지 판단할 수 있다.

돈이 추구해야 할 최고의 가치라고 여기며 살아온 지 9년이 지난 2010년쯤, 나는 언제나 만족하지 못하는 내 모습에 지쳐버렸다. 초조해하며 사는 것도 진절머리가 났다. 평생 목적도 없고 잘하는 것도 없이 사는 것은 아닐까, 마음 맞는 사람을 찾지 못하는 건 아닐

까 하고 두려워하는 것도 지긋지긋했다. 빈털터리가 될까 봐 걱정
하는 것도 짜증이 났다. 나는 점점 더 우울하고 불안해졌다.

내 아이디어가 효과가 있기를 바랐다. 더 나은 인생을 살고 싶었
다. 남들에게서는 보았지만 내 안에서는 볼 수 없었던 만족감을 원
했다. 아무 생각 없이 더 많이 얻으려고 하기보다 주변 사람들과 내
상황에 만족하는 삶을 살고 싶었다.

결국 나는 멈췄다. 그만두었다. 포기했다.

우리는 인생을 사회다윈주의, 즉 적자생존이라는 틀 안에서 이루
어지는 거대한 실험이라고 생각한다. 요즘도 불황이나 불경기가 오
면 우리는 파산하지 않고 체념하지 않는 사람들이 '적자'이며 그들
만이 경제적 성공의 세대를 이끌 가장 가치 있는 사람이라고 생각
한다.

10여 년 전, 밑바닥까지 내려갔을 때 나는 늘 내가 약자라고 생각
했다. 사실 그 전까지는 그렇게 생각하지 않았다. 어릴 때부터 항상
내가 잠재력이 있고 똑똑하며 쉽게 성공할 사람이라고 생각했다.

나는 파산하고, 다시 돈을 벌고, 또 파산하고, 그리고 또다시 돈
을 벌기를 수차례 반복하면서도 그 상황을 이해할 수 없었다.

이혼한 지 얼마 지나지 않은 어느 날, 나는 혼자 모텔에 있었다.
텔레비전은 대침체 이야기로 난리였다. 주식은 모두 하락했다. 나
는 집까지 날릴 위기에 처했으며 아무도 내 전화에 회신하지 않았
다. 이전의 반복이었다.

어떻게 이런 일이 자꾸 생길 수 있지? 나는 내 변호사인 동시에
증인이 된 것 같았다. "유죄입니다!" 나는 나를 고소한 고소인이자

용의자였다. 약자라서 죄책감을 느꼈고, 무엇이 됐든 내가 가졌다고 생각했던 거짓 능력을 탕진해서 죄책감을 느꼈다. 나는 잘생기고 성공한 억만장자들이 텔레비전에 나와 대중이 이해할 수 있도록 세계경제를 설명하는 모습을 보곤 했다. 나도 그런 사람 중 하나가 되고 싶었다. 하지만 현실의 나는 모텔 방에 있었다. 혼자 외롭게.

피곤해서가 아니라 할 일이 없고 깨어 있을 만큼 흥미로운 일이 없어 잠자리에 든 기억이 난다. 가능한 한 오래 자려고 했다. 그래야 또 하루를 보낼 수 있기 때문이다.

하지만 잠들 수 없었다. 나는 적자생존이라는 개념에 계속 도전했다. 그 말은 앞서가기 위해 약하고 힘없는 사람을 서슴없이 짓밟아야만 승리할 수 있다는 뜻일까?

물론 아니라고 생각한다. 그 말은 뭔가가 잘못되었다.

만약 이론의 틀이 부정확한 것이라면 어떨까? 만약 '가장 적합한' 사람이 아니라 '가장 만족한' 사람이 생존한다면 어떨까? 누군가 자신의 삶에 만족하고 지속적으로 그 만족감을 느끼는 법을 찾아낸 사람이라면 무엇이 그를 무너뜨릴까? 누군가 자신의 삶에 만족하게 만드는 모든 것을 목록에서 표시할 수 있다면, 그들은 절망해본 적이 없을까?

그래서 나는 실험을 하나 수행했다. '행복해' 보이는('행복'이 무엇을 뜻하든 상관없이) 다른 사람에게 분노가 느껴질 때마다, 혹은 성공이 부족해 죄책감을 느끼거나 파산했다는 사실을 후회할 때마다 스스로 이런 생각을 했다. '사회다원주의는 내 생각처럼 잔인하고 무자비하지 않다. 그리고 생존은 누가 꾸준히 웰빙 상태를 누릴 수 있는

지에 달려 있다.'

그런데 웰빙이란 뭘까?

앞서 언급한 일상 훈련, 즉 신체, 감정, (창조적) 마음, 영혼 건강에 각각 초점을 맞춘 훈련에 덧붙여, 내가 스스로 발견하고 수년간 인터뷰한 사람들이 말하는 웰빙의 구성 요소를 살펴보면 다음 3가지로 압축할 수 있다. 과학적 연구를 진행한 것은 아니지만 그런 연구를 하지 않아도 다음 요소들이 집단의 종류와 상관없이 단숨에 높은 서열로 뛰어오르는 데 기여한다는 사실을 쉽게 알 수 있다.

1. 공동체: 서로의 성공에 피해를 주거나 크게 관심을 갖지 않으면서 마음이 맞는 타인들과 친해지는 것. 하루를 마무리하면서 질문해본다. 나와 가장 가까운 사람들과의 관계를 돈독히 하기 위해 나는 무엇을 했는가?

2. 향상/숙달: 학습 곡선에서 점점 높은 곳으로 올라갈 때, 그리고 당신이 좋아하는 분야에 통달했을 때 느끼는 강렬한 기쁨. 하루를 마무리하면서 질문을 해본다. 오늘은 어떤 점이 향상되었는가? 새로 배운 것은 무엇인가? 오늘 활동하면서 생긴 새로운 궁금증은 무엇일까?

3. 자유: 누구의 간섭도 없이, 그리고 두려움 없이 당신이 좋아하는 일을 하는 것. 통달한 분야가 한 가지 이상이 되면 당신은 다양한 관심 분야에서 다양한 활동을 할 수 있으며 하루 동안 다른 누구도 아닌 당신이 직접 결정을 내릴 일이 더욱 많아진다. 하지만 자유를

어떻게 측정할까? 항상 질문해본다. 오늘 하루 동안 상사, 부모, 교사, 동료 등의 생각이 아니라 내 생각대로 결정한 일이 몇 퍼센트나 될까?

나는 매일 스스로 이 3가지 웰빙 요소를 선택할 수 있다. 아무도 대신 결정해줄 수 없다. 그리고 누구도 나의 웰빙 요소를 가져갈 수 없다. 나의 행동, 신념, 그리고 타인과 자신에 대한 태도 안에 이런 웰빙 요소를 배양할 수 있다. 매일 웰빙 요소가 지켜지고 있는지 체크하면 나는 생존했음을 다시 한번 느낄 수 있다. '만족한 자'의 생존 법칙이다.

가능성 근육 훈련:
매일 아이디어 쓰기

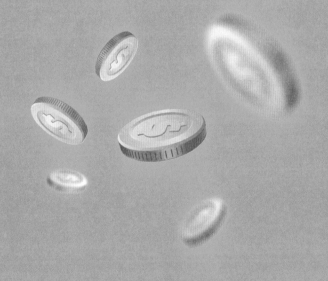

SKIP THE LINE
SKIP THE LINE

나는 비참한 기분이 드는 건 질색이다.

내가 어떤 것에 인생을 걸었을 때, 그것이 성공할 수도 실패할 수도 있다. 실패했을 때는 비참한 기분이 든다. 물론 실패에서 배울 점을 찾으려 노력한다. 실패가 성공의 어머니가 될 수 있다는 것도 안다. 하지만 다 죽어가는 듯한 기분이 든다.

이런 기분이 드는 이유는 이전 장에서 언급했다. 당신은 자신의 열정을 공유할 새로운 무리를 찾으려 한다. 하지만 새로운 학습을 하며 당신은 또다시 많은 실패를 거듭할 것이다.

실패에는 2가지 유형이 있다.

- 부작위 실패: 아예 시도조차 하지 않았다면 이미 실패한 것이다. 특히 모든 단서가 당신이 그 일에 열정을 가지고 있다는 걸 암시하는 데도 그 일을 하지 않았다면 말이다.
- 작위 실패: 무대에 오르고, 소설을 쓰고, 자동차 경주를 하고, 사업 아이디어를 내놓았으나 공연을 망치거나, 사람들이 작품을 좋아하지 않거나, 경주에서 패하거나, 돈을 날렸을 경우다.

오직 부작위 실패만 진정한 실패다. 뭔가를 하지 않으면 경험을 통해 배우는 것이 없기 때문이다. 경험은 모두 스승이다. 당신이 모든 분야에서 다음 단계로 진급할 수 있도록 충분한 수업을 준비해 놓고 기다리고 있다.

다시 말하지만, 인생의 모든 면에서 끊임없이 실험하는 습관을 들이면 엄청난 성과를 얻을 수 있다. 실험 하나하나를 통해 지식을 더할 수도 있고, 관심 분야나 열중하고 있는 일 혹은 직업에서 성공해 서열 앞쪽으로 나아갈 수도 있다.

하지만…

나는 나 자신에게 투자할 때 반드시 분산투자를 한다. 무리에서 추방된 기분이 들면서 코르티솔 수치가 급등하는 것을 피하는 가장 쉬운 방법은 또 다른 무리, 또 다른 서열로 갈아타는 것이다. 이것은 다른 어떤 동물도, 아니면 역사상 다른 어떤 시대의 인간도 가져본 적 없는, 오직 현대 인간만이 가진 이점이다.

한 가지 일이 잘 풀리지 않으면 내가 열정을 쏟는 다른 관심사로 갈아탈 수 있다.

이렇게 하는 데에는 여러 가지 이점이 있다. 갈아탄 관심 분야에서 뛰어난 실력을 갖추면, 원래 하려던 일에 대한 아이디어를 얻기도 한다. 또 도파민이 작용해 그만큼 잘해내지 못하고 있던 본래의 일로 돌아갈 에너지를 얻는 경우도 있다. 도파민은 머리를 맑게 하기 때문에 활기를 되찾을 수 있고 잘 쉴 수 있으며, 새로운 창의력과 새로운 아이디어, 그리고 새로운 에너지를 가지고 다시 실험을 시작할 수 있다.

항상 행복할 수는 없지만, 만족과 행복을 얻기 위해 최대한 노력할 수는 있다.

↗ ↗ ↗

세계는 자주 위기에 빠진다. 제2차 세계대전 후 군인들이 집으로 돌아왔을 때 모든 것이 달라져 있었다. 수십 년간 지속되던 동맹 관계가 바뀌었다. 세상은 어떻게 되려는 것일까? 어떤 모습으로 바뀔까? 전 세계가 가능성과 동시에 불확실성으로 가득 찼다.

9월 11일 이후에도 사람들은 같은 것을 느꼈다. 앞으로 어떻게 될까? 우리는 머리 위로 비행기가 지나갈 때마다 두려움을 느끼는 '뉴 노멀' 아래 살게 된 것일까?

2008년 금융 위기는 어떠한가? 집을 사기가 두려워질까? 은행들이 도산하고 우리는 회복할 수 없는 상태가 될까?

팬데믹으로 인한 봉쇄 이후, 세계에 새로운 표준이 등장하지는 않은 듯했다. 오히려 새로운 비표준, 혹은 내가 '대규모 리셋'이라 부르는 것과 비슷한 상태가 되었다. 우리는 일상으로 돌아가고 있는 듯 보이지만 사실 사회의 너무 많은 부분이 변화하기 시작했다.

나는 두려웠다. 처음에는 내 아이들 때문이었다. 나는 아이들이 현재와 같은 상황에서, 즉 내가 자랄 때의 표준과 닮은 환경에서 자라기를 바랐다. 어린 시절은 핵 공격의 '상호 확증 파괴'라는 먹구름이 머리 위에 있긴 했지만 그래도 그런 일은 일어나지 않을 것 같았고 사는 것도 보통은 꽤 순조로워 보였다.

갑자기 나는 모든 불확실성 가운데 확실성에 집착했다. 트위터에서 언쟁을 벌였다. 트위터에서 내 말을 기분 나빠하는 사람이 있다니! 나는 응수하고 또 응수했다. 모두에게 이 세상은 괜찮을 것이고, 모든 것이 정상으로 돌아갈 거라는 확신을 주어야 했다.

하지만 나야말로 겁을 먹은 사람이었다. 이 사태에 뒤따를 모든 변화가 두려웠다. 무엇이 됐든 의지할 것을 찾고 싶었다. 우리가 들어온 이 캄캄한 터널 끝에서 만날 세상은 우리가 떠나온 세상과 비슷할 거라는 사실을 보여줄 무언가를 찾고 싶었다.

하지만 세상은 우리가 '표준'이라고 여길 하루하루조차 표준적이지 않다. 날마다 우리 주변의 가능성이 달라진다. 가능성이라는 관점에서 세상을 보는 사람들은 가능성이 변화해도 길을 잃지 않는다. 모두가 토네이도 속에서 날아가지 않으려고 나무를 붙잡고 있지만, 가능성에 의지하는 사람들은 토네이도에 빨려 들어가 날아가는 법을 배움으로써 모든 것이 가능하고 모든 것을 할 수 있는 마법의 땅에 도착할지도 모른다.

↗ ↗ ↗

나의 첫 아이디어 리스트는 내가 쓰고 싶어 한 책의 목차였다. 책 제목은 《존재하는 모든 게임에서 친구와 가족을 이기는 법How to Beat Your Friends and Family at Every Game in the Universe》이었다.

각각의 게임에 대해 나는 3가지 팁을 썼다. 보통 수준의 상대라면 누구든 이길 수 있는 팁이었다.

예를 들어, 스크래블 게임의 팁은 다음과 같다. 철자 2개로 이루어진 단어를 익힌다. '수xu', '키qi', '자za' 등이다. u는 없고 q가 포함된 단어를 익힌다. '캇qat', '코프qoph', '카나트qanat' 등이다.

모노폴리 게임의 팁은 이렇다. 주황색으로 표시된 곳의 재산을 산다. 놀이판에서 가장 많이 머무르는 곳이 감옥이다. 그리고 주사위 2개를 굴렸을 때의 평균 합이 7이므로 당신은 세인트 제임스 플레이스St. James Place, 뉴욕 애비뉴New York Avenue, 테네시 애비뉴Tennessee Avenue 중 한 곳에 도착할 가능성이 매우 크다.

나는 당시에 우울했고 일자리도, 경력도 없었다. 내 삶에서 새로운 가능성이 필요했지만 무엇이 가능한지 알 수 없었다.

가능성의 세계는 아이디어의 세계와 같다. 주변을 둘러봤는데 누락된 점, 부족한 점, 또는 실패만 보인다면 당신의 가능성 근육(나는 이것을 아이디어 근육이라고 부르기도 한다)은 퇴화한 것이다.

가능성 근육을 훈련해야 한다. 아이디어 근육을 매일 훈련할 수 있다면 가능성으로 가득 찬 세상이 보일 것이다.

나는 이전 책에서도 아이디어 근육에 대해 쓴 적이 있지만 여기서는 그보다 훨씬 더 깊이 살펴볼 것이다. 지금까지는 내가 아이디어 근육을 얼마나 사용하는지, 또는 지금 인생의 모든 영역에서 내가 가능성 근육을 뭐라고 부르는지, 그리고 새로운 아이디어를 내기 위해 내가 특히 자주 사용하는 기술이 무엇인지 이야기한 적은 없었다. 이제 여기서 말해보려고 한다.

2002년, 우울감이 극에 달했을 때 나는 식당용품점에서 100개들이 주문용 메모지 묶음 한 상자를 10달러에 샀다. 그걸 왜 샀는지 잘 모르겠다. 그냥 모양이 마음에 들었다. 주머니에 쏙 들어가는 크기도 마음에 들었고 값이 싸서 마음에 들었다. 그리고 그것은 향수를 불러일으켰다. 메모지를 보니 작은 식당, 밀크셰이크, 토스트 위에 얹은 파스트라미, 블랙커피 같은 것이 생각났다. 회의를 할 때면 모두가 비싸지만 텅 빈 몰스킨 노트를 사용한다. 하지만 나는 주문용 메모지에 분명하고 간단하게 기록했다.

나는 무엇을 하고 살지 생각해내야 했다. 사는 집이 넘어갈 판이었고 두 아이도 먹여 살려야 했다. 너무 우울해서 온종일 침대에 누워 있는 날도 있었다. 사람들이 웃고, 이야기 나누고, 포옹하고, 키스하는 것을 보면 그들의 내면에는 어떤 힘이 있는지, 감정 체계가 얼마나 탄탄하기에 아무것도 아닌 일에 저렇게 웃을 수 있는지 이해할 수 없었다.

내가 이 메모지를 사기 전까지는, 그리고 첫 리스트를 작성하기 전까지는 말이다.

첫 리스트는 체스, 체커, 포커, 백개먼, 오셀로, 바둑, 하트, 스크래블, 모노폴리, 도미노였다.

다음 날 나는 또 리스트를 적었다. 게임별 팁 리스트였다. 그다음 날에는 후속편 목록을 적었다(브리지, 스페이드, 리스크 등등). 그다음 날에는 내가 쓰고 싶은 글의 제목을 적었다. 그다음 날에는 만나고 싶은 사람들의 이름을 적었다. 모두 나에게 영감을 준 사람들이었다.

그 사람들에게 이런 내용의 이메일을 보냈다. "제가 커피 한잔 사드리고 싶습니다." 아무도 답하지 않았다.

왜 답변하지 않았을까? 워런 버핏(워런 버핏도 내 리스트에 있었다)이

147

자기 자리에 앉아 누가 커피를 사주길 기다릴 것 같지는 않다.

그런 사람이 내 이메일을 보고 갑자기 "세상에! 제임스 알투처가 커피를 사준대. 회의 전부 취소해줘요!"라고 하지는 않을 것이다.

그래서 실험을 하나 해보았다. 우선 내가 만나고 싶은 사람들의 사업에 도움이 될 만한 아이디어를 냈다.

그런 다음 다시 이메일을 보냈다. "당신의 업적에 항상 감탄하고 있습니다. 그런데 저에게 (사업/글/자금/기타 그 사람들이 하는 일과 관련해) 당신의 가치를 높일 10가지 아이디어가 떠올랐습니다."

20명에게 메일을 썼는데 그중 3명에게서 답이 왔다(나는 수년간의 경험 끝에 이것이 일반적인 회신 비율임을 알게 되었다). 그중 한 명은 작가였다. 내가 그 사람에게 쓴 이메일은 이랬다. "당신의 글을 좋아합니다. 당신이 여기 있는 10가지 아이디어로 쓴 글을 읽어보고 싶습니다."

이것뿐이다. 나는 어떤 것도 요구하지 않았다. 나는 정말로 내 아이디어가 그에게 훌륭한 글감이 될 수 있겠다고 생각했다.

그 작가가 내 아이디어로 글을 쓰지는 않았다. 대신 짐 크레이머Jim Cramer는 이런 답장을 보내주었다. "정말 좋은 아이디어예요! 당신이 직접 써보는 게 어때요?" 이렇게 나는 짐 크레이머의 회사에서 작가로서 경력을 쌓았다. 그 이후로 〈월스트리트저널〉〈파이낸셜타임스〉로 영역을 넓혔고, 20권 이상의 책을 쓰게 되었다.

나는 작가라는 새로운 직업을 갖게 되었다.

헤지펀드 매니저(전문 투자가)도 있었다. 나는 그의 헤지펀드에 대한 10가지 투자 아이디어를 적어 보냈다. 그는 나를 점심 식사에 초대했다. 우리는 함께 식사했고 그는 나에게 돈을 투자했다.

나는 전문 투자가라는 새로운 직업도 갖게 되었다.

내가 답장을 보내지 않은 사람이 한 명 있었다. 그는 나에게 "함께 점심 식사를 합시다"라는 답장을 보냈다. 12년 후에야 나는 그의 이메일에 회신했다. 마치 12년 전 그의 이메일에 즉각 답을 보내는 것처럼 말이다. "좋습니다. 하지만 점심 대신 제 팟캐스트에 나와주세요." 그리고 그는 정말 나왔다. (12년 뒤에 '좋습니다'라고 회신하는 데) 3초 걸린 실험이 성과가 있었다.

'아이디어 쏟아내기' 첫 라운드에서 아이디어 근육 훈련의 첫 성과를 낸 후 변화가 생기기 시작했다.

우울함이 사라졌다. 나는 매일 아이디어를 10개 적었다. 2002년 6월에 시작해 2002년 9월까지, 두뇌가 불타오르는 것 같은 기분이었다. 잠에서 깨고, 카페에 도착하고, 잠시 책을 집어 들기가 무섭게 떠오르는 아이디어를 적어 내려갔다.

하루에 10개였다.

사업 아이디어, 책 아이디어, 기사 원고 아이디어, 다른 사람 혹은 다른 사람의 일을 위한 아이디어. 만약 내 마음에 든 사업 아이디어가 떠올랐다면 다음 날은 그 아이디어로 사업을 할 방법을 10가지 적었다.

나는 아마존을 위한 10가지 아이디어를 적기 시작했다. 그다음엔 구글을 위한 10가지 아이디어를 적었다. 심지어 쿼라Quora(질문과 답변 웹사이트)를 위한 10가지 아이디어도 적어보았다.

나는 내 아이디어를 그 기업들에 알렸다. 누가 내 아이디어를 도용하든 말든 상관없었다. 나는 아이디어가 **넘쳐났기** 때문이다. 가져가려면 가져가!

그런 리스트 덕분에, 그리고 내가 그 리스트를 해당 기업과 공유한 덕분에 나는 구글(나는 〈구글에 말한다Talks at Google〉에도 출연했다), 링크드인(나는 하루 종일 컨설팅을 했다), 페이스북, 쿼라, 에어비앤비(나는 2016년 에어비앤비 오픈에서 연설을 했다), 트위터, 그 밖에 많은 기업을 방문할 수 있었다.

세상이 나에게 문을 열어주었다. 이제 나는 이 세상에서 가능성을 보게 되었다. 이렇게 두뇌를 재설계하고 나면, 보이는 것은 앞날의 가능성뿐이다. 그리고 그런 가능성은 매우 풍부하다.

18년이 지났지만 나는 아직도 매일 10가지 아이디어를 적는다.

팬데믹 위기에서도 나는 코로나19가 잦아든 후 찾아올 뉴 노멀에 대한 10가지 사업 아이디어를 썼다. 디즈니 플러스 텔레비전 프로그램을 위한 10가지 아이디어도 써보았다. 나는 이것을 디즈니에 보냈다. 내게는 디즈니에서 일하는 친구가 있었는데 그가 내 리스트를 그의 친구에게 보냈고, 그의 친구는 또 그 친구의 친구에게 보냈다. 결국 어느 순간 나는 디즈니 플러스의 경영진에게 내 아이디어를 설명하고 있었다.

이 모든 마법 같은 일은 하루에 10가지 아이디어를 적어놓은 결과다. 이렇게 하면 당신에게는 아이디어가 넘치기 때문에 그것을 공유하는 데 아무 문제가 없다. 아이디어를 공유하면 새로운 기회가 생기고 새로운 관계가 형성되며 새로운 세계가 당신 앞에 펼쳐질 것이다.

2002년 9월쯤 시작한 아이디어 쓰기를 지금까지 이어온 비결이 있다. 아이디어가 좋은지 나쁜지, 그 아이디어를 계속 이어나갈지 말지, 그 아이디어를 다시 볼지에 연연하지 않는 것이다.

하루에 10가지 아이디어를 적으면 내 두뇌가 재설계된다. 이 작업으로 내 몸에서 도파민 수치가 높아져, 매일 아침 성취감을 느낄 수 있다. 그러면서 아이디어 근육이 단련된다.

근육은 빠르게 쇠약해진다. 만약 당신이 2주 동안 침대에 누워 있는다면 다시 걷기 위해서는 물리치료가 필요할 것이다. 이것만 보아도 근육이 얼마나 빠르게 쇠약해지는지 알 수 있다.

아이디어 근육도 마찬가지다. 사용하지 않으면 사라진다. 나는 2002년에 아이디어 근육을 모두 잃었다. 내 안에 남은 창의성은 하나도 없었다. 나는 완전히 지쳤다.

하지만 아이디어를 적어가면서 다시 내 아이디어 근육을 단련했다. 내 두뇌 속 창의적인 부분을 모두 연결해 새로운 방법으로 빛을 밝혔다. 사용하지 않아 먼지가 쌓인 내 머릿속 이곳저곳이 다시 살아나는 듯한 기분이었다.

그리고 실제로 훈련을 하는 것 같은 기분이 든다.

날마다 10개 리스트 중 7개쯤 채우면 반복해서 아이디어 개수를 세어보곤 한다. 몇 개 썼지? 10개가 됐나? 그러면서 마지막 3개를 채울 때까지 땀을 쏟는다.

좋은 아이디어일까?

사실 그렇지는 않다. 좋은 아이디어는 거의 없다. 1년에 3,650개의 아이디어를 적는다면 100개 정도는 어떤 식으로든 쓸모가 있을

지 모른다. 그중 몇 개는 돈을 벌 만큼 좋은 아이디어일 수도 있다. 그리고 한 개 정도는 **훌륭한 아이디어일 수도 있다.** 누가 알겠는가?

내가 말하려는 핵심은, 항상 좋은 아이디어가 떠오르는 건 아니며 이것은 훈련일 뿐이라는 점이다. 아이디어 근육을 훈련하라. 그러면 더욱 창의적인 사람이 될 수 있다. 누구보다도 더 잘해내는 법을 알게 될 것이다. 당신은 많은 것을 가진 사람이라고 느끼게 될 것이다. 당신의 삶이 아이디어 모음집처럼 느껴질 것이다. 그리고 그 아이디어들이 다시 새롭게 탈바꿈하고, 개선되고, 또 새로운 아이디어를 창조할 것이다.

내가 인생의 최저점을 찍은 지 단 몇 달이 지난 2002년 9월경, 나의 두뇌는 활활 타올랐다. 메모지, 아이디어 리스트, 그리고 가능성 근육 훈련이 나를 처음 겪는 절망감에서 구했고 그 이후에는 그런 절망감을 느끼지 않았다(비슷한 기분을 느낀 적은 있지만).

6개월이 채 지나지 않아서, 기사 한 편에 대한 내 첫 원고료를 받았다. 그리고 다른 사람의 돈을 투자해 수익을 낸 대가도 받았다.

직업도 없고, 모든 것을 잃었고, 우울감에 빠졌고, 빈털터리가 된 채 1년을 보내고 나서 나는 **2개**의 직업을 갖게 되었다.

그로부터 1년이 더 지난 후 나는 새로운 사업을 시작했다. 헤지펀드의 펀드였다. 그리고 2년 뒤 또 새로운 사업을 시작했는데 글쓰기, 투자, 프로그래밍에 대한 내 관심을 결합한 사업이었다. 나는 그 사업을 시작한 지 6개월 뒤에 매각했다.

18년 동안 내가 번 돈은 모두 메모지에 적힌 간단한 메모에서 시작되었다. 한 푼도 빠짐없이.

부자는 천천히 벌지 않는다

매일 창조적인 사람이 되기 위해 자신을 다그치면, 뇌는 자체 재설계를 수행해 창조성을 가장 중요한 가치로 여기게 된다.

이렇게 말하는 사람이 무척 많다. "아, 나는 창조적인 사람이야. 필요한 순간이 오면, 자리에 앉아서 훌륭한 아이디어를 낼게."

그런 식으로 되는 일은 없다. 비가 오기 전에 배수로를 만들어두어야 한다.

3개월 동안 하루에 10개씩 아이디어를 적어보라. 그러면 자신이 아이디어 기계가 된 듯하면서 동시에 풍족해진 것 같은 기분이 들 것이다. 무엇이 됐든, 당신이 계속 아이디어를 낼 수 있다는 것을 알게 되었기 때문이다.

1년 동안 계속하면 당신이 핵폭탄급 아이디어 기계가 된 듯한 기분이 들 것이다. 옷 한 벌 걸치지 않고 지갑도 없이 사막 한가운데 떨어져도 아이디어를 내서 100만 달러를 벌어 집에 돌아올 수 있겠다는 생각이 들 것이다. 사업, 책, 텔레비전 프로그램에 대한 아이디어, 다른 사람들, 또는 남들이 하는 사업에 대한 아이디어가 나를 여러 번 구했다. 그런 아이디어 덕분에 네트워크가 확장되었고 나는 경험 없이도 새로운 직업을 시작할 수 있었으며 모든 것을 잃을 뻔한 순간에 나의 사업을 구할 수 있었다.

2018년에 친구 하나가 점심 식사를 함께 하자고 했다. 나는 늦을 것 같아서 약속을 저녁 식사로 변경했다.

그녀는 투자를 어떻게 해야 할지 아이디어를 짜내고 있었다. 우리는 새로운 직업을 얻기 위해 그녀의 기술을 활용할 다양한 방법에 대해 브레인스토밍을 했다.

9장 가능성 근육 훈련: 매일 아이디어 쓰기

나에게는 그녀한테 줄 아이디어가 너무나 많았다. 우리는 음식도 주문하기 전에 3시간이나 이야기를 나눴다. 그리고 몇 달 뒤, 우리는 결혼했다. 나는 그녀를 사랑한다. 일단 당신이 새로운 아이디어의 세계에 마음의 문을 열고 무엇이 됐든 그 결과에 자신을 맡긴다면 무슨 일이든 일어날 수 있다.

10장

6가지 아이디어
생산법

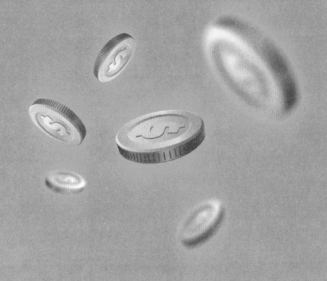

SKIP THE LINE
SKIP THE LINE

하루에 10개씩 아이디어를 생각해내는 건 쉽지 않은 일이다. 그렇게 매일 하면 1년에 3,650개의 아이디어가 모인다.

내가 수백만 개 아이디어를 내기 위해 사용하는 몇 가지 방법을 소개한다.

아이디어 더하기

광범위하고 잘 알려진 개념을 하나 선택한다. 수백만 명이 좋아하고 믿을 만한 것이면 좋다. 사람들에게 종교처럼 받아들여지는 개념도 좋다. 거기에 뭔가를 추가해본다. 엉뚱한 생각일수록 좋다.

'구석기 다이어트'를 생각해보자. 구석기 다이어트란 구석기인들처럼 먹어야 한다는 발상에서 비롯된 것이다. 인간의 소화기관은 20만 년 동안 그런 음식에 맞게 진화했기 때문이다. 인간이 가공식품을 먹기 시작한 것은 겨우 100년 전부터이며 이는 진화 과정 중 나타난 일시적인 오류 구간이다. 그리고 그런 오류는 비만, 신부전, 당뇨병 등의 원인이 되었다. 한 가지 더 있다. 구석기인은 식사 간격이 일정하지 않았다. 하루에 세 끼를 먹지도 않았다. 이제 웹사이트에서 볼 수 있는 '다이어트 계획'에 뭔가를 더해보자. 오늘날의 구석기 다이어트+간헐적 단식(20만 년 전 사람들의 식습관)=다면적 구석기 다이어트. 즉 식사 간격을 임의로 조절하고 식단 구성에 여러 변화를 주는 것이다.

예를 들어 하루에 한 끼를 먹기도 하고 네 끼를 먹기도 한다. 견과류, 콩, 고기, 채소를 식사할 때마다 식단에 넣어 그 식사를 아침밥 혹은 저녁밥이라고 구분할 수 없도록 한다.

'아이디어 더하기'의 예를 하나 더 들어보자. 2020년, 사회가 봉쇄되었을 때 나는 화상회의 소프트웨어를 이용해 원격 팟캐스트를 진행했다. 내가 사용한 소프트웨어는 팬데믹이 선언되면서 수억 명이 사용하기 시작한 줌이었다. 괜찮은 소프트웨어였지만, 나는 줌이 원격 근무자를 위한 사내 회의용으로 만든 것이지, 팟캐스트를 위한 것은 아니라는 사실을 깨달았다. 그래서 더 나은 줌을 위한 10가지 아이디어 리스트를 적었다.

나는 이 아이디어를 줌 회사로 보낼 생각이었다. 최악의 상황은 무엇일까? 줌에서 내 의견을 무시하는 것이다. 그러면 최종 성과는 내가 하루치 아이디어 근육 훈련을 했다는 것이다. 최상의 시나리오는? 만약 그 회사에서 내 아이디어를 실행에 옮긴다면 나는 원격 팟캐스팅에 최적화한 소프트웨어를 갖게 된다. 더 잘되면 줌에서 내 아이디어와 놀라운 재능, 천재성에 감격해 나에게 회사 고문 자리를 제안할지도 모른다.

내가 막 아이디어를 줌으로 보내려 하는데 또 다른 아이디어가 떠올랐다. 알고 보니 다수의 화상회의 소프트웨어가 '오픈 소스' 소프트웨어였다. 즉 내가 프로그래머와 작업해 함께 화상회의 소프트웨어를 만들고 거기에 내가 고안한 기능을 추가해 줌과 경쟁할 수도 있는 것이다.

그래서 내가 아는 프로그래머 중 고용할 수 있을 만큼 믿음직한 사람들의 리스트를 적기 시작했다. 나는 그 리스트에 첫 번째로 오른 프로그래머에게 연락했다. "저는 못 하지만 할 수 있는 사람을 알아요." 그는 다른 프로그래머를 소개해주었고 나는 그가 소개해준 사람과 약 5시간 동안 이야기를 나누었다. 그는 훌륭했다!

이 글을 쓰는 지금, 내 아이디어 리스트에 있던 10개의 새로운 기능을 담은 새로운 팟캐스트/화상회의 플랫폼이 활용되고 있다. 나는 회사를 준비하는 중이다. 이제 그 아이디어로 쓸 수 있는 최상의 시나리오는 무엇일까? 내 팟캐스트도 더 잘 만들고 온라인 비디오 행사도 주최할 수 있는 새로운 회사를 설립한다. 최악의 시나리오는? 이 아이디어를 더 정교하게 손봐서… 줌에 보낸다. 어떻게 될지 누가 알겠는가?

그 아이디어 리스트는 하나의 실험이 되었다. 이 실험을 하면서 내가 입은 손실은 없었고, 실험은 하기 쉬웠으며 어마어마하게 큰 이점이 있었다. 그리고 모든 것이 무산되어도 나는 화상회의 플랫폼 만드는 법을 기초부터 배웠으니 그것을 나중에 유용하게 활용할지도 모르는 일이다.

아이디어 빼기

실행 불가능해 보이는 개념을 하나 선택한다. 당신이 그것을 할 수 없는 이유, 즉 방해물을 뺀다. 그리고 당신이 할 수 있는 이유가 남아 있는지 살펴본다(뺄셈은 돈이다. 믿어도 좋다).

나는 이런 접근법이 한 회의에서 효과를 발휘하는 것을 보았다. 우리는 매우 부유한 고객을 상대하고 있었다. 그는 가치가 1,000억 달러 넘는 회사의 대표였다. 우리는 그의 돈이 필요했다. 많이 필요했다. 우리는 돈에 목말랐고, 돈에 대한 우리 욕구는 과도한 수준이었다. 그는 직설적인 사람이었다. 마치 망치 같았다. 자신이 돈 때문에 우리와 함께 이 방에 있다는 사실을 알아채고 이렇게 말했다. "돈은 한 푼도 기대하지 마세요."

회의에서 우리 측을 대표하는 사람은 영리했다. 그는 '아이디어 뺄셈'을 했다. "돈 이야기를 하려는 건 아닙니다. 당신에게 돈을 받을 생각은 없습니다. 그 문제는 해결됐으니까요." 그런 다음 "우리가 당신에게 한 푼도 받을 필요가 없다면, 우리 팀과 협업해 이것의 상품 가치를 확인해볼 생각은 있습니까?"라고 말했다. CEO는 이렇게 대답했다. "물론이죠." 관심이 없을 이유가 뭐가 있겠는가? 우리는 갑자기 1,000억 달러 넘는 가치를 지닌 회사와 합작회사를 시작하게 되었다. 우리와 이야기하던 그 CEO는 자신의 돈으로 그 합작회사에 자금을 지원했다.

또 다른 예가 있다. "책을 썼는데 책을 내줄 출판사를 찾을 수가 없어요."

괜찮다. 자비출판을 하면 된다.

"앱 아이디어가 있는데 프로그래밍을 할 줄 몰라요."

괜찮다. 프리랜서닷컴에 접속하라. 600달러 정도면 좋은 프로그래머에게 앱 제작을 의뢰할 수 있다.

"의류 상품 아이디어가 있는데 그 옷들을 전부 미국에서 생산하고 싶어요. 하지만 제조업자를 찾을 수 없어요."

괜찮다. 첫 샘플을 중국에서 만들라. 수요가 있는지 확인하라. 그런 다음 미국에서 그것을 만들 방법을 찾아보라.

일단 당신에게 필요하지만 가질 수 없는 것(돈, 시간, 인맥)이 무엇인지 알고 나면 당신이 가지고 있는 것으로 실행 가능한 차선책이나 본래 목표의 중간 단계가 될 만한 것을 택해 일을 시작한다. 그러면 '방해물'을 계산에 넣기 전에 아이디어를 실험해볼 수 있다.

아이디어 곱하기

아이디어 하나를 선택한다. 그것이 효과가 있음을 보여준다. 그런 다음 한 가지 항목을 변경한다. 예를 들어 위치를 변경한다. 그런 다음 다시 한번 효과를 증명한다.

내가 동네 치과 홍보를 위해 아주 좋은 광고 문안을 써줬는데 그 광고 덕분에 치과의 매출이 두 배가 되었다고 하자. 그러면 나는 실적을 거둔 것이다.

이제 나는 전국에 있는 치과 중 아무 곳이나 찾아가 이렇게 말할 수 있다. "여기에 그 치과를 홍보한 결과가 있습니다. ○○달러를 투자하면 홍보해드리겠습니다."

그러면 당신은 같은 아이디어를 수차례 곱할 수 있다. 곱셈 결과를 다시 곱할 수도 있다. '치과 홍보로 100만 달러 버는 법'을 웨비나Webinar에서 파는 것이다.

'아이디어 곱셈'은 특정 부문에서 효과 있는 사업 아이디어를 일반화해 사업을 '확장'하는 방법이다.

아마존이 좋은 예다. 아마존은 온라인으로 책을 판매했다. 그들은 이렇게 말했다. "책이 잘되었으니, 또 어떤 상품을 팔아볼까?" 그 다음에도 아마존은 아이디어 곱셈으로 한 걸음 더 나아갔다. 처음에 아마존을 운영하기 위해 마련한 기술 기반을 다른 사업에서도 사용할 수 있다는 사실을 깨달은 것이다. 그렇게 해서 아마존 웹 서비스Amazon Web Service가 탄생했다.

아이디어 나누기

아이디어를 축소시킨다.

예를 들어보자. 처음에 페이팔은 사람들이 웹브라우저를 이용해 원하는 것에 값을 지불하도록 해주는 시스템이었다(사실 처음에는 팜 파일럿Palm Pilot을 위한 결제 시스템이었다. 하지만 그 이야기는 건너뛰기로 하자). 웹브라우저를 사용하는 사람은 누구나 모든 웹사이트에서 물건값을 지불할 수 있다? 이건 너무 거대하다. 아이디어 나누기가 필요하다. 웹사이트 한 개만 골라본다면? 이베이eBay는 어떨까? 페이팔은 이베이 한 곳에 집중해 그곳을 독점했고(이베이 내부 결제 시스템까지 이겼다) 점차 사업 영역을 확장해 인터넷 전체에 걸쳐 어마어마한 돈을 거래하게 되었다.

내 첫 사업은 기업을 위한 웹사이트를 제작하는 것이었다. 하지만 아무 회사나 전화해서 그 사람들에게 웹사이트의 필요성을 설파하기는 매우 힘들었다. 처음에는 음반사와 영화사에 초점을 맞췄다. 그러다 아이디어 나누기를 해서 우리가 우위를 차지할 수 있는 틈새시장을 노렸다. 어느새 우리는 '그 엔터테인먼트업계 사람'이 되었다. 나누기를 계속하자 우리는 '그 갱스터 랩 웹사이트 전문 제작자'가 되었다. 그런 다음 우리는 점차 분야를 넓혀 더 많은 웹사이트를 만들어갔다.

아이디어 교배

2가지 아이디어를 하나로 합친다.

예를 들어보자. 휴대전화+아이패드=아이폰.

또 있다. 랩 그룹 푸지스Fugees 멤버이던 인기 연예인 와이클리프 장Wyclef Jean은 비지스의 곡 〈살아 있어Stayin' Alive〉와 랩을 접목해 〈우리는 살아 있으려 해We Trying to Stay Alive〉라는 곡을 만들었다. 그는 이 곡이 크게 히트할 것을 알고 있었다. 지금껏 가장 인기 있었던 디스코 음악을 선택해 힙합/레게 비트와 접목하고 푸지스 멤버

인 래퍼 프라스Pras의 피처링을 더했으니 말이다. 아, 내가 그 노래를 부른 다음 오토튠으로 목소리를 좀 다듬으면 어땠을까. 듣기 괜찮았을 것 같은데.

스탠 웨스턴Stan Weston은 남자아이들의 일상을 영원히 바꿔놓을 아이디어를 가지고 있었다. 하지만 그는 정말 잘못된 판단을 내렸다. 그는 여자아이들이 인형 갖고 놀기를 좋아한다는 것을 알고 있었다. 하지만 남자아이들은 가지고 놀 인형이 없었다. 남자아이들은 총을 좋아했다. 그는 생각했다. 액션 인형과 전쟁을 더하면? 그는 군인 인형을 만들고 플라스틱 총을 끼워 '액션 피겨'라고 부르는 인형을 만들었다. 인형의 이름은 지아이 조G. I. Joe라 붙였다.

그는 이것을 해즈브로사Hasbro社에 보여주었다. 해즈브로에서는 그에게 거절할 수 없는 제안을 했다. "저희와 라이선스 계약을 체결하면 앞으로 계속 수익의 일부를 드리겠습니다. 아니면 7만 5,000달러에 그것을 사겠습니다." 스탠은 최대한 가격을 흥정해 7만 5,000달러에서 10만 달러로 값을 올렸다. 그는 행복한 남자가 되어 집으로 돌아와 10만 달러를 은행 계좌에 넣었다. 그 후에 지. 아이. 조의 가치는 10억 달러가 넘어갔다.

스탠 웨스턴은 완전히 새로운 것을 고안해낸 것이 아니다. 가장 단순한 생각을 결합해 수백만 명의 아이들이 좋아할 만한 것을 만들었을 뿐이다. 그의 말대로 **이것이** 그의 성공에서 가장 중요한 부분이다.

슈퍼모델이었던 타이라 뱅크스는 텔레비전 프로그램 〈아메리칸 아이돌American Idol〉을 좋아했다. 정말 좋아했다. "그건 제가 가장 좋아하는 프로그램이에요." 그녀는 나에게 이렇게 말했다. 슈퍼모델+〈아메리칸 아이돌〉=〈도전! 슈퍼모델America's Next Top Model〉. 이제 이 방송은 30여 개국에 팔리고 있으며 방송권 수익만 수십억 달러에 이른다. 이 프로그램은 스물다섯 번째 시즌을 앞두고 있다.

로이 리히텐슈타인은 자신의 힘으로 예술가로서 이름을 알리고 싶었다. 그는 훌륭한 화가였지만 예술계에서 알려지려면, 그리고 예술계에서 돈을 벌려면 실력 이상의 무언가가 필요하다. 10년 동안 (거의) 알려지지 않은 직업 화가로 지내다 막 포기하려던 참에 럿거스대학Rutgers University에서 학생들을 가르치기 시작했다(아, 그의 수업을 들어볼 수 있다면 얼마나 좋을까).

그러다 키치한 로맨스 만화를 선택했다. 그리고 만화를 확대한 다음 벤데이BenDay 도트를 사용해 다시 그린 뒤 말풍선을 이용해 자신의 목소리를 담았다(나는 여자가 바닥에 쓰러져 울면서 "오, 브래드, 다시는 전화하지 않는군요. 너무 고전적이야!"라고 말하는 작품을 가장 좋아한다). 그의 작품 〈마스터피스Masterpiece〉는 2017년 1억 6,500만 달러에 팔렸다.

별것 없다. 사람들이 좋아하는 2가지를 적고 그것을 결합한다. 이제 한번 즐겁게 시도해보라.

↗ ↗ ↗

다양한 기술과 재능이 '재능 교배'나 '경력 교배'를 거치면 때때로 더 나은 직업이 되기도 하고 서열 높은 곳으로 빠르게 올라가기 위한 발판이 되기도 한다.

재키 로빈슨Jackie Robinson의 성공과 재능 교배는 관련이 없어 보일 수도 있다. 하지만 끝까지 들어보라. 로빈슨은 미국 야구 니그로 리그에 있다가 메이저리그로 간 첫 번째 선수로 유명하다. 흑인들이 니그로리그를 따로 만들어야 했을 만큼 인종차별이 극심한 시대였고, 야구 구단주들 사이에서는 니그로리그에서 온 선수와 계약하지 않는 것이 불문율이었다. 수많은 아프리카계 미국인이 제2차 세계대전에서 조국을 위해 목숨을 걸고 싸웠음에도 스포츠에서 인종차별은 여전히 심각했다. 구단주들도 니그로리그 선수와 계약했다가 사람들이 구단의 경기를 보려 하지 않거나, 최악의 경우 폭력 사태가 일어나는 것은 아닐까 걱정했다.

재키 로빈슨은 니그로리그 최고의 선수였을까? 최고 선수 중 한 명인 것은 분명했다. 하지만 경험, 홈런, 타율 등 전반적 통계자료로 볼 땐 로이 캄파넬라Roy Campanella가 더 나았다. 두 선수 모두 브루클린 다저스Brooklyn Dodgers와 계약했지만 로빈슨은 다저스에서 뛴 첫 선수로 역사에 남았으며 그의 이름은 영원히 시민권, 그리고 스포츠와 함께할 것이다.

로빈슨이 단숨에 도약할 수 있었던 이유는 뭘까?

다저스 단장이던 브랜치 리키Branch Rickey가 원한 건 최고의 선수일 뿐 아니라 본인과 팀에 쏟아질 인종적 모욕을 견딜 수 있는 선수였다. 그는 로빈슨에게 단도직입적으로 이런 이야기를 했다. 그러자 로빈슨은 충격을 받은 듯했다. "맞서 싸우기를 두려워하는 흑인을 찾고 있는 겁니까?" 그가 이렇게 되물었다는 이야기는 유명하다. 리키는 대답했다. "나는 맞대응하지 않을 용기가 있는 사람을 찾는 겁니다."

1946년, 스포츠계에서 브랜치 리키가 추구했던 것은 10년 뒤 마틴 루서 킹이 시민권 운동을 추진하기 위해 그토록 열광적으로, 그리고 성공적으로 지킨 시민 저항의 원칙이었다.

그렇게 해서 로빈슨은 다저스에서 수년간 경력을 쌓았다. 군대에서 장교로 복무할 때(아프리카계 미국인으로서 사병이 아닌 장교가 된 것 자체도 이미 전쟁이었다) 로빈슨은 로자 파크스Rosa Parks보다 훨씬 앞서서 버스 뒷좌석으로 옮기라는 말을 듣고 이를 거부한 경험이 있다. 군대에서는 로빈슨을 공공장소 취태죄로 군사법원에 회부하려 했는데 그것은 거짓이었다(로빈슨은 술을 마시지 않는다). 로빈슨은 백인으로 구성된 배심원단 앞에서 결백을 주장했고 그 소송은 기각되었다. 다시 한번 그는 훗날 마틴 루서 킹이 사용할(우연이든 아니든) 기술을 만들었다. 마틴 루서 킹은 차별에 맞서는 방법으로 비폭력 저항을 제안했으며 1960년대 중반 시민권 개혁안이 통과하기까지 무저항 원칙을 고수했다.

로빈슨(니그로리그에서 캄파넬라는 9년을 보냈지만 로빈슨은 겨우 1년을 보냈다)이 아프리카계 미국인 최초로 메이저리그 선수가 되고 야구계를 통합하는 데 밑바탕이 된 재능 교배는 정치의식, 대의를 위해 감정을 다스리는 능력, 그리고 당연한 얘기지만 그의 야구 기술을 결합한 것이었다.

2016년, 나는 친구 스콧과 함께 지내고 있었다. 내가 새로운 실험을 시작한 지 얼마 지나지 않았을 때였다. 나는 기내용 가방 하나에 들어갈 만큼만 남기고 소지품을 다 버린 뒤 에어비앤비에서 며칠에 한 번씩 옮겨 가며 지내곤 했다. 유목민처럼 진정한 미니멀리스트로 산다는 게 어떤 것인지 실험하고 싶었다. 이 기간에 가끔 친구들을 찾아가 며칠씩 머무르기도 했다.

며칠에 한 번씩 에어비앤비 숙소를 옮기면서 전 세계를 돌아다녔다. 아마 에어비앤비를 나보다 많이 이용해본 사람은 없을 것이다. 그 결과 나는 에어비앤비 서비스 개선 방법이라는 주제로 아이디어 리스트를 적었다. 나는 이 아이디어를 에어비앤비와 공유했고 이 아이디어 덕분에 에어비앤비 오픈에 초대받아 연설을 했다.

리포터 앨릭스 윌리엄스Alex Williams가 내 이야기를 듣고는 〈뉴욕타임스〉에 기사를 썼다. 그런데 스티븐 스필버그가 그 기사를 본 모양이었다. 그는 자신의 사무실을 통해 내 경험을 다룬 텔레비전 프로그램을 제작하자고 제안했다. 도대체 무슨 일이지? 내 텔레비전 쇼가 생긴다고? 그럴 리 없을 것 같았지만, 나는 회의에 몇 번 참석했고 그 분야의 사업에 대해 매우 많은 것을 배웠다. 어떤 결과에도 집착하고 싶지 않았지만, 배우는 데는 모든 에너지를 쏟았다. 그것은 실험이었다. 그리고 결과와 상관없이, 내가 참석한 회의와 그 밖에 파생된 경험을 통해 어마어마하게 많은 것을 배웠다.

내가 스콧의 집에 머무른 건 바로 이 기간이었다. 스콧의 집에 있을 때 그는 자신이 고심 중인 문제를 이야기했다. "법 집행에 사용할 만한 비살상 무기가 없어." 경찰이 용의자한테 손을 들라고 할 때 용의자가 그 말을 따르지 않으면 경찰이 취할 수 있는 안전한 선택이란 건 없었다.

우리는 이런 이야기를 하면서 관련된 아이디어를 살펴봤다. 스콧은 10년 전에 우리가 투자했던 무기 발명가에게 전화해보기로 했다. 우리가 투자한 무기는 아프가니스탄 전쟁에서 쓰인 음파 장비였다. 그 무기를 이용해 고도로 압축된 소리 폭탄을 쏘면 1,000피트 떨어진 곳에 있는 사람도 쓰러뜨릴 수 있다. 게다가 그 폭탄이 겨냥하는 타깃 바로 옆에 서 있는 사람도 그 소리를 전혀 들을 수 없다. 그 정도로 압축된 소리다.

"경찰 업무에 사용할 수 있을까?" 나는 스콧에게 물었다. 그는 전화기로 손을 뻗고 있었다. 하지만 전화를 받은 발명가는 경찰이 사용하기 힘들 거라고 했다. "너무 가까워요." 그가 말했다. 그 무기를 사용하려면 더 먼 거리에서 쏴야 했다.

하지만 그에게는 새로운 아이디어가 있었다. 전통적 무기를 옛날 카우보이 올가미와 결합한 것이다(아이디어 교배!).

그가 발명한 것은 바로 볼라랩BolaWrap이다. 볼라랩은 케블러Kevlar 철사를 음속에 가까운 속도로 쏴서, 그 줄로 용의자를 휘감아 움직이지 못하게 하는 장치다. 용의자가 자기 몸을 감고 있는 줄을 벗어나려고 몸부림치면 줄은 더 단단하게 조여온다. 다치는 사람은 없다. 용의자가 묶일 뿐이다.

스콧과 나, 그리고 몇 명이 함께 새로운 회사 랩 테크놀로지Wrap

Technologies의 첫 투자자가 되었다. 그리고 우리는 이 새로운 장치를 개발하는 데 필요한 비용을 지원했다. 4년 후, 볼라랩은 여러 경찰 기관에서 사용되었고 주식시장에서 그 가치는 2억 달러가 넘었다. 스콧도 나도 법 집행에 대해서는 경험이 전혀 없었지만 이 아이디 어에 초기 투자를 하고, '6분 네트워크'(13장 '모두가 배워야 할 미시적 기 술' 참고)를 이용해 모든 적임자를 서로 연결함으로써 우리는 법 집 행 산업 분야에서 선두에 섰다.

우리는 실험을 했고, 그 실험은 효과가 있었다. 그리고 그 결과 매일 생명을 구하고 있다.

매일 아이디어를 결합하라. 매일 아이디어 근육을 훈련하라. 연 습해야 발전한다. 발전해야 오래간다.

가장 좋은 아이디어를 고른다. 수십억을 번다. 수백만 명을 돕는 다. 사람들을 행복하게 한다.

시작!

↗ ↗ ↗

사람들은 세계적 수준에 오르려면 1만 시간이 걸린다고 말한다.

하지만 2007년, 금융 관련 미디어와 소셜 미디어의 개념을 결 합해서 웹사이트 스톡피커Stockpickr를 만들었을 때 나는 갑자기 그 2가지 아이디어를 접목한 **유일한** 사람이 되었다. 방 안에 있는 유일 한 사람이 되자 금방 파트너가 생겼고 그 덕분에 내 사이트 이용자 는 수백만 명이 되었다. 그리고 몇 달 후 나는 그 사업체를 1,000만 달러에 매각할 수 있었다.

나에게는 1만 시간이 필요하지 않았다. 나에게 필요한 건 아이디어 근육 훈련과 그 아이디어를 현실화할 수 있는지 확인해볼 실험이었다. 사실 '소셜 네트워크+금융 뉴스'는 그날 쓴 리스트 중 열 번째에 있었던 아이디어다. 그 앞에 있는 9가지도 시험해보았지만 잘되지 않았다(예를 들면 '흡연자+데이팅 사이트'도 있었다).

무엇이든 **한 가지** 분야에서 세계적 수준에 이르려면 1만 시간이 걸린다. 두 분야가 교차하는 분야에서는 1,000시간이 걸린다. 만약 3가지 이상이 교차하는 지점에서 세계적 수준이 되려면 100시간이 걸린다. 그리고 이런 아이디어 결합을 신속하게 시도해볼 수 있는 실험을 통해 어느 방향이 성공적이고 어느 방향이 아닌지 결정하면 훨씬 더 빠르게 도달할 수 있다.

그런 예가 프랑스 밴드 고탄 프로젝트Gotan Project이다. 고탄 프로젝트는 일렉트로닉 비트와 탱고 음악을 결합했고, 그들이 발표하는 음악은 연달아 히트를 쳤다.

또 전 세계에서 동시에 연재되는 인기 높은 만화 중 하나인 〈딜버트Dilbert〉의 저자 스콧 애덤스Scott Adams도 있다. 그는 이런 식으로 단숨에 도약하는 기술을 아이디어 교배라는 말 대신 '재능 묶기'라 부른다. "저는 그림을 가장 잘 그리는 사람은 아니었지만 그래도 꽤 잘하는 편이었어요. 가장 재미있는 사람은 아니었지만 그럭저럭 재미있는 사람이었고요. 기업 세계를 가장 잘 아는 사람은 아니지만 그래도 꽤 잘 아는 편이었습니다. 저는 이 3가지를 결합했고 그 결과물이 바로 〈딜버트〉입니다."

아이디어 부분집합

큰 아이디어를 작은 부분으로 나누어본다.

사람들은 "실행이 가장 중요하다"고 말한다. 하지만 나는 그렇지 않다고 말하고 싶다. 아이디어를 내지 못한다면 실행 아이디어도 낼 수 없다.

나는 투자에 관심 있는 사람을 위한 소셜 네트워크 웹사이트라는 아이디어를 냈고, 그다음에 그 웹사이트 페이지를 만들기 위한 10가지 아이디어를 냈다. 그런 다음에는 각각의 페이지에 들어갈 10가지, 그다음엔 이 모든 것을 실행할 수 있는 10가지 방법을 생각해냈다. 이 모든 것은 최초 아이디어의 부분집합이다. 최초 아이디어 리스트를 만든 지 2개월이 지난 후 그 웹사이트의 첫 번째 버전이 완성됐다. 그리고 그로부터 2개월이 지났을 때 나는 그 웹사이트를 정식으로 공개했다. 4개월 뒤 더스트리트닷컴thestreet.com이 그 웹사이트를 수백만 달러에 매수했다.

실행이 하나의 연속체라는 사실을 모르는 사람이 많다. 당신은 실행을 잘할 수도, 못할 수도 있다. 실행을 잘하는 방법은 좋은 실행 아이디어를 내는 것이다. 실행 아이디어를 잘 내려면 아이디어 근육을 훈련해야 한다. 아이디어를 하나 내면 그 아이디어를 실행할 방법은 많다. 신비한 제3의 눈이 뜨이는 것과 같다. 가능한 한 많은 결과를 상상해보고 가장 좋은 것을 선택한다. 그렇다면 어느 것이 가장 좋은지 어떻게 알까? 실험을 통해 짐작할 수 있다.

3개월간 이런 기술을 적용하고 나니 마치 내 두뇌 전체가 다시 설계된 것 같은 기분이었다. 처음 보는 색깔을 띠는 다차원 세계를 보고 있는 듯했다. 항상 존재했지만 지금까지 알아채지 못했던 가능성으로 가득한 세계였다.

　내가 적은 목록 몇 가지를 소개하면 다음과 같다.

- 새롭게 만들 수 있는 오래된 소재 10가지(《오즈의 마법사》, 월스트리트 등등). 아이디어 교배와 비슷하다.
- 내가 발명할 웃기는 물건(스마트 변기 등등) 10개
- 오늘 할 수 있으며 사업으로 이어질 만한 10가지 실험
- 농담 10가지
- 내가 쓸 수 있는 책 열 권(스스로 선택하는 대안 교육 안내서 등)
- 구글/아마존/트위터/당신을 위한 10가지 사업 아이디어
- 내 아이디어를 보낼 만한 열 사람
- 코로나19와 관련해 내가 할 수 있는 사업 10가지
- AI 또는 빅데이터와 관련해 내가 할 수 있는 사업 10가지
- 내가 만들 수 있는 온라인 강좌 10가지
- 내가 찍을 수 있는 비디오나 팟캐스트 아이디어 10가지('제임스와 점심을', 내가 사람들과 스카이프를 통해 점심을 먹으면서 이야기를 나누는 비디오 팟캐스트다)

- 중간상인 없이 할 수 있는 사업 10가지

- 모두가 정말 중요한 것이라고 여기지만 나는 동의하지 않는 것 10가지(대학, 주택 소유, 투표, 의사). 혹은 그런 아이디어 중 하나를 골라 동의하지 않는 이유 10가지를 써본다.

- 내가 오래전 포스팅한 글을 골라 책으로 만들 방법 10가지

- 내 아내 로빈을 놀라게 하는 10가지 방법(사실 100가지 방법이나 마찬가지다. 정말 어려운 일이다!)

- '내가 주로 적는 아이디어 10가지'라는 리스트에 적을 10가지 항목

- 친구가 되고 싶은 10명, 그리고 그들과 연락하기 위한 방법(데이브 셔펠, 내가 쫓아가고 있어요! 래리 페이지Larrry Page도 조심하는 게 좋을 겁니다)

- 내가 어제 배운 것 10가지

- 오늘 하루 동안 내 생활에 변화를 줄 수 있는 것 10가지. 내 일과를 적는다. 처음부터 끝까지, 최대한 자세하게. 그중 한 가지를 더 낫게 바꿔본다.

- 내가 다음에 쓸 책에 담을 10개의 장章

- 스릴러 소설이 될 만한 10가지 아이디어

- 시간을 절약하는 10가지 방법. 예를 들면 텔레비전 시청 금지, 음주 금지, 쓸데없는 사업상 통화 금지, 낮에 체스 두기 금지, 저녁 식사 거르기(나는 분명 배가 고프지 않을 것이다), 한 사람과 커피 마시러 시내까지 나가지 말기, 나한테 X, Y, Z를 했던 사람들에게 화내느라 시간 낭비하지 말기 등

- X에게 배운 10가지. X는 내가 최근에 이야기를 나눈 사람이거나 최근에 읽은 책의 저자일 수도 있다. 나는 비틀스, 믹 재거, 스티브 잡

스, 찰스 부코스키Charles Bukowski, 달라이 라마, 슈퍼맨, 그리고 《괴짜 경제학Freakonomics》 등을 통해 배운 것을 블로그에 썼다.

- 여자가 남자에 대해 전혀 모르는 것 10가지. 이 리스트는 100개짜리 리스트가 되었다. 로빈은 "음, 이건 출판하지 않는 게 좋겠어"라고 말했다.
- 내 책《대학을 대신할 40가지 대안 40 Alternatives to College》에 추가할 대학을 대신할 10가지 대안
- 내가 더 잘하고 싶은 것 10가지(그리고 그것을 잘할 수 있는 10가지 방법을 각각 적어본다.)
- 어릴 때 관심사 중 지금 탐구해도 재미있을 듯한 것 10가지(항상 쓰고 싶었던 〈닥터 스트레인지의 아들〉이라는 만화책을 쓸 수도 있다. 이제 10개의 플롯 아이디어도 필요하다.)

아이디어 근육을 발달시키면 슈퍼 파워를 얻을 수 있다. 벌거벗은 채 사막에 떨어져도 아이디어 생산법을 사용하면 문명사회로 돌아올 수 있다. 게다가 돌아올 때쯤에 부자가 되어 있을지도 모른다. 메모지를 마련하라. 하루에 10가지 아이디어를 적어라.

11장

프레임 장악:
최강의 설득 기술

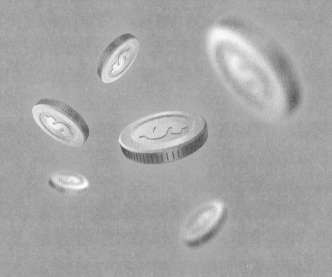

SKIP THE LINE

나는 거래처에서 지급해야 할 돈을 주지 않을까 봐 겁이 났다. 밤에 잠이 오질 않았다. 꽤 큰돈이었기 때문에 계속 그 생각만 했고, 예정된 날짜보다 먼저 돈을 받을 수 있게 협상하고 싶었다. 파산 경험이 많았기 때문에 돈을 떼이는 것에 대한 외상 후 스트레스 장애가 생겼는지도 모른다. 나는 정상적인 생활을 할 수 없었다.

도저히 이해할 수 없을 정도로 심각한 인간관계 때문에 힘들었던 적도 있다. 왜 그녀는 나에게 항상 화를 냈을까? 나는 왜 근본적인 문제가 뭔지도 모르면서 나를 변호해야 했을까?

이런 상황이 되면 나는 항상 친구 빌 비티트Bill Beteet에게 전화하곤 했다. 그는 한때 변호사이고 데이트 코치였던 파트타임 코미디언이다. 〈딜버트〉의 저자 스콧 애덤스가 빌과 아는 사이였으면 좋겠다고 말한 것처럼, 빌은 훌륭하게 '재능 묶기'에 성공해 다른 사람을 설득하는 데 독보적인 통찰력을 갖추게 되었다. 그는 꽤 괜찮은 변호사, 꽤 괜찮은 데이트 코치, 그리고 꽤 괜찮은 코미디언이었다('꽤 괜찮다'는 표현에 빌이 기분 나빠하지 않기를 바란다. 사실 그는 정말로 이모든 분야에서 좋은 실력을 보여주었지만, 꽤 괜찮은 정도만 했어도 그에게는 충분했을 것이다). 그는 이런 기술을 결합해 누구도 따라올 수 없는 설득

전문가가 되었다.

그렇게 탄생한 설득 기술을 '프레임 장악'이라고 부른다.

그의 설명에 따르면, 이해관계가 얽힌 모든 상황에서 방 안에 있는 사람 중 단 한 명만이 프레임을 소유한다. 만약 당신이 코미디언이라면 이 방에서 당신은 무대 위에 있는 사람이다. 만약 프레임이 관객에게 넘어간다면, 예를 들어 당신이 한창 코미디 쇼를 하는 중에 너무 긴장한 모습을 보인다거나, 펀치라인에서 버벅거리고는 빨리 상황을 수습하지 못한다면, 그 프레임을 되찾지 못한 채 쇼가 끝난다. 만약 소송에서 상대방 변호사에게 프레임을 넘겨준다면 그 소송에서 당신은 패할 것이다. 만약 누군가에게 데이트 신청을 할 때 프레임을 잃는다면 당신은 지위를 잃을 것이고 데이트는 좋은 결과로 이어지지 못할 가능성이 크다.

"한 사람이 항상 프레임을 장악할 수는 없어. 그러면 주변 사람들이 '프레임 피로감'을 느낄 테니까." 언젠가 빌이 말했다. "중요한 것은 프레임을 인식하는 거야. 그래야 자기가 원할 때 프레임을 장악할 수 있으니까."

수년간 나는 문제가 생길 때마다 그에게 전화해 의논했다. 우리는 함께 그 상황을 되짚어보면서 프레임을 가진 사람은 누구이고 그렇지 못한 사람은 누구인지 알아냈다. 그리고 어떻게 해야 그 상황을 나에게 유리하게 만들지도 고민했다. 그의 판단은 너무 정확한 나머지 비현실적으로 느껴질 때도 있었다. 내가 말다툼을 했다고 말하면 그는 이렇게 말했다. "X 해봐, 그러면 상대방이 Y 할 거야. 그러면 Z 하도록 해. 그러면 상대방이 A나 B 둘 중 하나를 할 거야. 그러면 자네는 입을 다물고 있어야 해. 그럼 상대방이 다시 C를 할 거야. 그렇게 되면 이제 자네는 D를 할 수 있어."

"정말 구체적이군." 나는 그에게 이렇게 말하곤 했다. 그러면 그는 "그대로만 하면 돼"라고 대답했다. 나와 상대방의 대화까지 어떻게 그렇게 정확히 알 수 있는지 신기했다.

빌 비티트, 그리고 내가 자주 비밀을 털어놓는 또 다른 인물 브렌던 레몬Brendon Lemon은 함께 프레임 장악에 대한 책《파워 바이블The Power Bible》을 썼다. 두 사람은 그 책을 소개하기 위해 내 팟캐스트에 나왔다. 내가 수년에 걸쳐 빌의 아이디어를 사용해봤기 때문인지, 그들은 나에게 책 서문을 써달라고 요청했다. 그리고 나는 이것을 두 사람에게 배운 여러 기술을 정리해볼 기회로 삼았다.

내가 두 사람에게 배워서 삶을 여러 번 구제할 수 있었던 기술 중 몇 가지를 살펴보면 다음과 같다.

승인 공백을 인식하라

승인 공백은 규칙적으로 당신의 행동을 승인해주는 사람이 승인해주기를 멈췄을 때 발생한다. 그 사람이 당신을 승인해주기를 멈추면 당신은 분노에서 슬픔에 이르기까지 수많은 감정을 느낄 것이다. 이런 감정은 모두 당신의 프레임을 축소시키는 요인이다. 그래서 당신이 이런 감정을 느낄 때, 즉 누군가 당신을 승인해주기를 그만두어 그들이 당신과 다시 관계를 이어갈지 걱정될 때, 당신은 자기 프레임의 가치를 의심하고 자신을 비난하게 된다. 그러다 그 사람과 다시 관계가 이어지면 당신은 불리한 위치에 서기를 자처한다. 하지만 이런 사실을 인지한다면 승인 공백의 부정적 면을 겪지 않을 수 있을 것이다.

누가 프레임을 쥐고 있는지 유념하라

누가 프레임을 쥐고 있는지 알아보는 확실한 방법이 몇 가지 있다. 첫째, 함께 이야기 나누는 사람의 기분을 맞춰주려고 내가 하는 행동은 몇 가지인가? 둘째, 나는 그 사람의 기분을 맞춰주기 위해 어디까지 할 수 있는가?

당신이 다른 누군가의 프레임에서 연기하는 중이라면 자신에게 득이 되지 않는 행동을 계속해야 할 것 같은 충동을 느낄 것이다. 감정을 체크해보자. 만약 불편한 기분이 들거나 벼랑 끝으로 내몰리는 듯한 기분이 든다면 당신은 다른 사람의 프레임 안에 있는 것이다. 그러면 잠시 멈추고 평정심을 되찾아본다. 당신이 느끼는 충동은 그저 빠르게 당신의 안전을 확보하려는 생물학적 자구책일 뿐, 그 사람의 지시가 당신에게 유익하다는 신호가 아니다.

누구와 대화하든 자신에게 2가지 질문을 해보라. "나는 저들의 프레임 안에 있는가?" "그 프레임 안에서 내 마음이 편안한가?" 그 대답에 따라 그 프레임 안에 머무를지, 아니면 밖으로 나갈지 결정하면 된다. 그리고 스스로 프레임 안에 머물기로 했다면 당신이 원하는 대로 행동하기가 훨씬 더 어려울 것이다.

자격을 증명하게 하라

자격을 인정받는다는 것은 다른 사람에게 자신을 신뢰하게 하거나 좋아하게 할 만한 정보를 제공하는 과정이다. 일반적으로 사람들은 자신보다 지위가 높은 사람들에게 자격을 인정받는다. 아이는 부모에게 자격을 인정받고 학생은 선생님에게 자격을 인정받으며 직원은 상사에게 자격을 인정받는다.

이렇게 우리는 윗사람에게 우리 자격을 인정받으므로 만약 누군가가 당신과 대화하기 위해 자격을 얻어야 한다면 그들은 당신을 마치 윗사람처럼 대할 것이다. 사람들에게 이런 반응을 이끌어내는 쉬운 방법은 질문을 해서 그들이 무엇을 어떻게 알고 있는지, 어째서 당신이 그들을 믿어야 하는지에 관련된 정보를 제공하게 하는 것이다.

하지만 이런 질문을 직접적으로 하고 싶지는 않을 것이다. 무례해 보일 수 있으므로 의도가 드러나지 않게 질문하고 싶을 것이다. 일단 그들이 대답을 하면 그것이 얼마나 인상적이든 상관없이 미온적인 반응을 보여라. 이렇게 하면 상대방은 그들이 '자격 증명' 과정을 통과한 것인지 아닌지 궁금해하면서 당신에게 깊은 인상을 주기 위해 더욱 노력한다. 그렇게 역학 관계가 형성되면 태도를 바꿔 훨씬 따뜻하고 다정하게 대한다. 당신이 따뜻하게 대하는 모습을 보고 승인 신호를 확인하면 그들은 대화 초기에 당신이 한 냉담한 질문은 잊을 것이다.

이 과정에서 보이는 당신의 행동이 가식적이거나 진정성이 없는 것은 아니다. 누군가 당신에게 새로운 정보를 가져다주면 그 사람의 자격을 알고 싶은 게 당연하다. '전문가'와 '비전문가'의 유일한 차이가 뭘까? 전문가는 (아마도) 비전문가적 실수를 덜 한다는 점이다. 따라서 당신은 이 정보가 비전문가에게서 나온 것은 아닌지 따져보고 싶은 것이다.

미온적 반응을 보이는 것에 대해 말하자면, 이것이 일종의 기법처럼 느껴질 것이다. 하지만 기법이 아니다. 당신이 얻는 모든 정보는 언제나 출처가 다양하다. 상대방이 처음 한 말을 완전히 받아들이고 이해하지 못한 채 신뢰한다면, 그 사람이 하는 다른 말에도 휘둘리기 쉽다. 그러지 말고 그 정보에 대한 최초 반응을 잠시 보류해두었다가 당신의 마음속에서 그것이 맞는다고 느껴지는지 확인하라.

당신이 타인에게 바라는 점을 칭찬하라

누군가에게 "왜 그렇게 화가 나 있어?"라고 물었더니 그 말을 듣기 전까지 기분이 나쁘지 않았던 사람도 기분이 나빠졌다고 한 적이 있는가? 그것은 그 사람이 무의식적으로 당신이 달아놓은 꼬리표대로 행동하기 때문이다.

이 기법은 '셰이핑shaping'이라고 하는데 쌍방향으로 효력을 발휘한다. 만약 당신이 파티에서 누구와도 이야기를 나누지 않는 사람을 보았다고 하자. 그 사람이 사회적 불안감을 가지고 있을 것이라고 짐작되면, 가까이 다가가 그의 차분한 모습 덕분에 당신도 마음이 편해졌다고 고마움을 표현한다. 그러면 그 사람은 더욱 차분하게 행동할 것이다.

이것은 2가지 용도로 쓰이는 무기다. 아군을 더 강하게 만들고 적군은 약화시킬 수 있기 때문이다. 만약 친구의 행동에 변화를 주고 싶다면 그 친구가 강해서, 차분해서, 친절해서, 자신감 넘쳐서, 즐거워 보여서 좋다고 말하면 된다. 적을 떨쳐내고 싶다면 그 사람에게 그렇게 감정적으로 굴지 말라고, 변덕 부리지 말라고, 의심하지 말라고, 너무 공격적으로 행동하지 말라고, 수동적 공격 성향을 드러내지 말라고, 너무 불안해하지 말라고 이야기하라. 기억해야 할 것이 있다. 감정 꼬리표를 붙일 때는 타당한 범위 내에서 해야 한다는 점이다. 그렇지 않으면 빈정대거나 정직하지 않은 소리로 들릴 것이다.

이것은 일대다—對多 상황에서도 효과가 있다. 당신이 많은 사람 앞에서 강연을 하는데 청중의 관심이 떨어지고 있다고 상상해보자. 그들에게 근래에 했던 강연 중 청중의 태도와 집중력이 가장 좋다고 칭찬하라. 만약 그런 말조차 농담으로 받아들여진다 하더라도, 청중은 함께 웃고 나서 강연에 더 집중할 것이다.

영업 회의에서도 이런 기술을 끼워 넣을 기회를 찾아보라. "X의 장점을 알아보시다니 정말 기쁩니다."

원한다면 이 방법을 당신의 생활에 접목할 수도 있다. 화가 나려고 하면, 지금이 살아오면서 가장 화나는 순간은 아니라고 되뇌어 본다. 그리고 폭풍우에 휘말릴 상황에서 침착함을 유지한 것에 대해 자신을 칭찬하라. 이렇게 하면 격렬한 감정을 일으킬 만한 일에서 한발 물러설 수 있다. 그러면 당신이 느끼는 그 일의 중요성이 감소하면서 감정으로 가득 차 있던 뇌가 그 일을 해결할 여유를 갖게 될 것이다.

주목해야 할 것이 있다. 셰이핑이 그저 확언의 힘을 단순화한 기술이 아니라는 점이다. 단순히 머리에서 나오는 확언은 효과가 없다. 같은 확언을 반복하면 가치가 떨어질 뿐이다(모든 것이 그렇듯 공급이 늘어나는데 수요는 그대로라면 가치는 떨어진다). 하지만 마음에서 나온 말에는 당신이 좋아하는 대상에 대한 진정한 욕구가 담겨 있다. 진정한 욕구가 있어야 당신의 생각이 마음을 따라 바뀐다.

집단 형성

사람들은 언제나 '다른' 사람을 가장 의심한다. 인간관계와 지위를 얻는 데 필요한 가장 강력한 전략은 당신이 상대하는 사람들에게서 보편적 유사성을 찾아내는 것이다. 우리는 이것을 '집단 형성'이라고 한다.

당신이 낮은 지위에 있거나 인간관계에서 어려움을 겪는다면, 사람들과 공통으로 가지고 있는 것을 찾아내고 그런 특징을 지닌 사람들과 다시 관계를 맺어야 한다. 이런 접근법의 장점은 무엇이든 공통성이 될 수 있다는 것이다. 중요한 것이든 무의미한 것이든 상관없다. 이 전략을 사용하려면 우선 당신과 타깃 인물의 공통적 성질이나 경험을 말해야 한다. 그런 다음 상대방에게 그 공통성에 투자해달라고 요청한다. 투자 방법은 그 진술이 사실임을 인정하거나 그 진술에 동의하는 것이다.

"우리 모두 오늘 날씨 때문에 고생이군요. 비는 안 맞았어요?"

"이번 겨울은 무척 힘들었어. 너도 그렇지?"

"에잇, 이 버스는 왜 이렇게 늦게 오는 거야?"

이 전략은 효과가 있다. 인간은 은연중에 내집단과 외집단 사람에게 서로 다른 잣대를 들이대기 때문이다. 하지만 내집단 또는 외집단을 나누는 기준은 임의적이다. 당신이 누군가와 공통성을 찾아낸 순간 당신은 새로운 집단을 형성한다. 그리고 그 집단을 이끌 수 있다.

강연에서 당신은 청중에게 "제가 방금 말한 것과 같은 경험을 해보신 분?"이라는 질문을 할 수 있다. 한편에서 몇몇 사람이 손을 들고 또 반대쪽에서 몇몇 사람이 손을 들 것이다. 당신은 양쪽을 가리키면서 "여러분은 나중에 전화번호를 교환하는 게 좋겠어요"라고 말함으로써 '집단을 형성할' 수도 있다. 사람들은 웃을 테고, 새로운 집단은 이미 형성되었다. 바로 당신을 통해.

앞의 예(날씨, 늦는 버스)는 그저 잡담처럼 보일 수도 있다. 하지만 이해관계가 걸린 상황에서도 이 방법을 시도해볼 수 있다. 사장에게 봉급 인상을 요구할 때 우선 이렇게 질문하라. "사업을 처음 시작할 때 가장 큰 걱정은 무엇이었습니까?" 만약 그가 "가족을 먹여 살리는 것이지"라고 대답한다면 현재든("저도 공감합니다. 아기가 곧 태어나거든요.") 과거든("저의 아버지도 항상 이렇게 말씀하셨죠. '다음 달에는 좀 나아질 거야.' 하지만 저는 그게 얼마나 어려운 일인지 알고 있었어요.") 상관없이 당신 인생에서 비슷한 사건을 찾아내라. 그러면 당신과 사장은 같은 집단 안에 들어온 셈이다. 당신이 만든 집단이다.

커트 보니것은 그가 쓴 고전 《고양이 요람Cat's Cradle》에서 수많은 집단이 거짓 집단이라고 지적했다. 그는 그런 거짓 집단을 '그랜팰룬granfalloon'이라고 부른다. 예를 들어 비행기에서 만난 두 사람이 모두 인디애나주 출신임을 알고는 잠시 흥분할 수도 있지만, 커트 보니것은 그것은 진짜 집단이 아니라고 지적한다. 시카고대학University of Chicago에서 인류학을 공부한 커트 보니것이 구석기 시대와 같은 방식의 집단 개념은 존재하지 않음에도 집단을 이루려는 욕구에서 허점을 발견했다는 점은 흥미롭다.

하지만 그것도 집단이다. 사람들은 무엇이 됐든 공통성을 발견하기만 하면 낯선 상황에서도 흥분한다. 아이슬란드에서 한 남자와 여자가 파티에서 만나 이야기하다가 두 사람 다 어릴 때 미국 캔자스주에 살았다는 사실을 발견했다면, 그들은 자연스럽게 '우리 대 다른 사람들'로 나누려는 구석기적 욕구를 느낄 것이다. 그랜팰룬의 힘을 무시해서는 안 된다!

아이디어를 공유하는 것이 효과가 있는 이유는(10장 '6가지 아이디어 생산법' 참고) '아이디어 집단'이 형성되기 때문이다. 내가 만약 X회사를 위한 10가지 아이디어를 그 회사의 사업 개발 팀장과 공유한다면, 그리고 잘 발달한 내 아이디어 근육 덕분에 그 아이디어가 꽤 훌륭한 편이라면 팀장은 내가 그 팀 구성원만큼이나 그의 출세와 상관이 있음을 알게 된다. 우리는 같은 아이디어 집단에 속한 것이다.

자신의 아이디어가 부족하다는 열등감을 느끼는 사람이 많다. 그런 사람은 만약 자기 아이디어를 해당 회사와 공유하면 그 아이디어를 도둑맞을 것이고, 그러면 다시는 그 같은 아이디어를 낼 수 없을 거라고 생각한다.

하지만 우리의 가치는 삶에서 생각해낸 간단한 아이디어 리스트 이상의 것이다. 우리가 집단을 키우면 삶의 가능성이 커진다(내가 '아이디어 근육'을 '가능성 근육'이라고도 부르는 이유다. 어쩌면 가능성 근육이라는 말이 더 정확한 표현일 수도 있다).

집단을 확장하면 우리 집단 안에서 아는 사람 수가 늘어날 뿐 아니라 삶에서 연결 가능한 인맥과 아이디어 교배 기회도 기하급수적으로 늘어난다.

만약 당신 무리에 새로 들어온 A가 20명을 알고 있고 당신도 20명을 알고 있다면 당신 무리와 A 무리에 있는 각각의 20명 사이에서 가능한 조합의 수("이봐, 내가 너를 도와줄 사람을 알아. 소개해줄게")는 400이다. 이와 비슷하게 A 무리 사람들이 모두 많은 아이디어를 가지고 있고 당신 무리 사람들도 많은 아이디어를 가지고 있다면 아이디어 교배가 가능한 조합의 수는 수천 개다.

집단 형성은 가능성의 세계를 넓히는 가장 효율적인 방법 중 하나다. 마치 갇혀서 빠져나올 수 없다는 듯 정해진 길만 가려는 사람이 많다. 하지만 가능성의 세계로 가는 문을 열면 선택의 세계로 가는 문도 열 수 있다. 선택권이 많을수록 당신의 마음과 머리 모두에 불을 밝혀줄 길을 선택할 수 있다.

집단을 형성하는 것은 그저 모여서 수다를 떠는 정도가 아니다. 그것은 당신 자신의 힘으로 최선의 삶을 선택하는 방법이다.

꼬리표 달기

당신이 사람들 앞에서 이야기하던 중 질문을 하나 했다고 상상해 보자. 그들이 바라보고 있으므로 당신은 사람들이 자신의 말을 들었음을 안다. 그런데 그들은 대답도 없이 하던 일을 계속한다. 당신은 당황해서는 체면을 지키고 싶어 그 질문을 다시 한다. 하지만 이번에는 사람들이 당신을 쳐다보지도 않는다. 그저 각자 할 말을 할뿐이다. 다시 한번 당신은 분노, 불안, 열등감 등 여러 감정이 뒤섞인 기분을 느낄지도 모른다. 유일하게 당신이 느끼지 못하는 것은 바로 힘이다.

당신은 자신이 다른 사람에게 보이지도, 들리지도, 받아들여지지도 않는 사람이라고 느낄 것이다. 상대방은 방금 침묵을 선택하는 힘을 사용해 승인 공백을 만들었다. 그들은 프레임을 장악하거나 프레임을 바꾸려 하는 것이고, 그래서 당신의 질문에 대답할 필요가 없다.

이제 그들의 행동에 '꼬리표 달기'를 해서 프레임을 되찾아보자. 이렇게 말하면 된다. "말을 피하는 건가요? 왜죠?" 아니면 "질문에 대답하지 않는 이유가 있습니까?" 어느 질문을 하든 그들을 자유롭게 놔둬서는 안 된다. 즉 그들이 질문이나 주제를 바꾸게 놔둬서는 안 된다. 그들이 다른 질문에 대답하게 놔둬서도 안 된다. 항상 그들의 행동에 꼬리표를 달아라. "방금 다른 질문에 대답했군요. 다른 주제에 대해 얘기하고 싶지만 우선 원래 하던 주제로 돌아갑시다."

자신을 존중하라

압박의 강도는 다양하겠지만, 당신이 가고 있는 길을 벗어나게 하려는 사람이 있다. 나쁜 의도가 있어서가 아니라 습관적으로 그렇게 하기도 한다. 당신이 최상의 삶을 누리는 것이 그들의 이익과 갈등을 빚기 때문이다.

아이러니하게도 특별한 삶을 살려면 기회가 찾아와도, 심지어 좋은 기회가 찾아와도 그것을 거절할 능력을 갖추어야 한다. "아니요"라는 말은 당신 자신을 존중하지 않을수록 말하기가 훨씬 더 어렵다. 다른 사람이 요구하는 대로 따르는 것이 더 쉽기 때문이다. 거절할 때는 확실한 자기 주도권을 가지고 있어야 하고, 당신이 내뱉은 거절의 말을 끝까지 밀고 나가려면 훨씬 더 강력한 자기 주도권이 필요하다. 그리고 2가지 모두 당신 자신을 존중해야만 할 수 있다. "아니요"라는 대답을 미리 준비해두자.

자신에게 물어보라. 지금 하는 대화는 어떻게 흘러갈까? 그 결과를 당신은 어디까지 받아들일 수 있는가? 받아들일 수 있는 것과 그럴 수 없는 것을 미리, 그리고 가능한 한 많이 알아두어라.

거절하는 법을 속성으로 익히는 방법은 자신에게 이렇게 묻는 것이다. "승낙하면 나는 새로운 것을 배우게 되는가?" 만약 당신이 승낙하는 이유가 다른 사람이 어떻게 생각할지 겁나서라거나 단지 돈을 위해서라면 승낙의 이유가 될 수 없다. 반드시 거절해야 한다. 거절하기 힘들다면 승낙하는 데 걸림돌이 되는 문제를 솔직히 말해야 한다. 사람들은 자포자기한 승낙보다 심사숙고한 거절을 훨씬 더 존중한다.

자신의 열등감을 이해하라

열등감은 스스로의 존재에 대한 죄책감이다. 열등감이 있으면 항상 불안하고 당신의 존재가 남들을 불쾌하게 하지 않을까 걱정한다. 아무도 당신을 좋아하지 않으며 당신이 다른 사람에게 좋은 평가를 받을 가치가 없다는 생각이 열등감의 근원이다. 이런 자기 서사는 열등감을 강화한다.

자신을 공격하는 부정적 서사와 혼잣말을 찬찬히 뜯어보자. 스스로에게 물어보라. 과거에 열등감을 느낀 상황은 어쩌다가 벌어졌는가? 그것이 나에게 늘 일어나는 일인가?

그리고 이렇게 되뇌어보라. 나는 지금 여기 있을 권리가 있다. 청중 앞에서 강연할 때 사람들이 관심 없어 한다는 기분이 든다면(예: 프레임 빼앗기), 이 사실을 떠올려보라. 당신이 무대에 선 건 그 공간에 있는 다른 누구보다 경험이 많기 때문이다. 바로 그것이 당신이 그곳에 있는 이유다. 부정적 스토리에 대항할 긍정적 스토리를 찾아야 당신 자신과 다른 사람을 설득할 수 있다.

회피

협상이나 언쟁, 아니면 '승자'가 오직 한 명뿐인 상황에서는 프레임을 장악하는 사람이 이긴다. 그렇다면 냉철하게 감정을 드러내지 않는 것이 당신이 프레임을 계속 유지하는 유일한 방법이다.

당신의 행동은 분명한 의도가 있어야 하며 감정에 좌우되지 말아야 한다. 어떤 감정도 느끼지 말아야 한다는 뜻이 결코 **아니다**. 감정이 격해지는 게 느껴진다면 프레임을 바꾸려 시도해야 한다는 뜻이다.

프레임을 바꾸는 가장 간단한 방법은 잠시 쉬거나 협상 혹은 대화를 일시적으로 중단하는 것이다. 당신이 대화의 프레임을 바꿀 수 없을 것 같다면 대화를 완전히 그만둘 수도 있다. 그러나 협상을 그만둘 수 없다면 그 협상에서는 승리할 가망이 없다. 프레임에 감금된 채 그 상황이 끝나길 기다려야 한다.

패턴 부수기

프레임이 바뀌면 보통 감정 변화를 경험한다. 하지만 프레임을 지키거나 되찾는 열쇠는 **반응하지 않는** 것이다. 새로운 프레임 때문에 생기는 감정을 드러내면 당신은 그 프레임에 갇히고, 거기에 에너지를 더해주게 된다. 새로운 프레임에 강한 반응을 보일수록 우리가 느끼는 감정은 더욱 커지고 그 감정을 드러내는 행동도 더욱 심해진다. 그러면 우리가 갇힌 프레임은 더욱 탄탄해진다.

변화를 원한다면 그 패턴을 깨야 한다. 예를 들어 법정에서 사건을 변호하고 있는데 갑자기 상대방 변호사가 배심원단의 마음을 얻는 것 같다면 새로운 전략을 시도해야 한다.

우선 당신의 의뢰인이 유죄일지도 모른다고 말한다. "만약 그가 유죄라면 여러분은 X, Y, 그리고 Z라고 생각하실 겁니다." 그런 다음 그 가정을 반박한다. 그저 침묵하는 것도 협상에서 패턴을 부수는 방법이다. 당신이 원하는 것을 말한 다음에 입을 다문다.

사람들은 침묵을 힘들어한다. 그래서 즉시 대화의 공백을 메우려 하고 그러면서 당신에게 귀중한 정보를 흘린다. 그러면 당신은 프레임 장악력을 되찾을 수 있다.

프레임이 당신을 선택하기 전에
당신이 프레임을 선택하라

이 세상은 당신을 프레임 안에 넣으려고 한다. 사실 당신이 태어나기 훨씬 전부터 바깥세상은 당신 삶의 많은 부분을 정해놓았다. 세상은 **당신이 이 세상에** 유용한 사람이 되기를 바란다. 그러므로 당신의 프레임, 즉 자기 삶에 적용하고 싶은 프레임을 의도적으로 만들어야 한다. 어떤 역할을 하고 싶은지, 어떤 삶을 살고 싶은지, 어떤 관점을 가지고 살아갈지 생각하라. 어떤 대우를 받고 싶은지도 생각하라.

이제 결정을 내리고 그것이 자신의 프레임이 되도록 하라. 그것을 적어놓고 이름을 붙여보는 것도 좋다. 그리고 이 프레임을 적용한다. 그렇지 않으면 이 세상은 당신을 세상이 원하는 존재로 만들어버릴 것이다.

에너지를 현명하게 사용하라

많은 사람이 프레임의 작동 원리를 모르기 때문에 프레임을 되찾아 오려면 상대방을 설득해 그의 관점을 바꿔놓아야 한다고 생각한다. 이는 정말 잘못된 생각이다. 사실 남을 설득하고 싶다는 건 은연중에 자신이 상대방보다 가치가 낮다고 생각한다는 뜻이다. 즉 누군가를 설득하려고 노력하면 할수록 그 사람의 프레임이 지닌 가치만 더 높여줄 뿐이다. 누군가를 설득하는 데 에너지를 쏟아부으면 부을수록, 그들이 해놓은 프레임 배치를 더 적극적으로 지지하는 꼴이 된다. 꼭 필요할 때만, 그리고 다른 사람들의 동의가 필요할 때만 설득하라. 예를 들어 트위터에서 익명의 사람과 벌이는 언쟁에는 설득이 필요 없다.

거절을 받아들여라

사람들은 대부분 자신이 거절하는 이유를 알지 못한다. 프레임을 장악하려 들 때 우리는 자칫 모든 상호작용에서 무조건적 승낙이나 조건부 승낙을 얻어내려 할 수 있다. 이는 잘못된 프레임이며, 타인과의 상호작용이라는 관점에서 볼 때도 잘못된 접근법이다.

상대방이 자신이 거절하는 데 타당한 이유가 있음을 당신에게 납득시키는 **과정을 거쳤다면**, 거절도 대답으로 기꺼이 인정하라. 그 과정을 이끌어내고 싶다면 "이유를 자세히 설명해줄 수 있어?"라고 물어보면 된다.

↗ ↗ ↗

모든 협상, 판매, 행동이나 상황은 프레임 경쟁을 수반한다. 사장에게 봉급 인상을 요구할 때 프레임을 가지고 있는 것은 당신인가? 아니면 사장인가? 중요한 회의에서 발표할 때 당신이 프레임을 쥐고 있는가? 아니면 청중이 쥐고 있는가? 누군가에게 데이트를 신청할 때 당신이 프레임을 쥐고 있는가? 아니면 당신이 만날 상대가 당신을, 그리고 평생 행복을 약속하는 당신의 말을 무시하는가?

프레임을 장악하는 데 필요한 기본 요소를 이해하면 위기 상황에서 한 발짝 물러나 질문할 수 있다. 누가 프레임을 가졌는가, 그게 내가 아니라면 어떻게 그 프레임을 되찾아 올 수 있는가? 어떻게 하면 손 놓고 결과를 기다리는 대신 좋은 결과를 얻을 가능성을 높일 것인가?

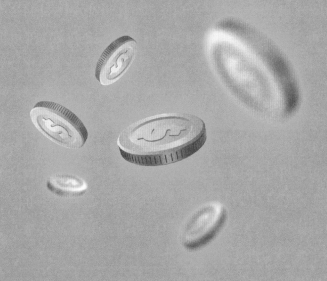

12장

좋은 아이디어를
구분하는 법

SKIP THE LINE

격리 기간, 나는 이런 생각을 하면서 하루를 시작했다. '뭐든지 할수 있다! 할 수 있는 모든 것을 해보자!' 그리고 하루가 끝날 때마다 의문에 빠졌다. '오늘은 어디로 가버린 거지? 어째서 나는 아무것도 하지 않았을까? 나는 왜 나에게 가장 도움이 될 활동이 무엇인지 결정하지 못했을까?'

나는 너무 큰 여유가 생기면 (그런데 계획이 없으면) 이런 조용한 절망에 빠지곤 한다. 선물 같은 하루를 받았지만 그 선물을 푸는 법을 알아내지 못한 것이다. 하지만 이는 평생 일어나는 일이다. 어떤 제약도 없는 아이디어를 가지고 있을 때, 가끔은 그런 아이디어가 지나치게 많을 때 어떻게 앞으로 나아가야 할지 모르는 것이다.

예를 들어보자. 한 친구가 말했다. "나는 책을 쓸 거야. 빨리 돈을 벌어야 해. 안 그러면 파산할 거야."

내가 말했다. "좋아, 어떤 책을 쓸 건데?"

그 친구는 나에게 쓰고 싶은 책을 설명했다. 매우 실용적인 주제를 담은 책이었다. 사람들이 삶의 질을 향상시키기 위해 참고할 만한 책이었고 그 친구의 기술을 적절히 조합했기 때문에(재능 교배라고 하자) 좋은 책을 쓸 수 있을 것 같았다.

문제는 빨리 돈을 벌어야 한다는 것이었다.

"이 아이디어는 좋지 않은 것 같아. 하지 마." 나는 그렇게 생각하는 이유를 설명하고, 다른 방법을 제시했다. 나는 과거에 도움이 되었던 기술을 사용했다. 어떤 것을 결정할 때 항상 이런 질문을 해보는 것이다. "이 아이디어가 성공하려면 몇 가지 요소가 **협력**해야 할까?" 협력해야 하는 요소의 수가 '협력 수'다.

예를 들어 당신이 책을 한 권 써서 많은 돈을 벌어야 한다면, 특히 책을 써본 경험이 없다면 다음과 같은 과정이 필요하다.

---

1. 당신이 그 책을 써야 한다.
2. 아주 훌륭한 편집자가 그 내용을 좋아해야 한다.
3. 출판사가 그 내용을 좋아해서 계약할 수 있어야 한다.
4. 마케팅 팀이 책 판매를 위해 열정을 쏟아야 한다.
5. 서점에서 그 책을 전시하기로 해야 한다.
6. 마지막으로 많은 사람이 그 책을 사야 한다.

따라서 돈을 버는 것이 목표라면 이 6가지 요소가 협력해야 한다. 필요한 것이 너무 많다!

자비출판을 한다 해도 상당한 돈을 매우 빨리 버는 데 필요한 요소의 수가 너무 많다.

1. 책을 써야 한다.
2. 그 책을 판매할 좋은 소셜 미디어를 갖추어야 한다. 잘 만든 소셜 미디어 플랫폼이 없으면 자비출판한 책은 많이 팔리기 어렵다.
3. 자비출판한 책이므로 가격을 낮게 책정한다. 책 한 권당 버는 돈은 결국 출판사와 계약했을 때와 같다.
4. 게다가 돈을 벌려면 10만 권은 팔아야 할 것이다.

나는 친구에게 '그랜드 마스터처럼 생각하라'고 했다. 알렉산드르 코토프Alexander Kotov가 쓴 《그랜드 마스터처럼 생각하라Think Like a Grandmaster》는 세계 최고 체스 선수 중 한 명이 1971년 체스에 대해 쓴 책이다. 체스 경기를 하다 보면 다음 수를 어떻게 둘지 다양한 선택의 기로에 설 수 있다. 그러면 당신은 가장 좋은 수가 어떤 것인지 결정해야 한다. 사람들은 우선 가장 좋아 보이는 수를 찾는다. 그런 다음 그 수를 두었을 때 상대가 둘 수 있는 수를 예상해본다. 그런 다음 또 자신이 놓을 수를 생각해본다. 그런 식으로 지금 당장 놓아야 하는 수에 대한 다른 가능성은 생각해보지도 못한 채 계속 하나의 수로 이어지는 토끼굴 속으로 끝없이 빨려 들어간다.

코토프는 다른 접근법을 제시한다. 그는 세계 최고의 선수들은 깊이를 늘리는 것이 아니라 폭을 넓힌다고 말한다.

먼저 한 수를 너무 깊이 들여다보지 말고 머릿속에 6개에서 10개의 수를 나열한다. 가능한 수를 모두 확인해본 다음 하나를 고른다.

그 수에 이어 주고받을 하나하나의 수를 파고들기 전에, 내가 그 수를 두었을 때 상대 선수가 둘 수 역시 모두 (폭넓게) 생각해본다. 그런 식으로 생각을 이어간다. 언제나 당신이 할 수 있는 선택을 모두 나열해본 다음 생각한다. 선택 가능한 것을 나열하던 중 적절한 길을 발견할지도 모른다. 하지만 그렇다고 그중 하나를 먼저 너무 깊이 파고들면 눈에 보이는 분명한 사실을 놓칠 수도 있고 귀중한 시간을 낭비할 수도 있다.

　그래서 나는 작가가 되기를 열망하는 친구에게 그의 아이디어를 세상에 알릴 방법을 좀 더 다양하게 찾아보자고 제안했다. 책을 출판하는 것은 물론이고 다른 방법도 고려하기로 했다. 선택의 폭을 넓혀야 했다(19장 '바큇살과 바퀴: 뭐든 돈으로 바꾸는 방법' 참고). 다음은 내 친구와 내가 함께 생각해낸 아이디어다.

- 출판 계약
- 팟캐스트
- 자비출판
- 강연
- 개인 교습
- 온라인 강좌
- 온라인 뉴스레터
- 유료 페이스북 그룹
- 유튜브 영상

우리는 각각의 항목에 대한 협력 수를 적었다. 결론은 온라인 강좌였다. 강좌를 준비하는 것뿐 아니라 상당한 돈을 벌기까지, 온라인 강좌를 선택할 때 필요한 협력 수는 몇 개일까?

1. 친구가 그 강좌를 준비해야 한다. 기본적으로 책에 쓰려고 했던 장章별 내용, 비디오 레슨, 연습 문제를 준비해야 한다. 이미 존재하는 온라인 플랫폼을 이용하면 강좌도 만들 수 있고 신용카드, 고객 서비스, 환불 등의 문제를 해결할 수도 있다.

2. 강좌 가격을 높이 책정한다면 배급 파트너('제휴자'라고 부른다)를 찾아 그들의 플랫폼에서 강좌를 판매해 50 대 50으로 수익을 나눌 수도 있다. 예를 들어 내 친구가 대규모 이메일 리스트를 보유한 사람이나 유명한 유튜브 채널을 운영 중인 사람에게 자신의 강좌를 소개한다. 친구의 강좌가 마음에 들었다면 그들이 강좌를 추천할 수 있다.

3. 유용한 온라인 강좌는 수천 달러까지 가격을 책정할 수 있다. 예를 들어 다른 친구 한 명은 대중매체에 소개되는 방법에 대한 강좌를 한다. 강좌 가격은 700달러였다. 그녀의 강좌는 1년에 약 1,000개가 팔린다. 1년이면 70만 달러다. 나는 내 친구에게 강좌 가격을 500달러로 책정할 것을 제안했다(우선 가격을 테스트해볼 수도 있다). 만약 그가 200개 강좌를 판다면 10만 달러를 버는 셈이다.

온라인 강좌의 협력 수는 3이었다. 우리는 아이디어 목록에 있는 모든 항목을 검토한 결과, 이것이 가장 낮은 협력 수를 가지고 1년에 10만 달러를 벌 수 있는 방법이라는 걸 알았다. 게다가 잠재적 이점도 많았다.

또 그것은 실험에 필요한 자격도 거의 갖췄다. 준비 비용이 조금 들긴 하지만(비디오를 편집해줄 사람과 그 강좌를 만들 시간이 필요하다) 손실이 거의 없다. 심지어 그 실험이 '실패'해도(목표한 돈을 벌 만큼 강좌를 팔지 못한다 해도) 이것을 주축으로 삼아 비디오 강좌에 담긴 개념을 이용한 책, 유튜브 채널, 유료 페이스북 그룹, 혹은 개인 교습이나 강연을 홍보하는 예고편을 만들 수도 있다. 좋은 실험이 그렇듯, 이 실험도 손실이 적거나 거의 없지만 잠재된 이점은 매우 크다. 게다가 '실패'해도 남는 것이 많다. 온라인 강좌 만드는 법을 배웠을 것이고, 비디오 제작법, 제휴 마케팅도 배웠을 것이다. 이런 기술로 같은 콘텐츠를 다양한 형식으로 만들어 여러 용도로 활용할 수 있다.

친구는 한 달 만에 온라인 강좌를 열었다. 그가 쓰려던 책의 축소판을 만들어 구독자에게 무료로 나눠주고 강좌에 사용했다. 대규모 소셜 미디어 플랫폼을 운영하는 사람 몇몇이 내 친구가 전달하려는 메시지를 마음에 들어 했고, 그들의 구독자에게 이 강좌를 소개하기로 했다.

친구는 온라인 강좌를 만들고 몇 개월 만에 20만 달러를 벌었다.

↗ ↗ ↗

당신이 선택할 수 있는 것 중 어떤 아이디어를 어떻게 밀고 나가야 할지 고민할 때, 앞서 설명한 접근법을 이용하면 위험 요인을 발견할 수 있고, 우선순위를 정해 손실이 가장 적고 이점이 많은 아이디어에 전념할 수 있다. 결정을 내리려 할 때는 다음과 같이 해본다.

> • 가능한 것을 모두 적는다.
> • 협력 수를 이용해 각각의 항목을 분석한다. 즉 당신이 원하는 목표에 도달하는 데 필요한 요소가 몇 개인지 세어본다.
> • 협력 수가 가장 적은 것을 선택한다. 손실과 이점의 비율을 따져봤을 때 좋은 실험이라고 할 수 있을 정도의 선택지여야 한다.

13장

모두가 배워야 할
미시적 기술

SKIP THE LINE

앞서 언급했듯 단숨에 도약하는 데 필요한 미시적 기술이 무엇인지 알아낼 수 있다면 정말 현명한 사람이다. 자신이 무엇을 모르는지 모른다면 어떻게 알아야 할 것을 알 수 있겠는가? 사람들은 누구나 나름대로 장점과 단점을 가지고 있다. 하지만 우리의 단점 중에는 공통적인 것이 많다. 소통과 생산성의 문제가 대표적이다. 나의 소통 능력과 생산성을 매일 1퍼센트씩 증진하는 데 도움을 준 기법은 다음과 같다. 다른 사람에게 배운 것도 있고 직접 개발한 것도 있다.

충고 기법

사람들은 이래라저래라 하는 말을 듣기 싫어한다. 절대로. 그래서 나는 누구에게도 그런 말을 하지 않고 스스로 결정할 자유를 준다. 나는 이를 '충고 기법'이라고 부른다. 인간관계, 아빠 역할, 그리고 회사 매각까지 수많은 상황에서 이 기법의 도움을 받았다.

당신의 아이디어, 통찰력, 기술, 재능을 눈에 보이는 성공으로 바꾸고 싶다면, 그것을 전달할 수 있어야 한다. 그러려면 협상 영역으로 들어가야 한다. 당신과 함께 일하고 싶어 하는 사람이 있다면 서로의 지분을 결정해야 한다. 사람들은 무의식적으로 자신이 협상에 능한 사람인지 아닌지 안다. 당신이 어느 쪽이라고 생각하든 상관없다. 여기서 설명하는 충고 기법을 익히면 지금보다 더 나은 협상 능력을 갖추게 될 것이다.

나는 항상 협상을 잘한다고 생각했다. 되돌아보면 내 실력은 형편없었다. 지구상에서 최악이었을 수도 있다. 하지만 나는 충고 기법이라는 단순한 아이디어로 엄청난 돈을 벌었다. 하지만 그보다 더 엄청난 것은 이 단순한 아이디어 덕분에 늘 내 성공을 가로막거나 성공의 뒷자락을 물고 늘어지는 문지기 앞을 무사히 통과하게 되었다는 사실이다.

가끔 중요한 이해관계가 걸린 상황에 놓이면 긴장한 나머지 상대방에게 무슨 말을 해야 할지 모르게 된다.

연봉 협상 중일 수도 있고 회사를 매각하는 (또는 뭔가를 판매하는) 중일 수도 있다. 누군가에게 데이트 신청을 할 수도 있고, 나에게 사과하려는 친구와 대화하면서 속으로는 이 관계를 계속 이어나가야 하는지 확신하지 못할 수도 있다. 내가 승낙하지 않은 것을 하려는 자녀에게 이야기하는 중일 수도 있다. 그럴 때면 나는 내 결정을 의사 결정자에게 위탁한다. 이것도 단숨에 도약하는 방법 중 하나라고 볼 수 있는데, 나는 이를 통해 매번 내가 바라는 것보다 더 많은 것을 얻을 수 있었다.

예를 들어 누군가가 당신의 회사를 매수하겠다는 제안을 했다고 하자. "저, 우리가 당신 회사를 매수하고 싶습니다. 얼마에 팔 생각인가요?"

당신은 이렇게 대답한다. "저는 이 회사를 설립하고 최고로 키우는 데만 집중해서 이 회사의 가치가 얼마인지 잘 모르겠습니다. 당신 회사가 함께한다면 이 회사는 열 배 더 성장할 수 있을 것 같습니다. 당신은 이 분야 그랜드마스터라고 할 수 있죠. 이런 거래를 많이 하니까요. 저는 아마추어입니다." 그리고 묻는다. "이 회사의 가치를 어떻게 평가해야 할지, 조언을 좀 부탁드려도 될까요?"

당신이 상대방에게 많은 권력을 주는 것처럼 보이지만 사실은 반대다. 상대방을 당신 편으로 만들고 있는 것이다. 당신은 상대방과 같은 집단에 있다. 그리고 그 집단 안에서 상대방의 지위를 충분히 인정해주고 있다. 조언을 구함으로써 당신은 상대방이 이런 결정에서 우월한 사람임을 인정한 셈이다.

내가 사장, 혹은 내 아이들에게(아이들도 무력감을 자주 느낀다) 조언을 구한다는 것은 그 분야에서 그들이 생각보다 더 많은 발언권을 가지고 있다는 사실을 인정하는 동시에 내가 그들을 존중한다는 사실을 보여준다. 내가 보통 수준을 넘어설 정도로 그들을 신뢰한다는 뜻이다. 받고 싶은 봉급이 얼마냐고 단도직입적으로 묻는 상사에게 내 봉급에 대한 조언을 구해야 하는 이유는 뭘까? 상대방에게 가능성을 열어놓으면 자신을 속이지는 않을까 의심하는 사람이 있을지 모른다. 하지만 나는 그가 이런 분야의 '전문가'이고 내가 그 사람을 신뢰한다는 말도 한다. 이런 말을 들으면 그 사람은 자신이 나보다 높은 지위에 있다고 느낄 것이다.

나는 우월한 지위와 신뢰를 상대방에게 주었다. 그 사람은 그 신뢰와 지위를 잃는 위험을 감수하지 않을 것이다. 그는 나를 도울 준비가 되어 있다. 그렇다고 지불하려던 돈의 두 배를 제안하지는 않을 것이다. 그것은 내가 요구해도 어차피 받지 못할 금액이다. 만약내가 그렇게 터무니없는 돈을 요구했다면 지위를 잃는 사람은 나일 것이다.

보통 이런 상황에서는 정확한 답이 뭔지 매우 불분명하다. 나는 상대방보다 정보가 적다. 그래서 상대방이 무슨 대답을 하든 그것은 정보이고, 정보는 힘이다. 나는 이렇게 말할 수도 있다. "음, 저는 ○○○(말도 안 되게 높은 가격) 정도를 생각하고 있는데요. 하지만… (여기에서 충고 기법을 사용한다)."

이를 '기준점 편향'이라고 한다. 사람들이 당신이 제시한 수치를 중심으로 판단하는 것이다. 만약 받고 싶은 임금을 말하라고 하면 당신은 농담으로 이런 말을 하면서 웃는다. "글쎄요, 연봉 500만 달러를 생각하고 있는데요." 그러면 더 높은 임금이 책정되는 경향이 있다.

하지만 나는 그런 속임수를 쓰기는 싫다. 내 경우에 그렇다는 말이다. 마음이 불편하고 만약 사장이 내 트릭을 눈치챘다면 역효과가 날 수 있다.

하지만 충고 기법은 나를 실망시킨 적이 없다. 내가 진심이었기 때문일 수도 있다. 나는 매수자가 나에게 회사나 상품의 가치를 물으면 겁이 난다. 나는 진심으로 그 사람의 생각이 궁금하다.

그래서 조언을 부탁한다. 상대방을 존중하고 그 사람의 지위를 인정하라. 그 사람의 세로토닌 수치가 올라갈 것이다. 그는 행복감을 느끼고 적극적으로 모험을 받아들일 것이다. 이를테면 당신의 회사를 매수한다거나, 당신을 고용한다거나, 당신과 데이트를 한다거나 하는 모험 말이다. 아이들이라면 자신의 운명을 통제할 권리가 자신에게 있다는 사실을 깨달을 것이다.

사람들은 모두 행동 지침을 가지고 있다. 그리고 주요 지침의 기본 방향은 자존감을 높이고 자기가 선 줄에서(서열에서) 자리를 지키는 것이다. 다른 사람과 소통할 때 당신의 자존감을 높이려고 하지마라. 언제나 상대방이 스스로 중요하다고 느끼고 자존감을 높일 수 있도록 해주어라. 여기에 진심을 담는다면 당신은 인생의 협력자를 얻게 된다.

다른 사람들에게 당신을 도울 힘을 실어주어야 한다.

그러면 그들은 당신을 도울 것이다.

6분 네트워크

당신의 아이디어를 공유하려면, 그것을 공유할 사람들의 네트워크가 있어야 한다.

2018년, 조던 하빈저Jordan Harbinger는 청취자 하나 없이 〈조던 하빈저 쇼Jordan Harbinger Show〉를 시작했다. 전에 〈매력의 기술The Art of Charm〉이라는 프로그램을 파트너와 함께 진행했지만 두 사람이 각자의 길을 가기로 했기에 새로운 팟캐스트를 개척해야 했다. 그리고 단 18개월 만에 한 달 다운로드 수가 수백만 건에 이르렀다. 전체 팟캐스트가 80만 20개나 된다.

"어떻게 팟캐스트를 다시 만들고 그렇게 빨리 이전보다 더 큰 인기를 얻을 수 있었나요?" 내가 물었다.

"제가 실천하는 '6분 네트워크'라는 방침 때문이지요." 그가 말했다. "사실 '5분 네트워크'라고 하고 싶었는데 그건 이미 있더군요."

"설명을 좀 부탁드릴게요. 그리고 제가 그 내용을 책에 써도 될까요?"

"물론이죠. 그런데 그 얘기를 쓸 때 제 팟캐스트 이름을 말해줄 수 있나요?"

"물론이죠. 〈조던 하빈저 쇼〉."

자, 이제 소개하겠다. 매일 오후 1시에 다음을 따라 한다.

a 당신의 문자메시지 목록에서 맨 아래까지 내려가본다. 한동안 메시지를 주고받지 않은 사람을 4명 찾아낸다.

b 그 사람들에게 메시지를 보낸다. 문자메시지는 확인율이 90퍼센트지만 이메일 확인율은 약 8퍼센트다.

c 아무것도 요구하지 않는다. 그냥 이렇게 쓴다. "XYZ를 봤는데 당신이 했던 ABC 프로젝트가 생각났어요. 그것을 보면서 당신이 JKL 하면 어떨까 하는 생각도 했답니다. 아무튼 잘 지내시길 바랍니다. 또 연락할게요."

d 매일 이렇게 한다.

조던 하빈저의 설명에 따르면, 그 사람들에게 아무것도 원하지 않는 게 요점이다. 그저 그들의 마음속에서 먼저 떠오르는 사람이 되는 것이다. 한 달이 지나면 당신은 100명의 마음에 가장 먼저 떠오른 사람이 될 것이다.

조던은 이렇게 말했다. "중요한 것은 목마르기 전에 우물을 파는 것입니다."

이 방법을 실천에 옮기면 많은 일이 생길 수 있다.

몇 달이 지나 누군가가 당신이 문자를 보낸 사람 중 한 명에게 "혹시 간부 수련회에서 유료 연설을 해줄 만한 사람 있어?"라고 물을 수도 있다. 그러면 질문을 받은 사람은 당신 이름을 말할지도 모른다. 가장 먼저 떠오르는 게 당신이기 때문이다. "제임스 알투처!"

아니면 컨설팅 기회를 얻을지도 모른다. 문자를 받은 사람 중 당신의 팟캐스트에 훌륭한 게스트가 될 만한 사람과 친분을 쌓은 사람도 있을 것이다. 이런 식으로 당신은 사람들과 계속 관계를 유지한다.

나는 이와 비슷한 방법을 써봤지만 조던이 한 것만큼 체계적이지는 않았다. 내가 이전에 쓴 방법은 이렇다. 약 일주일에 한 번, 7년 전 이메일부터 훑어본다. 만약 누군가 "잠깐 통화 좀 할 수 있어?"라는 메일을 보냈다면, 그리고 내가 7년 전에 회신하지 않았다면 나는 "좋아, 화요일 어때?"라고 답장을 보내기도 한다. 마치 시간이 전혀 흐르지 않은 것처럼 말이다. 사람들은 불쾌해하기보다는 오히려 깜짝 놀라곤 했다. "답장하는 데 7년이 걸려? 그래, 화요일에 얘기하자!"

내가 답장을 보내는 데 가장 오래 걸린 기간은 12년이었다. 12년 동안 나는 그 사람과 한 번도 연락한 적이 없다. 그는 2002년에 점심 식사를 하자는 내 제안에 동의하는 메일을 보냈다. 2014년, 내가 마침내 12년 걸린 답장을 보낸 지 일주일 후에 그는 내 팟캐스트에 나와주었다.

조던이 그의 생활 방침 중 알려준 또 다른 습관은 '승인 네트워크'다. 이는 나도 오랜 기간 사용해온 것이다.

'네트워크'란 아무 때나 전화할 정도로 편안하고 긴밀한 사람 목록이라고 생각하는 사람이 대부분이다. 그리고 만약 100명을 안다면, 당신의 네트워크에 100이라는 가치가 있다고 생각한다. 하지만 네트워크의 가치는 이렇게 정의할 수 없다. 페이스북 네트워크 법칙이라는 것이 있다. 당신의 네트워크 가치는 당신이 아는 100명의 명단이 아니라 그 100명 사이에서 생길 수 있는 모든 관계라는 말이다.

그래서 만약 서로 모르는 사람 100명이 당신의 목록에 있다면 그 가치는 100이다. 하지만 만약 당신의 목록 속 A라는 사람과 B라는 사람을 서로 소개시켜줘서 그 둘이 서로를 안다면 당신의 네트워크 가치는 101이 된다. 당신이 사람들을 서로 소개하면 네트워크 가치는 점점 더 빠르게 상승한다. 왜 그럴까? 만약 당신이 100명을 알고 있다면 그 안에서 서로 연결할 방법이 1만 가지가 되기 때문이다 (100×100).

내 친구 루이스 호위스Lewis Howes는 이런 식으로 사업을 시작했다. 그는 누나 집 소파에서 생활하고 있었다. 부상으로 운동선수가

211

되려던 꿈이 무너져 우울한 상태였다. 인맥을 넓히고 싶었던 그는 링크드인에서 사람들과 관계를 맺기 시작했다. 그리고 자신의 링크드인에서 알게 된 사람들과 이야기를 나누곤 했다. 아무개가 변호사가 필요하다고 하면 루이스는 변호사를 소개해주었다. 또 프로그래머가 필요하다는 사람이 있으면 프로그래머를 찾아 소개해주었다. 그는 파티를 열기도 했다. 그 파티에서는 사람들이 이름과 함께 각자 필요한 것을 써넣은 이름표를 달았다.

루이스가 보유한 100명 네트워크의 가치는 곧 1만이 되었다. 그의 네트워크에 속한 사람들이 모두 서로 만났기 때문이다. 루이스는 링크드인을 활용한 네트워크 관리법을 소개하는 유료 온라인 강좌를 개설했다. 그 강좌가 수백만 달러의 수익을 올리면서 그의 사업이 시작되었다.

이것이 네트워크의 힘이다. 하지만 잘하려면, 그래서 사람들이 정말로 당신을 돕고 당신과 관계를 유지하도록 하려면 다른 요소가 하나 더 필요하다. 바로 '승인'이다.

언젠가 어느 시 시장이 전화해 자신에게 팟캐스트를 소개해줄 수 있는지 물었다.

나는 "물론입니다"라고 대답했다.

그리고 몇몇 팟캐스트에 연락해서 물었다. "제가 ○○○(유명한 시장)에게 당신의 팟캐스트를 소개해도 될까요?"

나는 항상 승인을 얻는다. 이런 이메일을 받는 것이 싫기 때문이다. "제임스, X씨를 좀 만나줘. 이 이메일 참조자로 지정된 사람이야. 나는 숨은 참조자로만 해놓고 이제 너희 둘이 이야기해보도록 해!" 고맙지만 사양하겠어! 당신은 그냥 숙제를 내주고 있는 거야. 난 이제 숙제 필요 없어. 먼저 허락을 받았어야지.

그래서 나는 사람들에게 전화해서 말했다. "X 시장이 나오는 거 어때요?"

그들은 이렇게 대답했다. "좋아요."

나는 그 시장에게 전화해서 말했다. "XYZ 팟캐스트에 출연하는 거 어떠세요?"

만약 그가 좋다고 하면 나는 양쪽을 소개한다. 양쪽에서 허락을 받았기에 내가 부탁한 일을 하면서 불쾌해할 사람은 없다. 사실 나는 양쪽 모두에게 도움이 되는 일을 하는 것이다. 그리고 **아무런 보상도 요구하지 않았다.** 관계의 원천이 되는 것으로 충분하다.

그리고 내 네트워크 가치가 상승했다. 매일 그렇게 한다면 1년 뒤에는 당신의 네트워크 가치가 크게 상승할 것이다. 매일 하는 것이 중요하다. 한 번씩만 소개하면 된다. 너무 어렵게 생각하지 않아도 된다.

이 책이 세상에 나올 때까지 나는 네트워크에서 어떤 것도 요구하지 않을 것이다. 그저 가치를 전달할 뿐이다. 하지만 내가 어떤 식으로든 가치를 전달하는 데 수년을 보냈으니 이제 말할 수 있다. "이봐, 새로운 책이 나왔어. 도움을 좀 줄 수 있어?" 그러면 사람들은 그러겠다고 할 것이다.

이 기술을 6분 네트워크라 부르는 이유는 우리가 전통적으로 생각하는 네트워크 관리(이벤트나 콘퍼런스에 참석하고 무역 박람회를 찾는 것)는 많은 시간이 드는 반면 우리에게 별 도움이 되지 않기 때문이다.

지금 설명하는 네트워크 기술을 사용할 때는 시간 낭비 요인도 피해야 한다. 우리를 지치게 하기 때문이다. 시간 낭비 요인을 피하는 2가지 방법이 있다.

1. '일반적인' 네트워크를 목적으로 하는 행사에는 가지 마라. 특정한 주제나 목적이 없으면 필요 없는 명함만 잔뜩 생길 뿐 얻는 것이 없다.
2. 네트워크 관리에 드는 시간을 효과적으로 사용하는 데 도움이 되는 소프트웨어를 찾아내라.

조던은 이렇게 말했다. "나는 컨택투얼리Contactually라는 프로그램을 이용해 내가 누구에게 이메일을 보내고 이메일로 어떤 약속을 하는지 기록해요. 누군가에게 이메일로 '한 달 후 다시 연락할게'라고 할 수도 있어요. 그 사람에게 한 달 뒤 다시 연락한다면 그는 말한 대로 행하는 당신의 모습을 높이 평가할 거예요. 하지만 그 프로그램이 없으면 잊고 말지요."

좋은데! 나는 항상 까먹는다. 나도 그렇게 했다.

하지만 당신이 연락할 수 없는 사람과 연락하고 싶다면 어떻게 할까? 나는 팟캐스트를 하면서 항상 연락할 수 없는 사람들과 연락을 시도했다.

"문제없어요." 조던이 말했다. "비결은 그 사람 바로 옆에서 일하는 사람과 네트워크를 형성하는 거예요. 유명인은 여러 사람이 마치 벽처럼 둘러싸고 외부인의 접근을 막지요. 둘러싸고 있는 사람들을 당신의 네트워크에 포함하는 겁니다. 하지만 그들의 눈앞에 불쑥 나타날 수는 없어요. 당신을 모르니까요. 그 사람들의 소셜 미디어를 찾아 그와 공통점이 있는지 알아보세요. 그것이 출발점입니다. 그 사람이 대단한 체스 선수라면 메시지를 보내 체스로 인연을 시작해보세요."

하루에 6분이면 되고 당신이 얼마나 내성적이든 네트워크 관리에 서툴든 상관이 없다. 앞으로 1년 뒤 당신의 네트워크 가치는 100배 상승할 것이다.

나는 30년 동안 네트워크에 서툰 사람이었다. 하지만 뭔가를 시작하기에 가장 좋은 순간은 30년 전, 그리고 오늘이다.

입장 바꾸기

나는 다른 사람과 언쟁하지 않는다. 뭣 하러 언쟁을 하지? 내가 X를 믿는데 사람들은 X의 정반대를 믿는다면 내가 과연 그들의 마음을 바꿀 수 있을까?

그리고 설령 내가 그들의 마음을 바꾼들 누가 신경 쓰겠는가? 세상이 바뀔까? 내가 죽으면 나 때문에 마음을 바꾼 사람들이 장례식에 올까?

하지만 한 가지 의견에 갇히지 않는 것은 중요하다.

'입장 바꾸기 기술'을 사용하면 당신과 의견이 다른 사람을 상대하는 데도 도움이 되지만, 그런 사람과 대화하는 중 바로 실험을 할 수 있다는 장점이 있다.

예전에는 소셜 미디어를 '소셜 네트워크'라 부르곤 했다. 당신은 친구들과 통신망을 이용해 연락했다. 통신망은 연락을 주고받는 새로운 방식이었다. 나는 그 방식이 좋았다!

갑자기 내 인생에서 각기 다른 시공간에 존재하던 사람들과 다시 친구가 되었다. 초등학교 친구, 고등학교 친구, 대학 친구, 사업 동료, 미디어 분야 동료 등이었다.

하지만 이제 소셜 네트워크는 '소셜 미디어'로 대체되었다. 소셜 네트워크는 네트워크 알고리즘을 이용해 당신과 의견이 맞는 사람들을 찾아내 그들의 의견을 당신의 '피드'에 보여주었다(마치 배가 불룩해져서 속이 메스꺼울 때까지 여물통에서 정보를 먹는 동물처럼).

더 똑똑해지고 싶다면 의견이 다른 사람을 찾아서 그들 의견에 귀를 기울이는 것이 최상의 방법이다.

나는 낙태 합법화에 찬성하지만 낙태 합법화에 반대하는 사람의 의견을 듣는다.

전쟁을 반대하지만 전쟁에 찬성하는 사람의 말도 들어본다.

내 아이들이 대학에 가기를 원치 않지만 대학 생활이 지금껏 한 일 중 가장 좋았다는 사람들의 말에도 귀를 기울인다.

내 생각이 바뀔 때도 있다. 사람들이 나를 싫어하게 될 때도 있다. 이는 나에게 엄청난 스트레스다.

하지만 가장 좋은 것은 단지 그들의 말을 듣기만 하는 것이 아니라 입장을 바꿔보는 것이다. 즉 당신이 진실이라고 믿는 것의 정반대를 찾아보는 것이다.

나는 나와 의견이 다른 사람들보다 **더 훌륭하게** 그 입장을 옹호할 수 없다면 거기에 이의를 제기하지 않는다. 그러려면 나는 더 많이 알아야 하고 내가 원래 가지고 있는 논거 하나하나와 기꺼이 싸워야 한다.

결과적으로 나는 다양한 지식을 익히고 수많은 사람이 어떤 생각을 가지고 있는지도 깨닫는 동시에 자신의 의견에 동의하지 않는 사람에게 분노하거나, 무엇보다 그들을 무시하는 마음을 버릴 수 있다. 우리 삶은 유한한데 왜 사람들과 금속 빨대 같은 것을 가지고 언쟁하느라 시간을 낭비하는가?

구글 기술

내가 첫 일자리를 얻었을 때 모두 경고했다. "네가 열심히 일해서 신용을 얻으면, 그걸 브루스가 모두 가로챌 거야. 조심해." 나를 걱정해서 하는 말이었다. 그들은 신용을 마치 귀중한 선물처럼 여겼다. 소유할 수 있고, 남들이 못 가져가게 막을 수 있는 것이라고 생각하는 듯했다.

하지만 나는 내 상사가 신용을 얻기를 바랐다. 그가 더 훌륭하게 보일수록 내 일자리가 굳건해지기 때문이기도 했다. 나는 해고당하는 게 끔찍했다. 그래서 최선을 다해 브루스가 신용을 **얻게** 만들었다. 나는 모두에게 모든 것이 브루스의 아이디어였다고 말하곤 했다. 브루스는 내가 그렇게 하도록 놔두었다. 브루스 같은 상사를 두다니 정말 행운이었다.

브루스는 승진했다. 그리고 또 승진하고 승진했다. 그러면 그럴수록 브루스는 내가 하고 싶은 것을 아무런 참견도 없이 하게 해주었다. 내가 하는 일 덕분에 그가 돋보였기 때문이다.

그러다 나는 부업으로 회사를 차렸다. 이후 내가 맡은 업무에 필요한 작업이 있으면 내 회사에 일을 맡기기도 했다.

아무도 거기에 신경 쓰지 않았다. 나의 생산성이 굉장히 높아졌기 때문이다. 상사가 그 공을 차지했다. 그리고 그의 상사가. 또 그의 상사가.

얼마 후 나는 회사를 그만두고 내가 차린 회사에 상근했다.

이제 어떻게 할까?

나는 고객을 돋보이게 했다.

내 고객의 일은 자기 회사를 위해 훌륭한 웹사이트를 만드는 것이다. 나는 그들의 회사를 위해 훌륭한 웹사이트를 만들어주었다. 회의할 때 나는 디자인 아이디어, 기능, 비즈니스 모델 등을 생각해낸 공로를 모두 고객에게 돌렸다.

그들은 돋보였고 승진했다. 다른 회사로 자리를 옮기기도 했다. 그렇다면 그들이 자기 일을 누구에게 맡길까? 우리 회사다.

한번은 내 회사 직원 몇몇이 그만두고 나가서 회사를 차리더니 우리 고객을 빼앗아 갔다. 우리 부모님은 몹시 화를 냈다! 나는 "괜찮아요"라 말하고 그들에게 조언을 아끼지 않았다. 그들이 돋보이게 해준 것이다. 그로부터 20년 뒤 내가 중요한 일로 도움을 청했을 때 그들은 나를 가장 먼저 도와주었다. 연로한 우리 부모님이 아니라 나를 '배신했던' 직원들이 나를 도왔다. 신용카드가 돼라. 모두에게 그들의 위치에 어울리는 신용을 쌓아주어라. 그러면 그 신용은 근원지로 돌아올 것이다.

직업 경력은 마라톤이다. 단거리 경기가 아니다.

그럼 이 기술이 구글과 어떤 관련이 있을까? 오토바이를 예로 들어보자. 구글은 오토바이에 대해서는 아무것도 모른다. 하지만 만약 내가 구글에 "오토바이에 대한 것을 모두 알려주시겠어요?"라고 묻는다면, 구글은 이렇게 말할 것이다. "우리는 오토바이에 대해 아무것도 모릅니다. 하지만 수많은 자료를 조사한 결과, 당신이 오토바이에 대해 알아볼 수 있는 최고의 웹사이트 10개를 찾아냈습니다."

이런 말도 할 것이다. "그런데 이쪽에 있는 3개의 사이트가 좋아보이네요. 참고로 말씀드리면 그 사이트들은 우리에게 돈을 지불하고 있습니다."

구글은 최고의 오토바이 사이트가 돋보이게 한다. 그리고 이용자가 떠나는 속도를 보고 성공 여부를 판단한다. 내가 최고의 휴대전화에 대해 알고 싶다면 어느 사이트로 갈까? 휴대전화 사이트가 아니라 구글로 간다.

구글 검색 결과에서 상위권에 오르기 위해 수년을 들여 검색엔진 최적화 작업을 하는 웹사이트가 있다. 하지만 구글은 이를 알고 계속 알고리즘을 수정 및 향상시켰으며 그 덕분에 언제나 최고 웹사이트 순위에서 상위권을 차지한다.

사람들은 언제나 근원으로 돌아간다. 나는 다른 사람이 돋보이게 할 때마다 내가 근원임을 깨닫는다. 그들은 결국 나에게 돌아올 것이다. 내가 새로운 일자리나 직업이 필요할 때, 도움이 필요할 때, 절망에 빠질 때, 어쩔 줄 모르고 있을 때, 다시 일어서기 위해 도움의 손길을 원할 때마다 내가 돋보이게 해줬던 사람들의 도움을 받았다.

매일 당신이 도와줄 사람을 찾아내라. 당신이 신용을 쌓아줄 사람을 찾아내라. 대가를 바라지 말고 다른 사람의 삶에 도움을 주어라. 공을 인정받으려 하지 마라. 그러면 모두가 영원히 당신에게 그 공을 돌릴 것이다.

관심 다이어트

나는 800만 부가 팔린 《신경 *끄기의* 기술The Subtle Art of Not Giving a F*ck》의 저자 마크 맨슨Mark Manson과 이야기를 나눈 적이 있다. 그의 책은 매우 훌륭했고 그의 글은 예리했다. 그는 '관심 다이어트'라는 개념을 이야기해주었다.

내가 실천한 관심 다이어트를 살펴보면 다음과 같다.

- 뉴스를 보지 않는다.

- 신문이나 잡지를 보지 않는다.

- 페이스북 홈을 보지 않는다.

- 트위터 홈페이지를 보지 않는다.

- 책에서 정보를 얻는다.

- 북한, 트럼프, 스포츠, 그리고 사람들이 언제, 누구에게, 왜라고 묻는 것에 대해서는 이야기하지 않는다.

- 누군가가 "지금 무슨 일이 벌어지고 있는지 알아?"라고 말하면 항상 "응"이라고 말한다. 그리고 그다음은 듣지 않는다.

- 누가 아이디어를 이야기해주겠다고 하면 거절한다.

- 누가 커피 한잔하자고 하면서 "네가 분명 좋아할 이야기가 있어"라고 한다면 거절한다.

- 누가 금융, 코미디, 글쓰기, 경제에 대해 충고해도 무시한다.

- 누가 내 의견에 반대한다면 내가 아는 사람이고 서로 대면하고 있는 경우가 아닌 이상 그냥 무시한다. 전체 소통 방식 중 말로 할 수 있는 소통은 겨우 10퍼센트뿐이다.

"잠깐만요, 아무것도 모르는 채 살겠다는 거예요?"

아니다. 절대 그렇게 살지 않을 것이다. 뭔가가 매우, 삶에 변화를 줄 만큼 중요하다면 결국 친구들이 나에게 "그 얘기 들었어?"라고 물어볼 것이다. 그러면 나는 뉴스에서 보도하는 이런저런 해석 대신 그 내용의 원래 출처를 찾아볼 수 있다. 그러나 이런 일은 정말 드물다. 사람들의 의식 속에서 하루 이상 살아남는 뉴스는 거의 없다.

당신이 훌륭한 역사책, 철학책, 과학책 같은 것을 읽으면 세계를 움직이는 힘을 이해하고, 세상과 소통하고, 오랜 시간에 걸쳐 형성된 진짜 사실을 알 수 있다.

최고의 저자가 지닌 좋은 점만 빌려 오기 때문에 더 나은 삶을 사는 법도 배울 수 있다.

내가 더 나은 삶을 살면 주위 사람들도 힘이 날 것이다. 그렇게 힘을 얻은 사람들은 또 그들 주위 사람들의 기운을 북돋워주고, 그 기운은 또 그 주변 사람들에게 이어질 것이다.

바다 한가운데 떨어진 돌 하나가 모든 해안으로 파장을 보낸다.

"잠깐만요, 당신의 국가에서 일어나는 일은 알고 있어야 영향력을 행사할 수 있잖아요?"

그렇게 하는 대신 나는 내가 사는 블록 안의 노숙자 대6명을 도와줄 수 있다.

외로운 노인을 만나 잠시 앉아 이야기를 나눌 수 있다.

시각장애인을 위해 책을 읽어줄 수 있다.

사람들을 웃게 해줄 수도 있다.

바로 내 주변에 있는 사람들에게 영향력을 행사하는 것이 가치를 높이고 고통을 줄이는 가장 좋은 방법이다.

"잠깐만요, 다른 사람의 아이디어는 왜 무시하죠? 사람들한테 아이디어를 내라고 권장하지 않았나요?"

그렇다. 나는 매일 10가지 아이디어를 적는다. 2002년부터 쭉 해오고 있다.

그리고 필요한 경우 아이디어를 공유한다. 만약 맥도날드를 위한 10가지 아이디어가 있으면 나는 맥도날드에서 일하는 누군가와 그 아이디어를 공유할 방법을 찾을 것이다.

좋은 아이디어일까? 아마 아닐 것이다.

그리고 모두의 아이디어를 들을 필요는 없는 이유도 여기에 있다. 나는 18년 동안 아이디어 내는 연습을 해왔다. 그래서 다른 사람의 그저 그런 아이디어를 듣기보다는 나 자신의 창의성에 집중하고 싶다. 그것이 내가 좋아하는 작가 또는 내가 강력하게 추천받은 작가의 책에 쓰인 아이디어가 아니라면 말이다.

"그렇군요, 그러면…" 기술

나는 《거절의 힘The Power of No》이라는 책을 썼다.

하지만 지금은 동의에 대해 이야기하려고 한다.

누군가 아이디어를 냈을 때 중요한 것은 "그렇군요, 그러면…"이라고 말하는 것이다. 그들이 자신의 아이디어를 탐험하도록 도와주어라. 그들이 자신의 아이디어를 가지고 창의력을 발휘할 수 있도록 도와주어라. "그렇군요, 그러면…"은 좋은 애드리브의 첫 번째 원칙이다. 그 말을 시작으로 다른 사람들이 새로운 것을 생각해낼 수 있기 때문이다.

정상에 오르려면, 혹은 단숨에 크게 도약하려면 전체 서열 사람들과 소통해야 한다. 흔히 있는 일이지만, 당신의 관점을 전달하려면 이미 알려진 다른 관점을 비평할 수 있어야 한다. 하지만 당신이 이렇게 하면 사람들은 방어적 태도를 보인다. 파괴적 비평을 좋아하는 사람들도 있는데, 그들은 논쟁을 좋아하거나 다른 사람보다 우월한 지위를 누리고 싶어 한다(이런 지위는 순식간에 사라지며 매우 해롭다).

건설적 비판을 하려면 "그렇군요, 그러면…"을 사용할 수 있어야 한다. 그러면 당신의 비판은 양쪽 모두에게 도움을 준다. 이런 식으로 하면 된다.

> - 좋은 점을 열거한다.
> - 그 아이디어를 더 발전시킬 방법을 제시한다.
> - 핵심 아이디어와 그 아이디어의 의도, 그리고 목적을 분명하게 다시 말해본다.
> - 당신이 틀릴 가능성을 열어둔다. 당신은 항상 틀릴 수 있다.
> - 파괴적 비평은 귀 기울이지도, 하지도 않는다.

거부에 대처하는 법

당신이 큰 인기를 끈 책 중 하나를 표절하기로 했다고 상상해보자. 내셔널 북 어워드National Book Award를 수상한 책을 골라 그것을 처음부터 다시 옮겨 쓴 다음 당신의 책인 척하는 것이다. 당신은 가짜 이름을 써서 그 책을 14개 출판사에 보낸다. 그러면 출판사들은 모두 당신에게 거절 편지를 보낼 것이다. 당신은 2가지 사실에 놀라리라.

> 1. 어떤 출판사도 자기들이 내셔널 북 어워드 수상작을 거절했다는 사실을 알지 못했다.
> 2. 모든 출판사가 그 책이 형편없다고 생각했다. 최고의 상을 수상한 책인데도 말이다.

이런 일이 실제로 일어났다.

척 로스Chuck Ross라는 프리랜스 작가가 1969년 내셔널 북 어워드 소설 부문 수상작, 저지 코진스키Jerzy Kosinski의《스텝Steps》이라는 책으로 재미있는 실험을 해보기로 했다. 그는 책 전체를 다시 써서 가명으로 여러 출판사에 보냈다.

모든 출판사가 출판을 거절했다.《스텝》을 출판한 랜덤하우스조차 한 통의 편지와 함께 거절했다(코진스키의 책은 '전성기의 카프카Kafka'

작품과 비견되어왔다. 짧지만 굉장한 책이다. 내가 좋아하는 책 중 하나이기도 하다. 진심으로 추천하고 싶은 책이다).

사람들은 대부분 멍청하다는 뜻일까? 어쩌면 그럴 수도 있다. 하지만 이런 의미도 있다.

- 대부분 사람들의 의견이 틀릴 수도 있다.
- 사람들은 당신이 누구인지 모르면 더욱 거부하는 경향이 있다.
- 눈을 뜨자마자 "오늘 나는 알려지지 않은 사람 하나를 슈퍼스타로 만들겠어!"라고 결심하는 사람은 없다.
- 사람들은 대부분 자신의 업무에 관심이 없다. 그래도 괜찮지만 당신의 성공을 그들에게 걸지는 마라.
- 성공한 사람들조차 당신이 단숨에 정상에 오르는 것을 바라지 않는다. 내가 항상 듣는 말은 "대가를 치러야 해"라는 말이다. 모두 헛소리다.
- 당신이 자신의 경력과 기회를 관리해야 한다. 끊임없이 실험해야 한다. 아이디어 근육을 훈련하기 위해 매일 10가지 아이디어를 적어야 한다. 아무도 당신을 위해 아이디어를 내주지 않는다. 당신을 위한 아이디어는 당신이 내야 한다.
- 첫 책을 썼는가? 자비출판을 하라. 독립 영화를 만들었는가? 아마존에 업로드하라. 라디오 프로그램 아이디어가 있는가? 팟캐스트를 하라.
- 만들고 싶은 앱이 있는가? 지금을 구하지 마라. 지금 가진 돈으로

앱을 만들고 고객을 모아라. 아니면 앱을 만들기 전이라 해도, 그 앱의 광고를 만들어 클릭하는 사람이 있는지 확인하라(사람들이 당신의 광고에 관심이 있는지 확인하는 실험이다).

- 영화배우가 되고 싶은가? 직접 대본을 써라(실베스터 스탤론 Sylvester Stallone은 〈록키Rocky〉 대본을 직접 썼다). 아니면 직접 영화를 찍을 수도 있다.

실력을 키우는 동시에 하나뿐인 사람이 되어야 하니 진퇴양난이다. 그런데 하나뿐인 사람이 되는 데만 집중하면 당신을 알아주는 사람이 없을 수도 있다. 그리고 모르는 사람에게 도움을 주는 사람은 없다.

당신은 아무도 없는 방을 찾아낸 다음 모든 사람을 그곳으로 초대해야 한다. 이것이 단숨에 도약하는 방법이다.

↗ ↗ ↗

나는 작은 실험을 해보기로 했다. 척 로스의 실험을 이용해 자비출판 세계에서는 좀 더 좋은 결과가 나올지 확인하고 싶었다. 책은 《그레이의 50가지 그림자Fifty Shades of Grey》를 선택했다. 나는 인도에서 사람을 고용한 다음, 유의어 사전을 가지고 그 책에 있는 모든 단어를 바꾸게 했다. 예를 들어 "그녀는 서둘러서 시험장에 갔다"라는 문장을 "브렌다는 제시간에 도착하기 위해 시험장으로 달려갔다"로 바꾸었다.

가명을 쓰고 제목을 바꾸고 책 표지를 만들어 아마존에 업로드했다. 이제 출판 도서가 되었다. 그것은 **틀림없이** 《그레이의 50가지 그림자》였지만 모든 문장과 단어가 바뀌었다. 아마도… 어쩌면… 나는 그 책도 많이 팔리기를 바랐던 듯하다. 그러나 80권이 팔렸다. 완전히 망했다.

하지만 이것은 실험에 불과했다. 여기에는 총 200달러 정도의 비용과 2시간이 들었을 뿐이다.

왜 《그레이의 50가지 그림자》가 그렇게 잘 팔렸을까? E. L. 제임스는 뭘 했기에?

이렇게 망한 실험도 가르침을 주었다.

- 제임스에게는 발판이 있었다. 그녀가 여러 웹사이트에 쓴 《트와일라잇Twilight》 팬 픽션 독자는 100만 명쯤 되었을 것이다.
- 《그레이의 50가지 그림자》는 킨들Kindle(전자책 뷰어)이 대중화하던 시기에 출간되었다. 그래서 사람들은 공공장소에서도 그녀가 쓴, 심하게 노골적이지 않은 포르노 소설을 읽을 수 있었다. 사람들이 무엇을 읽는지 알 수 없었기 때문에 아무도 그들을 손가락질하지 않았다.
- 지금까지 없던 책이었다.

제임스에게는 발판이 있었다. 그리고 기술과 타이밍이 딱 맞아떨어졌다. 하지만 그녀가 실험하지 않았더라면, 발판을 마련하지 않았더라면, '승인'이 필요 없는 자기 책을 쓰지 않았더라면, 그리고 그것을 자비로 출판하지 않았더라면 좋은 결과를 내지 못했을 것이다.

그녀는 잘해냈다.

↗ ↗ ↗

자비출판 이야기를 하려는 것이 아니다. 사람들이 얼마나 어리석은지 말하려는 것도 아니다(그런 이야기도 조금은 포함되어 있다).

이것은 다른 사람의 승인을 기다리지 않고도 추진할 수 있는 일에 대한 이야기다.

또 당신이 관심 있는 모든 것을 가지고 실험을 하자는 얘기다.

모든 실험에는 배울 것이 있다. 그리고 무언가를 배우는 방법은 실험뿐이다.

당신이 원하는 곳으로 가는 길에는 10억 명쯤 되는 사람이 모여서 앞을 가로막고 있다. 어리석은 사람, 비열한 사람, 당신을 싫어하는 사람, 당신이 앞서는 것을 원하지 않는 사람도 있다. 심지어 고의로 방해하는 사람도 있다. 인생의 슬프고, 화나고, 두려운 문제 때문에 좌절감을 느끼는 사람들이다.

그들과 부딪히지 않고 해낼 수 있는 방법을 실험하라. 매일 해야 한다.

길이 막힌 게 온전히 그들의 잘못은 아니다. 하지만 누구의 잘못이든 상관없이 당신은 그들을 모두 헤치고 나아가야 한다.

날마다 실험해야 한다.

14장

생산성을 크게 높이는 50/1 법칙

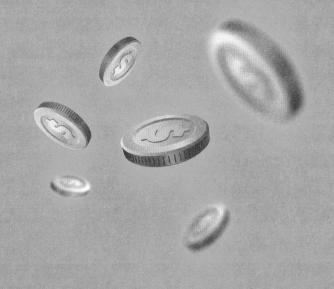

SKIP THE LINE

SKIP THE LINE

나는 회사에 다녀본 적이 한 번밖에 없다.

사람들은 오전 10시 정도에 출근한다. 11시 30분 정도가 되면 1층으로 내려가 담배를 피우며 휴식 시간을 갖는다. 정오가 되면 점심을 먹으러 간다. 오후 3시 30분쯤에 다시 담배를 피우며 휴식 시간을 갖는다. 오후 4시 50분쯤 되면 하나둘 퇴근하기 시작한다. 칸막이가 있는 자리에서 쭉 일할 때를 제외하고는 쓸데없는 회의에 참석하고 식수대 주변에서 담소를 나누기도 하며 상사에게 아첨하기도 한다. 내 생각에 사람들은 하루에 평균 두세 시간 정도 일하는 것 같다.

물론 모든 사람이 이렇다는 말은 아니다. 아무래도 만능열쇠인 구글의 도움을 좀 받아야겠다.

구글에서 검색한 결과, 일반 직장인은 하루에 2시간 53분 동안 '생산적'인 활동을 한다. 구글은 나를 〈Inc.〉 잡지 기사로 안내했다. 사람들이 하루 동안 하는 비생산적인 일에 대해 〈Inc.〉는 다음과 같이 말한다.

1. 웹사이트 뉴스를 읽는다－1시간 5분

2. 소셜 미디어를 확인한다－44분

3. 동료들과 함께 업무와 무관한 이야기를 나눈다－6분

4. 새로운 일자리를 찾는다－26분

5. 담배를 피운다－23분

6. 배우자나 친구에게 전화한다－18분

7. 따뜻한 음료를 만든다－17분

8. 문자를 보내거나 채팅을 한다－14분

9. 간식을 먹는다－8분

10. 사무실에서 음식을 준비한다－7분

일리가 있다. 하지만 궁금한 것이 있다. 생산적인 2시간 53분 동안 사람들은 무엇을 할까? 아무 성과도 없는 공식 회의는 생산적인 시간에 포함되는가?(일반 직장인들이 하루에 26분씩 새로운 일자리를 찾아보는 것은 오히려 도움이 된다고 생각한다.)

회사는 당신이 좋아하지 않는 일을 계속할 수 있을 만큼 월급을 준다. 나에게 1년에 10만 달러를 준다면, 나는 당신이 하기 싫은 궂은일을 대신해주지는 않을 것이다. 하지만 장담컨대 당신이 1년에 1,000만 달러를 준다면 적어도 1년 동안은 그렇게 할 것이다.

하지만 좋아하는 일을 하면서 돈을 받을 수만 있다면 더없이 좋을 것이다. 워런 버핏은 항상 이렇게 말한다. "나는 매일 일하러 출

근합니다." 그리고 그의 공식 연봉은 10만 달러다(물론 그가 세금을 내고 싶지 않은 데다 이미 720억 달러를 가지고 있기 때문이다).

열심히 일하지 말라는 뜻은 아니다. 업무에서 편법을 써서 직장생활을 성공적으로 해야 한다는 뜻도 아니다. 가정에서도 마찬가지다. 이런 이야기를 하는 것은 업무에서 한 가지 알아야 할 것이 있기 때문이다. 그것은 바로 당신이 버는 돈이 곧 당신이 창출한 가치를 뜻하지는 않는다는 사실이다.

만약 내가 한 일이 회사에 1달러의 부가가치를 창출했다면 나는 그중 얼마를 받을까? 주주들 몫을 빼야 한다. CEO가 상당한 양을 챙긴다. 내 상사와 그녀의 상사, 그리고 그 상사의 상사가 자기 몫을 가져간다. 그리고 이들 모두 나보다 많은 몫을 가져간다. 그래서 내가 창출한 가치가 1달러라고 할 때, 내가 받는 것은 1센트다. 훨씬 더 적을 수도 있다.

빈둥거리며 아무것도 하지 말라는 말이 아니다. 나는 일하는 시간을 최적화할 수 있는 기술을 알려줄 것이다. 이 기술로 시간을 효율적으로 운영하면 남는 시간에 당신이 정말 좋아하는 일을 찾고, 그 일을 시도해보고, 공부하고, 마스터할 수 있다.

나는 회사에서 하루에 1시간 정도 회의실에 들어가 나오지 않곤 했다. 사람들이 노크해도 대답하지 않고 그 안에서 부업으로 하던 웹사이트 제작 사업에 필요한 통화를 했다. 사람들이 문을 두드리면 정말 진땀이 났다. 지금도 그 생각을 하면 진땀이 난다. 나는 이 책을 코로나19로 인한 격리 기간에 쓰고 있는데, 며칠째 옷을 갈아입지 못했다. 땀까지 나니 기분이 찝찝해졌다. 그 기억은 이렇게 생생하다.

내가 상근직으로 일하면서 1년에 4만 2,500달러(인상 후 연봉이다)를 받는 HBO를 떠나 웹사이트를 구축하는 내 '부업'으로 완전히 옮겨 가기까지 18개월이 걸렸다. 내가 하는 사업에서 나는 CEO였고 20명의 직원을 두었으며 상근직으로 일하던 회사에서보다 더 많은 돈을 벌었다.

돌이켜 보면 위험을 감수하기 싫었던 것이다. 나는 HBO에서 일할 때 팀 페리스Tim Ferriss가 쓴《나는 4시간만 일한다4-Hour Workweek》라는 책이 있었다면 좋았을 거라는 생각을 한다. 하지만 그때는 그 책이 나오기 전이었다. 그 책이 있었다면 80/20의 법칙을 배우고, 그 법칙이 생산성에 어떤 변화를 주는지 알 수 있었을 것이다. 게다가 이미 그때 누구도 해본 적 없는 새로운 방식으로 그 법칙을 변화시켜 삶에 적용했을 것이다. 80/20 법칙은 당신이 어떤 일에 쏟은 시간의 20퍼센트가 그 일로 창출되는 모든 가치의 80퍼센트를 차지한다는 개념이다. 이 법칙은 삶의 모든 분야에 적용된다. 사실상 물리학 법칙과 비슷하다('파레토 법칙'이라고도 한다. 한번 찾아보라).

만약 당신이 정원에 씨앗을 뿌리면 그중 20퍼센트가 전체 꽃의 80퍼센트를 피운다.

당신 회사에 직원이 100명 있다면 그중 20명이 당신 회사 전체 수익의 80퍼센트를 창출한다.

만약 당신이 자영업을 하고 있다면 고객 중 20퍼센트가 수익의 80퍼센트를 창출한다.

당신이 아마존닷컴이라면 방대한 온라인 서점에서 팔리는 모든 책 중 20퍼센트가 전체 판매량의 80퍼센트를 차지한다.

한편 〈와이어드〉의 전 편집장 크리스 앤더슨Chris Anderson은 새로운 디지털 세계에서 어떻게 모든 사람이 작은 것으로도 돈을 벌 기회를 얻는지 설명하면서 '롱테일(긴 꼬리)'이라는 말을 처음 사용했다. 긴 꼬리 이론은 사실 80/20 법칙과 반대지만 매우 흥미롭다.

우선 전 세계 작가 중 20퍼센트가 전 세계 책 판매량의 80퍼센트를 차지하는 것은 맞다. J. K. 롤링, 존 그리샴 같은 작가들이다. 하지만 크리스 앤더슨이 주목한 것은 모든 책을 온라인으로 살 수 있으므로 거의 모든 작가(최고가 되지 못한 나머지 80퍼센트의 작가)가 20퍼센트의 책 판매에 참여한다는 사실이다. 대부분의 작가가 겨우 한두 권을 팔지도 모른다. 하지만 그는 출판계가 짧은 꼬리(판매량 대부분을 차지하는 최고의 작가)와 조금씩 책을 파는 수많은 작가가 모인 아주 긴 꼬리로 구성된다고 지적한다. 크리스 앤더슨은 당신이 세상 모든 책을 모아놓고 판매한다면(아마존처럼) 긴 꼬리에서도 많은 돈을 벌 수 있다는 사실을 보여준다. 이것은 80/20 법칙을 이용하는 또 다른 방법이다.

팀 페리스의 주장은 이렇다. 만약 당신의 시간 중 20퍼센트만 사용해 대부분의 가치(분명히 말하면 80퍼센트)를 창출할 수 있다면 굳이 100퍼센트의 가치를 창출하기 위해 당신의 시간을 100퍼센트 써서 일할 필요는 없다. 즉 당신이 기업이라고 가정했을 때 수익이 감소해도 괜찮아야 한다는 뜻이다. 만약 당신의 회사가 100만 달러를 버는 데 당신의 시간을 100퍼센트 투자했다면 80만 달러(본래 수익의 80퍼센트)를 벌어도 회사는 문제가 없어야 한다. 그리고 당신의 시간은 20퍼센트만 사용한다.

그러면 다음과 같은 질문이(그리고 이득이) 생긴다. 남는 80퍼센트의 시간에 무엇을 할까? 14장 초반에 언급한 비생산적 활동을 할 것인가? 아니면 새로운 기술을 개발하거나 네트워크를 확장해(13장 '모두가 배워야 할 미시적 기술'에 소개한 '6분 네트워크' 참고) 새로운 수입원을 만들어볼 것인가?

미국 국세청에 따르면 수백만 달러 재산을 가진 사람들은 평균적으로 7개의 수입원을 가지고 있다고 한다. 직장은 여러 수입원 중 하나일 뿐이다. 그래서 만약 당신이 하나의 일자리에서 얻을 수 있는 수입의 100퍼센트를 위해 시간을 100퍼센트 써버린다면, **핵심적인** 20퍼센트의 시간을 효율적으로 3개의 다른 활동에 써서 일반적인 수입의 240퍼센트(80퍼센트×3)를 버는 사람보다 적은 돈을 버는 셈이다. 게다가 그들은 매주 40퍼센트의 여유 시간을 갖는다.

그렇다면 적절한 20퍼센트의 시간이 얼마인지 어떻게 알 수 있을까? 이것이 어려운 부분이다. 그리고 명확한 답은 없다.

- 앞에서 언급한 비생산적 활동을 모두 제거하면 비생산적 시간의 60~70퍼센트를 제거할 수 있을 것이다.
- 회의 시간을 없애거나 축소한다. 회의는 거의 비생산적이다.
- 할 일 우선순위를 정해 목록을 만든 다음 불필요한 일을 빼고 우선 순위 목록에 있는 일에 집중한다.
- 당신이 평소 성과의 100퍼센트를 올릴 필요가 없다는 사실을 인정한다. 80퍼센트의 성과로도 충분하며, 그 정도면 스트레스를 훨씬

덜 받고 성취할 수 있다.

- 몇 주 동안 당신의 모든 활동을 일지로 기록한다. 그러면 각각의 활동이 얼마나 생산적인지 가늠할 수 있다. 예를 들면 '그 활동이 얼마나 많은 수익을 내는가?' 같은 식으로 활동을 평가해보면 100퍼센트의 일을 가장 효율적인 20퍼센트로 줄일 수 있을 것이다.

학창 시절 팀 페리스는 완벽주의자라 시험에서 A나 A⁺를 받지 않으면 매우 낙심했다고 한다. 시험 성적에서 20퍼센트의 잉여 점수를 받기 위해 그는 많은 시간을 더 노력해야 했다. 그가 모두 B 학점을 받는 데 만족했다면 공부하는 시간을 최대 80퍼센트 줄이고 그 시간을 다른 기술을 익히는 데 쓸 수 있었을 것이다.

당신도 그 정도에 만족해야 한다.

그런데 이제 우리는 80/20 법칙을 변형해 그 20퍼센트를 1퍼센트까지 낮출 것이다.

↗ ↗ ↗

한번은 택시를 타고 가다 기사와 이야기를 나누었다. 억양이 특이한 그 사람은 터키에서 왔다고 했다. 나는 그가 체스를 둔다는 것을 알게 되었다.

나는 "아! 저도 체스를 둡니다"라고 말했다. 나는 그가 체스 룰을 잘 알고 있으며 취미로 가끔 체스를 두는 사람이라고 생각했다. 우리는 체스에 대해 이야기했다. 미국의 체스 시스템에서 나는 '마스터' 등급이다. 그 타이틀을 얻은 것만으로도 많은 혜택을 받았다. 사람들은 체스 마스터가 똑똑할 것이라고 잘못 생각한다. 이력서에 쓴 체스 마스터 덕분에 나는 대학에 갔고, 대학원에 진학했으며, 일자리도 제안받았다. 단지 사람들이 체스 마스터는 똑똑하다고 생각하기 때문에 돈을 벌기도 했다. 이는 잘못된 선입견이다!

나는 택시 기사에게 대회에 출전한 적이 있는지 물었다.

"네, 저는 터키 전국 챔피언이었어요."

"뭐라고요?"

"저는 인터내셔널 마스터예요."

이 말은 그가 나보다 상당히 강하다는 뜻이다. 그는 공부하고 꾸준히 대회에 참가해 마스터 등급에서 인터내셔널 마스터 등급으로 올라가기까지 5년이 걸렸다고 했다. 즉 나는 그가 한 노력의 20퍼센트만 들였다는 뜻이다. 나는 '겨우' 마스터일 뿐이고 그는 최고 수준인 인터내셔널 마스터였다. 하지만 내가 5년 더 노력했다 한들 그게 나에게 어떤 도움이 되었을까?

나를 고용한 사람, 나에게 투자를 맡긴 사람, 다양한 상황에서 나와 함께 일한 사람은 내가 마스터든 인터내셔널 마스터든 상관하지 않았을 것이다. 심지어 그 둘의 차이도 모를 것이다. 그 2가지가 같다고 생각하는 사람이 대부분이다. 보통 수준의 체스 선수들에게도 그 2가지는 같은 의미다. 일반적인 선수는 우리 두 사람이 구사하는 스타일의 차이를 구분하지 못할 것이다. 물론 나는 구분할 수 있다(하지만 그 택시 기사는 적어도 3번에 2번은 나를 이길 것이다). 나는 우선

순위를 분명히 하고 나의 처음 목표(마스터)를 달성한 뒤로 더 이상 시합에 나가지 않았다. 그러고는 그 타이틀을 이용해 우리 사회가 '지능적인' 활동에 능한 사람에게 주는 혜택을 누렸다.

당신은 한 걸음 물러서서 어떤 활동을 얼마나 오래 해야 목표 달성에 득이 될지 판단해야 한다.

자, 이제 변형해보자. 80/20 법칙을 80/20 법칙에 적용해본다.

80/20 법칙을 80/20 법칙에 적용하면, 64/4 법칙을 얻을 수 있다(80퍼센트×80퍼센트=64퍼센트, 20퍼센트×20퍼센트=4퍼센트). 정원에 뿌린 씨앗 중 4퍼센트가 전체 생산량의 64퍼센트를 만드는 것이다. 정원사라면 이 사실을 직접 확인할 수 있다.

당신이 한 일의 4퍼센트가 당신이 창출한 모든 가치 중 64퍼센트를 제공한다.

당신이 살면서 투자한 돈의 4퍼센트가 총 투자 수익의 64퍼센트를 만들어준다.

다른 부분에서도 마찬가지다.

이제 한번 더 해보자. 80/20 법칙을 64/4 법칙에 적용해본다. 그러면 투입한 가치 중 약 1퍼센트가 결과물의 50퍼센트를 창출하게 된다는 걸 알 수 있다(엄밀히 따지면 들인 노력 중 0.8퍼센트가 당신이 창출하는 모든 가치 중 51.2퍼센트를 만들어줄 것이다).

지금 당신의 시간을 100퍼센트 사용해서 창출하는 가치 중 50퍼센트를 만들어내는 핵심적 1퍼센트의 활동은 무엇일까?

당신이 고용주이고 100명의 직원이 있다고 생각해보자. 50/1 법칙에 따르면 당신의 직원 중 한 명이 회사가 창출하는 가치의 약

50퍼센트를 책임진다. 그 사람이 누굴까? 아니면 64퍼센트를 책임지는 4명은 누굴까? 80퍼센트를 책임지는 20명은?

중요한 것을 따져보자.

- 무엇이 '가치'인지 분명히 한다. 총수입인가? 이윤인가? 신규 판매량인가?
- 따져보기 시작한다. (예를 들면) 이번 달 신규 판매량의 80퍼센트를 이끈 20명은 누굴까? 20명 중 80퍼센트의 80퍼센트를 책임진 4명은 누굴까? 그중 최고의 한 명은 누굴까?

한 달 동안 당신이 하는 일을 모두 달력에 적어라. 아주 작은 일도 놓치지 마라. 이를테면 "10:03~10:05, 화장실"처럼 기록한다. 하루를 되돌아볼 때 비생산적인 일에 얼마나 많은 시간을 들였는지 기억하지 못하거나 알아채지 못하는 사람이 많다. 한 달 뒤에 이 데이터를 가지고 당신이 중요하다고 생각하는 우선순위를 확인하면서 가장 많은 성과를 낸 1퍼센트의 시간을 찾아내라. 어떤 일에서 원래 시간의 1퍼센트만 쓰는 대신 절반의 결과물만 얻어도 괜찮다면, 그 일은 본래 들이던 시간의 **1퍼센트만** 사용하도록 일정을 조절한다. 남은 99퍼센트의 시간에 넷플릭스 프로그램을 몰아서 볼 수 있다는 뜻이 아니다. 물론 그럴 수도 있다. 가끔은 그것도 나쁘지 않은 아이디어다. 휴식과 회복의 시간도 뇌, 특히 창의력에 중

요하다. 스트레스 해소에 좋기 때문이다.

이제 당신이 탐험하고 싶은 다른 활동은 무엇인지도 찾아보자. 당신은 거의 모든 시간을 해방시켰다. 물론 수입은 예전의 절반이 되었지만, 인생은 즐거울 것이다. 시간이 많아졌으니 새로운 관심 사를 찾아볼 수 있고 새로운 일로 돈을 벌 수 있다. 창작 활동을 통해 좋은 기회를 얻을 수도 있다.

예를 들어보자. 내가 투자에 관심 있는 사람들을 위한 소셜 네트워크 사이트 스톡피커를 설립했을 때, 거기에는 여러 메뉴가 있었다. 우선 유명 투자자들의 주식 포트폴리오를 실어서 사람들이 워런 버핏, 칼 아이칸Carl Icahn 같은 투자 거인들이 어떤 주식을 고르는지 공부할 수 있었다. 또 이용자를 연결해 서로 메시지를 보낼 수 있었다. 게시판을 만들어 사람들이 "최고의 주식은 구글!" 같은 스레드를 시작하고, 거기에 모두가 참여할 수 있었다. 또 이용자가 자기 포트폴리오를 입력하면 알고리즘을 통해 유사한 포트폴리오를 연결해주었다. 그래서 이용자는 마음이 맞는 사람들과 함께 투자에 대해 의논하기도 했다. 끝으로 거기에는 여러 주식 스크리너(종목 검색기)의 결과를 목록으로 만든 페이지가 있어 '어제 가장 하락한 종목' 또는 '5월 최고의 주식' 같은 것이 실렸다.

나는 모든 메뉴가 매우 자랑스러웠다. 그런데 트래픽을 조사해보니 접속자 대부분이 게시판에만 머물렀음을 알 수 있었다. 포트폴리오를 확인하는 일은 드물었다. 이 사이트에 투입한 내 노력에서 게시판에 들인 것은 20퍼센트였다. 그리고 그 게시판이 전체 트래픽의 최소 80퍼센트를 창출했다. 그래서 나는 좀 더 자세히 알아보기로 했다. 트래픽의 대부분은 "지금 저평가된 주식은 뭐죠?"라든 가 "배당률이 가장 높은 주식은 뭐죠?" 같은 질문으로 시작되는 메시지 스레드에서 이루어졌다.

그 사이트의 4퍼센트(질문으로 시작되는 게시판)가 전체 트래픽의 최소 60퍼센트를 만들어내고 있음을 확인했다. 그래서 나는 새로운 것을 시도했다. 질의응답 전용 섹션을 만든 것이다(하루면 프로그램으로 만들 수 있다). 어떤 질문이든 해도 되고 누구든 답변할 수 있다. 질의응답란을 만든 바로 그날, 그 사이트의 페이지 뷰가 두 배로 늘었다. 대부분의 가치를 생산하는 20퍼센트가 무엇인지 알아내자, 더 많은 트래픽을 유도하도록 사이트를 개선하는 데 집중할 수 있었다. 트래픽이 늘자 광고가 늘었고, 그 결과 수익도 늘었다.

그리고 나는 또 다른 특이 사항을 발견했다. 유명한 투자자 한 명이 질의응답란에 올라온 많은 질문에 답해주고 있었다. 그의 응답이 사이트 페이지뷰의 50퍼센트를 만들어내고 있는 것 같았다. 그가 나의 1퍼센트였던 것이다! 그래서 나는 다른 유명 투자자를 몇명 찾아내 그 사이트에서 질문에 답을 해달라고 요청했다. 그러자 사이트의 트래픽은 다시 두 배 증가했다.

80/20 법칙에서 파생된 50/1 법칙을 사용함으로써, 그리고 성공을 어떻게 측정할지(이 경우에는 페이지뷰였다) 분명히 판단함으로써 내 사업의 가치를 증진하고 시간도 얻을 수 있었다. 사업 자체는 변한 것이 없었다. 하지만 매일 하던 주식 스크린 업데이트를 일주일에 한 번만 했다. 슈퍼스타 투자자들이 가진 모든 주식 포트폴리오를 업데이트하는 대신 일정량의 포트폴리오만 업데이트했다. 그 사

이트가 투자에 관련된 질의응답 사이트에 가깝다는 사실을 깨달았기 때문이다. 나는 이런 식으로 빠르게 페이지뷰, 수익, 사업 가치를 늘려 설립한 지 단 몇 개월 만에 사이트를 매각할 수 있었다.

친구 한 명이 블로그를 시작했다. 블로그에 그녀의 일과, 가족, 남편 이야기를 썼다. 그녀는 어떤 게시글이 다른 것보다 더 나은지 확인하기 위해 분석 자료를 살펴볼 생각은 해보지 않았다. 그런데 한번 분석해보고 나서 (전체 게시글의 약 20퍼센트를 차지하는) 육아 팁을 적은 게시글이 페이지뷰 대부분을 책임지고 있음을 알게 되었다. 그래서 육아 팁을 제공하는 게시물을 더 많이 올렸더니 페이지뷰가 증가했다. 더 자세히 조사해보니, 그녀의 5세 미만 자녀를 가르치고 훈육하는 방법과 팁을 담은 게시물이 10대 자녀에 대한 게시물보다 훨씬 더 많은 페이지뷰를 기록했다. 그래서 5세 미만 자녀에 대한 게시물을 더 많이 썼다. 블로그의 페이지뷰가 증가하자 그녀는 광고란을 팔기 시작했다. 그리고 다니던 직장을 그만두었다. 취미로 시작했던 것에 80/20 법칙을 적용하고, 또 80/20 법칙을 적용하고, 또 적용하자 그녀의 삶이 바뀌었다.

이 법칙은 일에만 적용되는 것이 아니다. 삶의 모든 면에서 유용하다.

2012년, 나는 항상 너무 바빴고 내 삶이 싫었다. 나는 너무 많은 블로그 게시글을 썼다. 다양한 뉴스쇼에 나가려 했다. 그렇게 해서라도 (제정신이 아닌 상태에서) 사는 의미를 찾고 싶었다. 나는 돈 벌 기회를 찾기 위해 매우 열심히 노력했지만 결국 끝없는 토끼굴에 빠져 너무 많은 시간을 허비했고, 얻어낸 결과는 없었다. 때로는

2~3일 동안 일상을 벗어나 비즈니스 회의를 하러 갔지만 대부분 아무런 성과도 없었다. 몇몇 회사의 이사회 일원이었지만 엄청난 시간 낭비일 뿐이었다. 파산 위기에 몰리기 전까지 아무도 내 제안에 귀 기울이지 않았다. 그리고 그런 위기에 몰리면 희망이 없었다.

나는 내가 몸담고 있던 모든 이사회를 그만두었다. 회사 고문 자리도 모두 내놓았다. 뉴스쇼(3분의 영광을 위해 엄청난 시간과 에너지를 낭비했다)도 하차했다. 회사 설립조차 그만두었다. 나는 지난 몇 년간 내가 번 돈 절반이 기존 회사에 수동적 투자를 한 결과라는 것을 깨달았다. 내 첫 번째 투자 원칙은 나보다 똑똑한 사람들과 함께 투자하는 것이다. 그러면 내가 충고할 필요가 없고 이사직을 유지할 필요도 없다. 단지 대단한 사람들이 이룬 업적을 이용하면 된다.

예를 들어 2006년 내가 CNBC에 나왔을 때 모두가 나를 비웃었다. 나는 바로 직전에 마이크로소프트에서 10억 달러를 제안받은 페이스북이 그 제안을 거절한 것은 잘한 일이라고 〈파이낸셜타임스〉에 기사를 썼다. 언젠가는 페이스북의 가치가 1,000억 달러를 넘으리라 예상했기 때문이다. 10억 달러보다 백 배가 많은 가격이다. 모두 나에게 바보라고 했다. 하지만 나는 페이스북이 '아주 작고 조직화한 인터넷'이라고 생각했기에 그런 기사를 썼다. 나는 그 회사에 투자하고 싶었지만 방법을 몰랐다. 하지만 10년 전의 나는 인터넷 동향을 이용해 돈 버는 방법을 알고 있었다. 큰 회사들이 월드와이드웹이라는 새로운 도구를 사용할 수 있도록 도움을 주는 웹 개발 에이전시를 차렸던 것이다.

완벽한 아이디어 교배가 일어났다! 페이스북+인터넷으로 돈을 버는 오래된 방법=기업의 인터넷 이용을 도와줄 페이스북 광고 에 이전시. 나는 그런 회사가 있는지 찾아보았다. 2007년 여름, 내 친구 마이클 라제로가 차린 회사를 발견했다. 하지만 나는 나보다 똑똑한 사람이 함께하지 않으면 투자하지 않는다. 그런데 페이스북 첫 외부 투자자 피터 틸이 나 같은 사람들과 함께, 똑같은 조건으로 투자한다고 했다. 나도 낄게요! 그 후 몇 년 동안 CEO 마이클에게 조언해주고 싶을 때도 그는 내 전화에 거의 회신하지 않았다. 나는 쓸모없었다. 이게 바로 내가 원하는 바였다. 그들에게는 내 조언이 필요 없었다. 2012년, 그들은 세일즈포스닷컴salesforce.com에 8억 달러를 받고 회사를 매각했다.

나는 2007년부터 2012년까지 버디 미디어에 내 시간의 1퍼센트도 쓰지 않았다. 하지만 그 기간에 내가 번 돈의 50퍼센트는 버디 미디어에서 나온 것이다. 그래서 나는 내 조언이 필요 없는 비공개 기업에 투자하는 일만 **제외하고** 그동안 돈을 벌기 위해 한 모든 것을 그만두었다. 나보다 똑똑한 투자자들이 나와 같은 조건으로 같은 회사에 돈을 투자한다면 함께 투자하기로 했다(별로 어렵지 않다). 나는 해오던 일의 99퍼센트를 그만두었다. 그중 대부분은 하기 싫은 일이었다.

이제 여유 시간이 많아졌다. 나는 돈벌이에 쓰던 시간의 1퍼센트만 사용했다. 돈을 50퍼센트 덜 벌었지만 절약한 시간에 내가 좋아하는 일을 했다. 2012년 말쯤이었다. 이후 나는《과감한 선택》을 써 2013년 6월에 출판했다. 그 책은 내가 쓴 책 20권 중 가장 많이 팔렸다. 그리고 2013년 말에 팟캐스트 〈제임스 알투처 쇼〉를 시작했다. 지금까지 다운로드 수는 거의 1억에 달한다. 팟캐스트는 나에게 정말 큰 즐거움이다.

팟캐스트를 시작할 때 스스로 질문을 해보았다. 어떤 게스트를 초대해야 다운로드 수가 가장 많이 나올까? 초창기에 내 팟캐스트의 게스트 중 80퍼센트가 유명인이었다. 그래야 할 것 같았다. 유명하지 않은 사람보다 유명인이 나오는 방송을 더 많이 다운로드할 것이라고 생각했기 때문이다. 나머지 20퍼센트는 독특한 일을 했거나 내가 굉장히 궁금해하는 주제로 책을 쓴 사람들이었다. 그런데 많은 다운로드 수를 기록한 것은 **이런 사람들**이 출연한 방송이었다. 방송에서 내가 호기심을 보이자 청취자도 호기심이 생겨 친구들과 방송을 공유했기 때문이다.

이런 접근법은 코미디에서도 통했다. 어느 날 나는 가장 좋아하는 코미디언 중 한 명의 특집 방송을 보면서 모든 것을 관찰했다. 관객이 몇 초 간격으로 웃는지, 웃음소리가 얼마나 큰지, 그 코미디언이 어떤 농담을 하는지 등등을 말이다. 그는 정말 훌륭한 코미디언이었으며 농담 하나하나가 수년간 신중하게 갈고닦은 것이었다. 그리고 그는 방송 내내 웃겼다. 그런데 그가 목소리로 웃길 때마다, 즉 웃기는 캐릭터를 연기할 때마다 관객들의 웃음소리가 더 크고 오래간다는 사실을 발견했다. 그가 목소리 연기를 많이 할수록 더 재미있는 쇼가 될지는 알 수 없었다. 어쩌면 사람들이 지겨워할 수도 있다. 하지만 나는 나 자신이 코미디 쇼에서 목소리 연기를 전혀 하지 않는다는 사실을 깨달았다. 그래서 내 쇼에 목소리 연기를 넣어보았다. 그리고 무대에서 '연기'를 더 많이 하는 실험을 했다. 무대에서 다양한 사람들에 대한 웃긴 얘기를 그냥 말로만 하지 않고 그 캐릭터의 역할을 연기하는 식으로 농담을 했다. 당신이 짐작하는 대로다. 더 많은 웃음이 쏟아졌다.

50/1 법칙은 효과가 있다. 내가 팟캐스트에서 버는 돈은 비공개 기업에 투자해서 버는 돈처럼 많지 않다(사실 지금까지도 팟캐스트로 버는 돈은 없다). 하지만 팟캐스트는 내가 좋아하는 일이다. 그리고 모든 시간을 경제활동에 들였을 때 벌 수 있는 돈보다 50퍼센트 적게 벌더라도 괜찮다. 돈을 더 번다고 해도 이사회 회의에 참석하기는 싫다. 돈을 더 번다고 해도 컨설팅 일을 하기는 싫다. 나는 글쓰기가 좋고 팟캐스트가 좋다. 수월하게 일해 충분히 돈을 벌고 당신이 좋아하는 것을 할 시간이 많아진다면 무엇이 더 필요하겠는가?

나는 내 수입 중 50퍼센트를 창출하는 1퍼센트가 무엇인지 찾아냈다. 그 덕분에 새로운 아이디어를 내고 새로운 창조적 기회도 발견할 수 있었다. 더 많은 책을 읽고, 더 많은 시간을 내가 좋아하는 사람들과 보낼 수 있었으며 〈로스트Lost〉 시리즈 전체를 적어도 6번은 몰아 볼 수 있었다. 더 이상은 컨설팅(우웩!)도, 이사회(욱!)도, 사업 출장(휴가가 포함되어 있지 않은 이상)도 없다. 나는 덜 번다! 하지만 내가 좋아하는 것을 할 시간이 많다.

항상 잘되는 것은 아니다. 몇 년씩 수입이 전혀 없을 때도 있고 꽤 괜찮게 벌 때도 있다. 예민해지고 다시 돈을 벌 수 있을까 하는 생각이 들 때도 있다. 하지만 나는 50/1 법칙을 믿는다. 그리고 지난 9년간 50/1 법칙은 정확히 예상대로 작용했다.

15장

두 걸음 물러나기

SKIP THE LINE

조이 콜먼Joey Coleman은 비밀검찰국, 백악관, CIA 같은 곳에서 일하고 싶었다. 하지만 어떻게 해야 그런 곳에서 일자리를 구할 수 있는지 몰랐다.

"나는 워싱턴에 와서 로스쿨에 다녔어요. 그리고 비밀검찰국에 전화했더니 그곳에는 법률 사무원 프로그램이 없다고 했어요. 하지만 대학생 인턴 프로그램은 있었지요."

그는 대학생 인턴 프로그램에 지원했다. 그러자 인턴십 프로그램 책임자가 그에게 전화했다. "지원을 잘못하신 듯해요. 조이 콜먼 씨는 필요 이상의 자격을 갖추신 것 같습니다. 이 프로그램은 대학 재학생을 위한 것인데 콜먼 씨는 로스쿨에 재학 중이시네요."

조이 콜먼은 말했다. "맞습니다. 하지만 저는 복사를 하거나 커피를 준비해주는 일도 기꺼이 잘할 수 있습니다. 대학생 인턴이 하는 일은 모두 할 수 있어요. 그리고 만약의 경우지만 비밀검찰국 법무자문위원 사무실에서 조사를 도와줄 법률학 전공생이 필요할 수도 있고요."

조이 콜먼은 나중에 나에게 이렇게 말했다. "인턴 프로그램 책임자가 훌륭하게 업무를 처리하도록 돕고 싶었어요. 그녀가 법무자문위원 사무실에 가서 무료 법률 사무원을 데려왔다고 말하는 순간, 그 사무실에 꼭 필요한 일을 해준 셈이니까요. 게다가 무료로요! 일이 잘 안 돼서 법률 사무원이 되지 못해도 저는 그저 자격 넘치는 인턴사원이 될 뿐 손해 볼 건 없어요. 그리고 비밀검찰국이 어떤 곳인지 배울 수 있지요."

그는 합격했다. 비밀검찰국의 법무자문위원 사무실은 법률 조사를 맡길 인턴이 생긴 것을 알고 열광했다. 그해에는 선거가 있었고, 조이 콜먼은 여름 내내 클린턴 행정부의 매우 중요한 문제를 처리했다. 가장 중요한 것은 그가 '기밀' 정보 취급 허가를 받았다는 사실이다. 로스쿨로 돌아와 2학년에 재학 중일 때 그는 백악관에도 전화했다. 백악관에는 법률 사무원 프로그램이 있긴 하지만 하버드, 예일, 스탠퍼드 같은 최고의 로스쿨에 다니는 엘리트 중의 엘리트 학생만으로 구성되며 지원자 수만 명 중 단 7명만 뽑는다고 했다.

"저는 학교 법률 학술지 편집장 경력 같은 것도 없었어요." 조이가 말했다. "제가 7명 중 한 명이 될 가능성은 거의 없다고 생각했죠."

그는 말을 이어나갔다. "하지만 백악관에도 대학생 인턴 프로그램이 있어 거기에 지원했어요. 그리고 똑같은 일이 생겼죠. 인턴 프로그램 책임자가 전화해서는 '지원을 잘못하신 것 같습니다. 이 프로그램은 대학생을 대상으로 합니다'라고 말했거든요."

콜먼은 그녀에게 말했다. "알아요. 하지만 저는 복사하기, 자료 정리, 커피 준비 등 대학생 인턴이 하는 모든 일을 기꺼이 할 수 있습니다. 혹은 백악관 법무자문위원 사무실에 연락해서 인턴 프로그램에 로스쿨 2학년 학생이 있으니 원한다면 무료로 법률 조사나 소송 준비를 돕게 할 수 있다고 말해볼 수도 있을 거고요("알고 보니 법무자문위원 사무실에서 그런 사람이 무척 필요했어요! 선거가 있는 해였고 화이트워터 사건도 있었으니까요. 너무 많은 일이 있었기 때문에 그들은 내가 온다고 하니 정말 좋아했다고 해요")."

그는 백악관 인턴십 프로그램 운영자에게 이렇게 덧붙였다. "저는 '기밀' 정보 취급 허가를 받았습니다. 그리고 백악관의 모든 직원이 '일급 기밀' 취급 허가를 받아야 한다고 알고 있습니다. 저는 이미 기밀 정보 취급 허가를 받았으니 일급 기밀 취급 허가도 쉽게 받을 수 있을 겁니다."

그렇게 해서 로스쿨 2학년인 그는 백악관에서 대학생 인턴으로 일했다. 그는 결국 그해의 대부분을 백악관의 중심부에서 법률 조사와 소송 준비를 하며 보냈다.

"그다음엔 여름 프로그램을 이용해 CIA에서 일해보고 싶었어요." 조이가 말했다. "CIA에도 법률 프로그램이 있긴 했지만 이번에도 역시 들어가기가 너무 어려웠죠." 그는 지원했고 일급 기밀 취급 허가를 받았음을 언급했다. "일급 기밀 취급 허가를 받으려면 몇 개월 걸리거든요. CIA 입장에서는 일급 기밀 취급 허가를 받게 하려고 돈과 시간을 들이기보다는 저를 뽑는 편이 더 쉬웠을 겁니다."

한편 CIA에서 일하는 동안 그는 상근직을 제안받았다. 그는 이렇게 말했다. "정말 고민했어요. 적어도 6개월은 고민했죠. 하지만 아버지 로펌에서 형사사건 변호사로 일하기로 했어요." 그로부터 몇 년 후, 그는 성공적인 광고 에이전시를 시작했다.

내가 조이를 만난 건 그로부터 10년이 훌쩍 지난 2013년이었다.

그때 우리는 같은 콘퍼런스에서 강연을 했다. 그 콘퍼런스에서는 모든 강연이 끝난 후 청중이 가장 유익한 강연을 한 사람을 투표로 뽑아 그에게 3만 달러를 주기로 되어 있었다.

나는 좋은 강연을 했지만 그것으로는 부족했다. 조이가 압승을 거두었다.

"그것이 저의 두 번째 강연이었어요." 조이가 나에게 말했다. "하지만 그 콘테스트에서 우승하면 전문적으로 강연을 해봐야겠다고 생각했어요."

그는 우승했고, 지금은 전국에서 가장 성공적인 기업 강연자 중 한 명이다.

그의 비결은 무엇이었을까? "강연하기 전 콘퍼런스 주최자 제이슨 게이그나드Jayson Gaignard에게 전화해 청중 명단을 부탁했어요. 형사사건 변호사를 하면서 알게 된 것이 2가지 있어요. 이름을 부르면 그 사람이 좀 더 인간적인 면을 보인다는 사실이에요. 그래서 형사사건 변호사는 언제나 의뢰인의 이름을 부릅니다. 반면 검사는 인간적인 느낌을 지우기 위해 제 의뢰인을 '피고'라 부르지요. 또한 가지 배운 점은 사진이 천 마디 말보다 낫다는 사실이에요."

그래서 그의 강연에는 '청중을 알고 고객을 아는 것'이 중요하다는 생각이 녹아 있었다. 그리고 그곳에 있는 모든 사람의 페이스북 페이지에서 가져온 사진을 슬라이드로 보여주었다. 2002년에 갓 태어난 아기를 안고 있는 내 사진이 실린 기억이 난다. 나는 그것을 보고 눈물이 났다.

모두가 조이를 뽑았다. 박빙의 승부도 아니었다. 그는 변호사, 광고 에이전시 설립자에서 하루아침에 유명 대중 연설가가 되었다.

내가 쓰고 있는 책의 주제를 이야기하자 그는 소리쳤다. "제 경력에 '단숨에 도약하기' 비법이 숨어 있었군요!"

그의 경우 동료들보다 두 걸음 물러남으로써 단숨에 도약할 수 있었다. 그는 자신의 경험과 교육의 절반 정도를 인턴십에 할애했다. 이런 식의 도약은 단순히 실현 가능성의 문제가 아니다. 이는 에고를 괴롭히고, 우리가 속한 무리에 머물고 싶고, 지위를 지키고 싶은 타고난 본능을 괴롭힌다. 하지만 뒤로 물러나 도움닫기를 할 수 있다면, 우직하게 터벅터벅 걸어가는 사람들을 단숨에 뛰어넘을 수 있다.

ↀ ↀ ↀ

조 모글리아Joe Moglia는 7년 동안 에머리트레이드Ameritrade CEO로 일하면서 회사 가치를 7억 달러에서 120억 달러까지 높였다. 월스트리트의 가장 노련한 CEO로서 에머리트레이드 주주들을 위해 회사의 값어치를 높였고, 그 회사를 캐나다의 토론토-도미니언Toronto-Dominion 은행에 매각했다. 그 합병으로 탄생한 회사가 TD 에머리트레이드이며 CEO는 조 모글리아였다. CEO로서 계속 일한다면 그는 엄청나게 큰돈을 벌 수 있었다.

하지만 모글리아는 그러지 않고 2008년에 회사를 그만두었다. "더 이상 재미있지 않았어요." 그는 나에게 말했다. 그는 인생에서 가장 행복한 순간이 풋볼 코치를 할 때였음을 깨달았다.

그는 첫사랑에게 돌아갔다. 바로 스포츠다. 그는 어릴 때 운동선수였다. 교육학 석사 학위를 받은 후 풋볼 코치가 되었다. 16년간 코치로 재직하다가 다트머스대학 풋볼 팀의 수비 코치를 끝으로 1983년에 그 일을 그만두었다. 이제 그는 다시 코치가 되고 싶었다. 하지만 25년간 풋볼계를 떠나 있었기 때문에 "안 돼!"라는 말을 수없이 들었다. 비록 16년의 코치 경력이 있고 수십억 달러짜리 기업의 CEO였다고 해도 아무도 그를 고용하지 않을 터였다. 결국 그는 네브래스카대학University of Nebraska 풋볼 팀의 헤드 코치 보 펠리니Bo Pelini를 찾아가 그의 보조 코치가 되겠다고 했다. 펠리니는 말했다. "좋아. 안 될 이유가 없지."

모글리아는 날마다 훈련에 참여해 내용을 기록했다. 또 플레이북을 연구하고 코치 회의에 참석했다. 그는 팀 회의에서 필요한 내용이 있을 땐 서슴지 않고 이야기했다. 하지만 그렇지 않을 때는 다른 사람들의 말을 잘 듣고 배웠다.

2011년, 그는 유나이티드 풋볼 리그United Football League의 오마하 나이트호크스Omaha Nighthawks 팀 헤드 코치가 되었다. 그로부터 1년 후에는 코스털 캐롤라이나대학Coastal Carolina University의 헤드 코치가 되었다. 그가 맡은 첫해에 코스털 캐롤라이나대학은 콘퍼런스 챔피언십에서 우승했고, 모글리아는 '올해의 빅 사우스 풋볼 코치'로 선정되었다. 2019년, 6시즌 동안 성공적으로 코치 경력을 쌓은 그는 자리에서 내려와 은퇴했다. 그렇게 해서 그는 1960년대부터 소망하던 성공한 대학 코치라는 꿈을 이루었다. 조 모글리아가 코치를 맡은 동안 코스털 캐롤라이나대학은 56승 22패라는 놀라운 기록을 세웠다.

만약 그가 서열 안에서 차지한 위치에 집착했더라면 수십억 달러를 벌 수 있는 자리에서 물러나 사원 자리까지 내려가지 않았을 것이다. 보조 코치는 더더욱 되지 않았을 것이다.

자존감에 대한 염려도 좋아하는 일로 성공할 기회를 막는 요인이다. 언제나 당신 주변 사람들이 최대한 돋보이게 해라. 모글리아도 보 펠리니 코치가 성공적인 성과를 낼 수 있도록 헌신했다. 그리고 펠리니는 60세의 성공한 은행 CEO가 훌륭한 코치가 될 수 있도록 지도해주면서 그의 헌신에 보답했다.

바로 그때 그는 한 번에 세 걸음 앞으로 나아갈 수 있었고, 성공한 대학 풋볼 헤드 코치의 꿈을 이룰 수 있었다.

16장

비틀거리며 버티기

SKIP THE LINE

내 경력은 시작부터 잘못되었다.

내가 HBO에서 실제로 일을 시작하기 2년 전인 1992년에 HBO에서는 다른 일자리를 제안했다. 그 일을 했더라면 좋았을 텐데. 회사에서 제안한 것은 새로운 '가상현실' 분야 일자리였다. 나는 아무런 답을 주지 않았다. 나한테 맞지 않는 일이라고 생각했다.

왜 그랬을까?

나는 사람들이 나를 좋아한다고 느끼기 전까지는 '현실 사회'에서 직장을 구하고 싶지 않았다. 자존감이 낮았기에 HBO 같은 곳에서 일하는 사람들이 나를 좋아하게 하려면 내가 소설을 출판하는 방법밖에 없다고 생각했다. 그래서 글을 쓰고, 쓰고, 또 썼다. 나는 《오르페우스의 책The Book of Orpheus》(24세에 쓴 진부하고 상투적인 책이다)이라는 소설을 썼다. 400쪽 분량이었는데 진짜 내 모습이 아닌, 내가 꿈에서라도 한번 되어보고 싶은 사람의 이야기였다. 이 소설을 쓰는 데 1년이 걸렸다. 40번도 넘게 거절당한 후에 또 다른 소설을 썼다. 제목은 《다윗의 책The Book of David》이었다(나도 안다). 성서 속 인물 다윗의 이야기를 다른 관점으로 해석했다.

또 40번 넘게 거절당했다.

나는 또 소설을 썼다. 제목은《매춘부, 포르노 소설가, 로맨스 소설가, 그리고 이 모두를 사랑하는 사람들The Prostitute, The Porn Novelist, The Romance Novelist, and Their Lovers》이었다(영화〈요리사, 도둑, 그의 아내, 그리고 그녀의 정부The Cook, the Thief, His Wife & Her Lover〉를 차용해 바꾼 것이다).

또 40번 넘게 거절당했다.

단편 작품 40~50편도 썼다. 수천 번 거절당했다.

중편소설도 썼다. 실력을 키우고 싶어 수천 권의 책을 읽고, 그 책들의 비평서도 읽었다.

나는 빈손으로 사회생활에 뛰어들기가 두려웠다. 아무도 나를 좋아하지 않을 것 같았다. 아무도 나를 특별하게 생각하지 않을 것 같았다. 내 자존감은 이 정도로 낮았다. 내가 특별한(이를테면 사람들이 "저 사람 누구야?" "아, 저 사람? 소설가래!"라면서 몰래 수군거리는 것) 존재가 되지 않으면 사람들이 나를 싫어하거나 더 나쁜 경우에는 나에게 전혀 관심을 보이지 않을 것만 같았다. 여자들도 나를 싫어할 것 같고, 모두가 내 아이디어를 비웃을 것 같았다.

1994년, 26세인 나는 작가로서 성공하지 못할까 봐 두려웠고 내 일에 만족하지 못했으며 인간관계도 힘들었다. 의견 대립을 대화로 푸는 데 서툴렀던 나는 힘겨운 인간관계에서 벗어나는 방법은 뉴욕으로 가는 것뿐이라고 생각했다. 모두가 사랑하고 존경하는 유명 작가가 되려는 목표는 이루지 못했지만 그래도 HBO에 취직했다. 글을 수백만 페이지 썼지만 단 한 페이지도 출판하지 못했다.

1994년은 일자리를 얻기 힘든 때였다. 하지만 몇 달 뒤 나는 뉴욕시에서 첫날을 보내고 있었다. 나는 정장을 입고 HBO 건물에 있는 칸막이 자리에 앉았다. 첫 3개월 동안 일을 엉망으로 처리했고, 회사는 실력을 보충해주기 위해 나를 컴퓨터 강좌에 보냈다. 대학에서 컴퓨터공학을 전공하고 대학원까지 들어갔는데 말이다.

나는 최악의 직원이었다. 회사에서는 분명 날마다 나를 해고하려 했을 것이다.

'완벽한' 모습을 보여주지 못해서 나를 좋아하는 사람이 없을까 봐 두려웠다. 항상 두드러지고 싶었고 특별해지고 싶었다. 그렇지 않으면 내가 엉터리라는 게 '들통날' 것 같았다. 하지만 몇 개월 동안 나를 돋보이게 할 아이디어를 고심하던 중 마침내 한 가지를 찾아냈다. 당시 HBO에는 웹사이트가 없었다. 내부 직원을 위한 인트라넷도 구축되어 있지 않았다. 직원 대부분은 웹이 뭔지도 몰랐다. 그래서 어느 주말에 나는 연속 48시간 동안 회사에 머물면서 인트라넷을 구축하고 컴퓨터 100대에 웹브라우저(모자이크Mosaic, 최초의 브라우저로 마크 앤드리슨Marc Andreessen이라는 일리노이대학의 젊은 학생이 만들었다)를 설치했다. 월요일 아침, 모두가 사무실에 와서 새로운 도구를 보며 흥분했고, 이 일을 계기로 내 직업 경력이 완전히 바뀌었다.

"완벽은 전진의 적이다"라는 말이 있다. 하지만 여기에 한마디 덧붙이자면 당신은 성공을 위한 길을 따라가며 비틀거려볼 줄 알아야 한다. 26세의 나는 그 직업이 무서웠고 적임자가 아니었다. 하지만 내가 원하는 대로 만들어진 길은 없다. 나는 직장에 나간 첫날, 직원들의 칭송을 한 몸에 받는 성공한 소설가가 아니었다. 심지어 그 자리에 적합한 사람도 아니었다. 사실 나는 아무것도 몰랐다.

부자는 천천히 벌지 않는다

나는 비틀거리며 전진하는 법을 배워야 했다. 그러면 넘어지고 다시 일어서도 *끄떡없을* 테고, 처음부터 완벽하지 않아도 괜찮을 것이다.

↗ ↗ ↗

라이트형제는 자전거포를 운영했다. 사람들은 자전거 타기를 좋아한다. 한편 미국 정부는 200만 달러를 들여 비행기를 하늘에 띄우려 하고 있었다. 라이트형제는 (작은 자전거포에서) 돈 많은 미국 정부와 경쟁했다. 누가 먼저 하늘을 날까?

정부는 비행기는 똑바로 날아야 하며 그렇지 않으면 추락할 거라고 확신했다. 흔들리면 안 된다. 티끌만큼의 결함도 **없어야** 했다. 그렇게 하지 못하면 실패할 것이다. 라이트형제도 똑같이 생각했다. 어느 날 어린아이가 자전거 타는 법을 배우는 걸 보기 전까지는 말이다. 아이는 자전거에 올라타 출발했고 몇 초간 비틀거렸다. 그리고 방향을 바꿀 때마다 다시 비틀거렸다. 하지만 곧 비틀거리기를 멈추고 앞으로 나아갔다. 아이는 자전거를 타고 있었다.

비틀거린 끝에!

라이트형제는 비틀거리는 비행기를 제작했다. 그리고 그 비행기는 날았다. 그렇게 라이트형제는 역사를 만들었다. 수백만 달러를 쓴 정부를 이긴 것이다. 라이트형제는 완벽함보다는 앞으로 나아가는 데 집중했기 때문에 해낼 수 있었다.

'앞으로 나아가는 것'은 단숨에 정상에 오르는 것이다. '완벽함'

은 영원히 줄을 서서 기다리는 것이다.

비틀거리는 것을 두려워하지 마라.

물론 두려움을 없애기는 어려운 일이다. 1956년, 존 F. 케네디는 《용기 있는 사람들Profiles in Courage》이라는 책을 냈다. 역사 속에서 대중의 의견을 거스르며 자신을 좋아하고 지지해주는 사람들을 잃을 위험을 무릅쓴 채 자신이 옳다고 생각하는 바를 끝까지 밀고 나간 사람들의 이야기다. 이 책은 퓰리처상을 받았다. 용기를 가진 역사 속 인물 8명의 이야기를 담은 책 한 권이 퓰리처상을 받을 만큼 큰 의미가 있다는 사실만 봐도 용기를 갖기가 얼마나 힘든지 알 수 있다. 당신이 지금 하는 일이 가치 있다는 사실을 알기에, 이해심과 통찰력을 가지고 당신에게 쏟아지는 증오를 견뎌내면서 전진하는 것. 이것이 진정한 용기다.

하지만 다른 사람들이 어떻게 생각하든 상관하지 않고 자신의 믿음을 꿋꿋이 지켜나가는 것이 쉬운 일은 아니다. 모두가 핑곗거리를 찾고 다툼을 벌인다. 두려움이 없는 사람은 없다.

하지만 두려움의 결과가 성장이라면 어떨까?

나는 팟캐스트를 할 때마다 두렵다. 부끄러움이 많은 성격인 데다 바보처럼 보일까 봐, 아니면 게스트가 나를 좋아하지 않을까 봐 두렵다. 또 게스트가 나에게 화를 낼까 봐 두렵다. 내가 방송 준비를 덜 했다고 할까 봐 두렵다. 청취자들이 내 팟캐스트를 싫어할까 봐 두렵고, 내가 잘하지 못하고 있는 것은 아닐까 두렵다. 모든 게스트가 나를 두렵게 한다.

나는 사업을 시작할 때마다 두렵다. 실패하면 어쩌지? 사람들이 나를 실패자라고 생각하면 어쩌지? 파산하면 어쩌지? 파산해서 아이들을 키우기 힘들어지면 어쩌지? 내가 파산해서 아무도 날 좋아하지 않으면 어쩌지?

나는 스탠드업 코미디 무대에 설 때마다 두렵다. 낯선 사람들이 가득한 공간에서 마치 광대처럼 무대에 오른다. 사람들이 웃지 않으면 어쩌지? 내 쇼가 재미있어서 웃는 게 아니라 나를 비웃으면 어쩌지? 야유를 보내거나 나를 싫어하면 어쩌지? 그것도 모자라 모두가 침묵하면 어쩌지? 다른 코미디언이나 쇼 매니저가 쇼를 망치는 내 모습을 보면 어쩌지?

나는 내가 쓴 기사가 세상에 나올 때마다 두렵다. 책이 나올 땐 더 두렵다. 잘 안 되면 어쩌지? 사람들이 내가 감이 떨어졌다고 생각하면 어쩌지?(제대로 감을 잡은 적은 있었던가.) 사람들이 "이 사람은 똑같은 얘기를 몇 년째 반복하고 있네"라고 생각하면 어쩌지? 사람들이 글을 읽고 내가 싫어져서 나에 대한 혐오 글을 포스팅하면 어쩌지? 내 의견에 동의하지 않는 친구들이 더 이상 나와 연락하지 않으려 하면 어쩌지? 그나마 있던 기술이나 재능도 잃어서 앞으로 40년 동안 그 능력을 되찾기만 기다리게 되면 어쩌지?

두려울 때마다 스스로 질문해본다. 이것은 내가 오랫동안 기다려온 기회인가? 누구도 해보지 못한 일을 해볼 기회인가?

나는 실패할까 봐 두렵지 **않다면** 사업을 시작하지 않는다. 쉬운 일이라면 왜 지금껏 아무도 하지 못했겠는가? 내가 남들이 하지 못한 일을 쉽게 할 만큼 똑똑하지 않다는 것쯤은 알고 있다.

청중이 내가 하려는 말을 너무 도전적이라고 느낄까 봐 두렵지

않다면 강연이나 코미디 쇼를 하지 않는다. 그것은 내 이야기를 기억하게 할 유일한 방법이기 때문이다. 청중의 사고방식에 도전하지 않으면 그들은 내가 한 말을 생각조차 해보지 않을 것이 분명하다.

나는 내가 쓴 기사를 보고 사람들이 나를 어떻게 생각할지 걱정되지 않는다면 기사를 내지 않는다. 나는 내가 새로운 이야기를 하고 있으며 그것이 독자와 내 생각의 범위를 넓혀줄 것이라는 사실을 인지하면서 글을 쓴다.

두려움을 이용해 성장하라. 두려움은 촉매제다. 그리고 성장은 당신이 책을 출판하는 이유이고, 소신을 말하는 이유이며, 새로운 것을 해보는 이유다. 지금 당신이 서 있는 줄에서 한 걸음 벗어나야 하는 이유이기도 하다.

17장

벗어나기

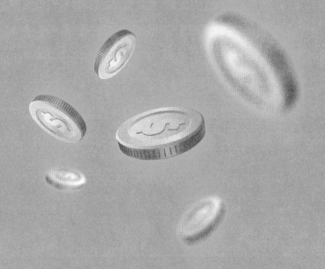

SKIP THE LINE
SKIP THE LINE

조녀선은 믿을 수 없었다. "회사가 직원을 모두 해고하고 퇴직금도 주지 않았어요." 그가 일하던 회사는 폐업했다. 전 직원에게 이메일로 해고 사실을 통보하곤 건물을 폐쇄했고, 전화나 이메일에도 응답하지 않았다. 직원들은 고펀드미GoFundMe를 통해 자금을 모으기로 했다. 나도 그 링크를 공유했다. 몇몇 사람이 돈을 기부했다.

"앞으로는 어떻게 할 계획이에요?"

그가 대답했다. "모르겠어요. 그곳에서 5년을 일했어요. 제가 하는 일도 정말 좋았고요. 저에게는 대안이 없어요."

↗ ↗ ↗

당신이 하는 일을 좋아한다면 괜찮다. 하던 일을 그만두고 기업가가 되려는 게 아니라면 괜찮다.

당신이 하는 일에서 성공하기 위해 이 책에 소개한 기업가 정신 기술을 이용하면 회사에서 '기업가적 노동자'가 될 수도 있다.

하지만 그렇다고 해도 당신에게는 대안이 필요하다. 40년 전에는, 아니 15년 전만 해도 꼭 필요하지 않았을지도 모른다. 하지만 이제 성역은 더 이상 없다. 투자가이자 작가 나심 니콜라스 탈레브Nassim Nicholas Taleb가 사용한 표현을 빌리면, 당신은 '안티프래질antifragile' 상태가 되어야 한다.

당신이 '프래질fragile', 즉 충격을 받으면 깨지기 쉬운 상태일 때는 해고당하면 삶이 엉망이 되고 우울해지고 빈털터리가 된다.

당신이 '리질리언트resilient', 즉 회복 탄력성이 있는 상태일 때는 해고를 당해도 저축해둔 돈으로 6개월 정도 생활할 수 있다. 당신은 정장을 입고 새로운 일자리에 지원해 4개월 후에는 직장을 얻는다. 연봉이 약간 줄고 통근 거리가 길어졌지만, 어쨌든 당신은 살아남았고 또 하루하루 열심히 살아갈 것이다.

당신이 안티프래질 상태라면 엄청난 타격을 입어도 곧 회복해 이전보다 더 강해진다. 그러므로 당신을 안티프래질 상태로 만들어줄 대안이 있어야 한다. 물론 당신은 해고되는 걸 바라지 않을 것이다. 하지만 만약 해고를 당한다 해도 전보다 더 강한 모습으로 다시 태어날 것이다.

왜 그래야 할까? 과거에는 일자리를 얻을 때 안정성을 추구했다. 우리 할아버지는 1941년에 일을 시작해 1970년대에 금시계를 받고 은퇴하셨다. 하지만 탈레브가 말했듯 "세계 3대 중독성 물질은 헤로인, 탄수화물, 그리고 안정적인 봉급이다". 기업은 의리를 지키지 않는다. 기업은 당신이나 나를 염려하지 않는다.

대안을 마련해야 하는 또 다른 이유는?

당신은 기업가 정신을 바탕으로 직원의 역량을 키워주고 직원이 창출한 가치에 맞는 보상을 해주는 곳에서 일하고 있는가? 그렇지 않다면 직장에서 상사의 자기중심적 변덕에 휘둘리기 쉽다. 회사를 그만두는 사람들 대다수는 '인정받지 못해서' 떠난다고 말한다. 즉 상사가 그들을 싫어한다는 것이다. 그 상사는 젊은이들이 새로운 기술을 배우는 동안에도 자기 자리를 지키느라 여념이 없으며 자주 연장 근무를 하고 가정을 등한시한다. 그 사람은 당신을 두려워한다. 그래서 당신이 성공해서 행복해지지 못하게 막을 것이다. 그리고 언제 빼앗길지 모를 중산층 지위를 지키기 위해 버스 밖으로 당신을 밀어낼 것이다.

중산층에 대해 이야기해보자. 25세에서 34세 사이 청년들의 평균 수입은 30년째 변함이 없다. 의료비는 급등하고 학자금 대출(특히 이 나이대 젊은이들에게 가장 큰 타격을 주는 부분이다)은 의료비보다 훨씬 더 치솟은 상황에서 이는 정말 통탄할 일이다. 기업도 젊은이들이 매달 엄청난 학자금 대출을 갚아야 하고 그러지 못하면 정부가 임금을 압류한다는 사실을 안다. 그리고 인터넷 사용이 증가하면서 자동으로 처리되는 업무가 많아지자 기업의 효율은 높아지고 인력의 필요성은 낮아졌다.

사장도 노동자도 이 사실을 안다. 그 결과 양측 모두 임금을 낮춘다. 과거에는 젊은 사람들이 기업을 설립해 혁신적 경영을 하고 다음 세대를 위한 변화를 주도했다. 하지만 더 이상은 아니다. 중산층은 무너졌다. 탈출구는 열정, 기술, 자신이 속한 계급 제도를 다각화하는 것이다. 그리고 치솟는 비용에 얽매이지 않으려면 가능한 한 빨리 정상까지 뛰어올라야 한다.

아직 대안이 있어야 한다는 확신이 서지 않는다면 다음 내용을 생각해보라. 미국 직장인 5명 중 2명은 체중 증가 원인이 자신의 업무라고 생각한다. 직장인은 온종일 앉아서 일하고 간식도 먹는다. 하지만 너무 바빠 회사에서 마련한 건강 증진 프로그램을 이용할 시간은 없다(직장인의 63퍼센트가 회사에서 마련한 건강 증진 프로그램을 전혀 이용하지 않는다고 한다). 의료 비용 연구소Health Care Cost Institute에 따르면 건강보험 적용을 받는 직장인들의 의료비는 2007년부터 2016년까지 44퍼센트 증가했다.

왜 그럴까?

나도 모른다. 내가 아는 것은 결과뿐이다. 즉 직장인이 건강 상태가 예전보다 나빠져 건강보험에 더 많은 돈을 썼다는 것이다. 직장은 좋은 시절에도 별로 편안함을 제공해주지 못했다. 하지만 우리 모두 코로나19 팬데믹과 그에 따른 봉쇄를 겪으면서 뼈저리게 느꼈듯 위기 상황에서 직장은 아무것도 보장해주지 못한다. 바이러스에 걸리는 것도 막지 못했고, 우리 일자리를 우선시하지도 않았다. 파산하지 않고 질병을 치료할 만큼 의료 혜택을 받지 못한 사람이 많다.

직장은 당신을 보호해주지 않는다. 우리를 보호해주는 것은 새로 도전할 일을 찾고 인생의 새로운 의미를 발견하는 능력이다. 그리고 새롭게 시작한 일로 자신과 가족을 부양할 수 있는 위치에 빠르게 올라가는 능력이다.

대안을 실험해볼 마음의 준비가 된 것인지 아직도 확신할 수 없다면 다음 질문에 답해보라. "아니요"보다 "예"가 많다면 당신은 답이 뭔지 알고 있다.

직장에서는 그저 옆자리에 앉아 있는 직원이라는 이유로 그 사람과 억지로 친해져야 한다.

직장에서는 회사가 당신에게 할당한 특정 업무에만 적용되는 기술을 배운다.

직장에서는 복장, 이성과 대화하는 방식, 출근 시간, 해마다 50주 동안 해야 할 일, 심지어 물건을 집에 가져가도 되는지 아닌지까지 (클립 훔쳐 가면 안 돼!) 정해져 있다.

위의 사항을 충족시키는 직장은 거의 없다. 그리고 이 질문은 긍정 심리학자들이 말하는 '웰빙'의 3가지 요건이다.

자, 이제 어떻게 시작할까?

걸음마부터 시작하라

부업으로 할 만한 일을 탐색해보라. 그리고 다른 사람들에게 당신이 어떤 가치를 제공할 수 있는지 조사해보라. 전통적 일자리도 좋고 계약직도 좋다. 호기심이나 취미에 맞는 새로운 분야를 찾아내도 좋다. 다양한 부업을 해보라. 온라인 강좌를 제작하라. 사진 강좌나 관심 분야 강좌를 들어라. 당신이 컨설팅해줄 만한 분야가 있는가? 자비출판을 하라. 당신이 좋아하는 주제로 유튜브 영상을 만들어보라.

1997년에 나는 부업으로 하던 웹사이트 구축이 잘되어서 다니던 HBO를 그만두고 그 일을 풀타임으로 했다. 그리고 회사를 차려 키운 다음 매각했다.

S. J. 스콧S. J. Scott은 습관에 대한 책을 써서 아마존에서 자비로 출판했다. 이 일을 시작할 때쯤 그는 우울감에 빠져 아무것도 하지 않고 소파에서 잠만 잤다. 이제 그는 한 달에 6만 달러까지 번다.

해나 딕슨Hannah Dixon은 전업 가상 비서다. 동시에 그녀는 전 세계를 돌아다니며 자신의 경험을 글로 쓰고 있다.

내 친구 중 하나는 회사를 그만두고 《예수 그리스도라면 무엇을 먹을까?What Would Jesus Eat?》(당연히 지중해 식단이다)라는 다이어트 뉴스레터를 썼다. 그리고 지금은 콜롬비아 메데인Medellín에 있는 3층짜리 펜트하우스에 살고 있다(주목: 아이디어 교배-성경+다이어트).

내가 이야기 나눠본 사람 중 직장을 그만두고 '긱 경제' 일자리를 찾은 사람들의 명단이 점점 더 길어지고 있다.

작은 것으로 시작하라. 쉬운 것으로 시작하라. '사업체'를 설립해야 한다는 생각에 스트레스받지 마라. 필요한 기술을 익히고 한 명의 고객을 만들어라. 그런 다음 규모를 늘려라. 그리고 이것을 반복하라.

다각화하라

하나의 직업으로 부자가 될 수 있는 사람은 없다. 하나의 직업으로
는 진정한 풍요로움을 누릴 수 없다.

앞서 이야기했듯 수백억 달러의 재산을 가진 사람들은 평균 7개의
소득원이 있다. 소득원을 다각화하는 것이 중요한 이유는 2가지다.

> 1. **직장은 한 가지** 수입원일 뿐이다. 하지만 직장 생활에 일주일에
>   50시간을 들인다면(40시간 + 통근 시간 등등) 다른 수입원을 만들 시간
>   이 없다.
> 2. **사업도** 한 가지 수입원일 뿐이다.

기업가가 되고 싶다면 과감히 도전하라. 당신은 비전이 있고 고
객이 있다. 사업 센스도 있다. 당신은 충분히 이윤을 얻는다(그러므
로 벌처 캐피털°의 도움이 필요 없다). 그리고 회사를 매각하는 방법에 대
한 감각도 있다. 물론 언제든 당신이 제공하는 서비스 영역을 확장
할 수 있다. 하지만 이것 하나만은 반드시 기억하라. 최고의 새로운
고객은 오래된 고객이라는 것. 즉 더 많은 돈을 벌고 싶다면 새 고

○ 파산한 기업이나 경영이 부실한 기업을 낮은 가격에 인수해 정상화시킨 뒤 매각해
  단기간에 높은 수익을 올리는 자금.

객을 찾으려 하지 말고 오랜 고객에게 더 많은 서비스와 상품을 판매하기 위해 노력해야 한다.

세계를 돌아다니며 가상 비서 일을 하는 내 친구 마빈에게는 고객이 몇 명 있다. 마빈은 그들을 위해 여행이나 레스토랑 예약을 하고 일정도 관리해준다.

그는 새로운 서비스를 추가하고 싶었다. 그래서 기업 CEO인 그의 고객들에게 전화해 이렇게 말했다. "소셜 미디어 활동을 좀 더 많이 하시는 게 좋겠습니다. 경쟁사들은 모든 소셜 미디어에서 활동하고 있거든요." 그러면 그들은 이런 말을 한다. "그렇군요. 하지만 소셜 미디어 팀을 새로 고용할 필요는 없겠지요?" 그러면 마빈은 이렇게 말한다. "그럼요. 우선 제가 당신의 인스타그램 페이지에 사진을 하루에 두 장씩 더 게시하는 게 어떨까요? 그게 마음에 드신다면 그다음 단계를 찾아볼 수 있을 거예요."

고객 모두 좋다고 대답했다. 그는 그 서비스를 시작했고, 각각의 고객에게 전에 받던 금액보다 약 50퍼센트를 더 받았다. 고객들은 서비스에 만족했고 더 많은 게시물과 트윗, 링크드인과 미디엄Medium에 발표할 글도 써달라고 요청했다. 그런 이유로 마빈은 글을 쓰기 시작했다. 경우에 따라 그는 이런 업무를 인도의 노동자에게 위탁하기도 한다(20개 중 하나 정도를 그가 작성한다). 몇 개월 만에 그의 수입은 두 배가 되었다. 이력서에는 새로운 경력, '소셜 미디어 관리자'를 추가했다.

그는 이후 제공하는 서비스를 하나 더 추가했다. 그의 고객 한 명이 브루스 스프링스틴Bruce Springsteen을 만나는 게 꿈이라고 한 것이다. 마빈은 이렇게 말했다. "제가 꿈을 이뤄드릴게요." 그는 조사를 통해 스프링스틴의 공연이 예정된 자선 행사를 찾아냈다. 그리고 고객에게 그 자선 행사에 참가할 수 있도록 준비해줄 수 있지만 개인 비서로서 받는 일반적 금액이 아닌 '컨시어지 서비스' 비용을 내야 한다고 말했다. 그의 고객은 "물론이죠!"라 대답했다. 마빈은 모든 고객에게 전화해 브루스 스프링스틴과 저녁 식사를 함께할 의향이 있는지 물었다. 고객 중 절반이 좋다고 대답했다. 마빈은 "좋습니다! 하지만 일반 비용이 아닌 컨시어지 서비스 비용을 지불하셔야 합니다"라고 말했다. 그들 모두가 말했다. "물론이죠!" 마빈은 곧 해마다 기존 수입보다 네 배 더 많은 돈을 벌게 되었다.

내가 이런 내용을 아는 건 이 이야기 속 CEO 중 한 명이 나였기 때문이다. 나중에 마빈을 인터뷰하면서 이 이야기를 들었다.

또 다른 다각화 방법은 내가 말하는 '계급 제도'의 종류를 늘리는 것이다. 전통적 직업 세계에서는 직급과 승진이 전부였다. 나는 나와 같은 사원 직급 프로그래머 애널리스트 친구가 나보다 먼저 대리로 승진했을 때 질투가 났다. 내가 그 친구보다 낫다고 생각했지만, 그는 그 회사에서 나보다 더 오래 일했다. 그리고 대리 다음에도 과장, 부장, 상무, 전무 외에 여러 직급이 남아 있었다.

마치 군대처럼 모두에게는 각자의 계급이 있다. 그리고 모든 사람이 계급 제도에서 자기보다 더 높은 사람에게 경의를 표해야 한다. 정말 짜증 난다. 우리는 원숭이가 아니다. 하지만 계급제에서 우리는 원숭이와 같다.

모든 영장류는 무리 안에서 자기 서열이 높아지거나 낮아질 때 신경 화학물질을 내뿜는다. 인간의 장점은 하나 이상의 무리에 존재할 수 있다는 사실이다. **우리는 여러 계급 제도에 들어갈 수 있다.**

돈도 일종의 계급 제도를 만든다. 사람들은 순자산이 자존감을 높인다고 생각한다. 나는 완전히 파산하고 나서야 자존감이 순자산을 증가시킨다는 사실을 깨달았다.

골프 스코어로 또 다른 계급 제도가 생길 수 있다. 인스타그램의 '좋아요' 역시 계급 제도가 될 수 있다. 창작물에 대한 리뷰, 온라인 학습 사이트에서 습득하는 기술도 마찬가지다.

직장에서는 하나의 계급 제도만 존재한다. 원숭이 무리와 매우 비슷하다. 하지만 그 직장을 떠나면 계급 제도를 잘 따져보고 고를 수 있다. 나는 인생의 한 분야에서 의욕이 떨어질 때마다 내가 더 발전할 수 있는 다른 분야에 집중한다. 그러면 거기서 얻은 지위에 만족감을 느낄 수 있고 그 덕분에 에너지를 되찾는다.

세로토닌과 도파민(이 2가지가 부족하면 우울감을 느낀다)처럼 행복감을 주는 뇌 화학물질과 옥시토신은 모두 계급 제도에서 차지하는 당신의 위치와 관련 있다. 원숭이와 자신을 차별화하고 체내 행복 화학물질 수치를 높이려면 하나의 무리에만 몸담아서는 안 된다.

나는 데이 트레이딩을 하곤 했다. 데이 트레이딩은 정말 무시무시하다. 돈을 잃을 수도 있고 그러면 신경 화학물질도 제대로 작용하지 못한다. 하지만 나는 일주일에 40시간 일하는 것이 아니기 때문에 운동(도파민 수치가 증가하고 체력도 향상된다)할 시간도 있고, 건설적 활동(또 다른 계급 제도)도 할 수 있으며, 글을 쓰고 내가 쓴 글을 실어줄 매체를 찾을 시간도 있다(대안이 될 만한 분야에서 경력을 쌓는다). 아니면 체스 실력을 좀 더 키울 수도 있다(체스 계급에서 순위를 높인다).

다각화는 '주식 투자' 전략이 아니다. '행복 투자' 전략이다. 풀타임으로 일하면 행복에 투자하기가 더 어려워진다.

잃어버린 시간을 찾아서

8시간 근무라면 대부분 **많아봐야** 하루에 2시간 정도 일하는 것이 보통이다. 나머지 시간은 회의에 참석해 가만히 앉아 있거나 당신이 좋아하지도 않는 동료들과 잡담을 한다. 또 커피를 마시며 시간을 보내기도 하고 출퇴근하느라 길에서 시간을 보내기도 한다. 아무것도 하지 않을 때도 있다. 회사에 다닐 때를 생각해보면 사람들은 일주일에 평균 40시간을 근무하지만 실제로는 10시간 정도 일하고 나머지 30시간은 거의 낭비하는 듯했다. 일주일에 30시간이면 50주에는 1,500시간이다.

나는 이 1,500시간을 돌려받고 싶었다. 사업을 시작해도 좋고, 책을 쓰거나 새로운 기술을 배워도 좋다. 가족과 함께 시간을 보내거나 게임을 해도 좋다. 당신이 원하는 것은 무엇이든 할 수 있다.

생산적인 사람이 된다는 것은 승진하기 위해 책상 앞에 앉아 있는 것과는 다른 문제다. 생산적인 사람이 된다는 것은 자기 시간을 좀 더 나은 사람이 되기 위해 쓰는 것이다.

18장

기업가를 위한 조언

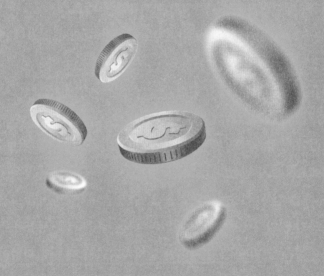

SKIP THE LINE

나는 래퍼 투팍 샤커Tupac Shakur 어머니 앞에서 망신을 당한 경험이
있다.

　그녀의 매니저가 말했다. "그럼 한번 보여주세요."

　나는 그의 책상 앞에 앉았다. 그의 컴퓨터는 꺼져 있었다. 내가
말했다. "컴퓨터를 어떻게 켜지요?"

　"컴퓨터 켤 줄 모르세요?"

　"아, 저는 애플 컴퓨터만 알거든요."

　"그러니까 컴퓨터도 켤 줄 모르면서 우리 웹사이트를 만들겠다
는 거예요?" 그가 말했다.

　"음, 애플 컴퓨터로는 모든 것을 할 수 있습니다." 하지만 그는 내
말을 듣지 않았다. 그는 웃고 있었다. 나는 내 물건을 챙겼다. 얼굴
이 붉어졌다. 그리고 그 일이 9만 달러짜리였기 때문에 걱정이 됐
다. 나는 직원들의 급여를 지급할 방법이 없었다.

　복도를 걸어가고 있을 때도 그 매니저의 웃음소리가 들렸다.

　내가 사무실에 들어서자 모두가 몰려와서 물었다. "미팅은 어떻
게 됐어요?"

　"아주 좋았어." 내가 말했다.

언젠가 한번은 연속 실험을 했다. 나는 한 번에 9개의 각기 다른 웹사이트를 만들어 어느 것이 가장 관심을 끌지 확인해보았다. IQ 테스트 문항을 잔뜩 넣은 웹사이트를 만들고(사람들은 자신의 지능을 측정하는 데 집착하는 듯하다), 데이팅 웹사이트도 여러 개 만들었다. 그중에는 흡연자를 위한 데이팅 사이트도 있었다.

결과는 별로 좋지 않았다.

또 한번은 매물로 나온 집의 영상을 만들어 부동산 중개 에이전시에 제공하는 사업을 했다.

또 한번은 차 회사를 설립했다. 랩 전문 음반사도 차려보고 의류 회사도 차려봤다. 페니 옥션(유료 입찰 경매) 사업도 해봤다.

체크카드 사업을 한 적도 있다. 체크카드가 일반화하기 전이었다. 시내 레스토랑의 음식을 배달해주는 배달 회사도 설립했다. 웹이 일반화하기 전이었다. 나는 판매원이 되어 직접 전화를 받고 배달을 했다.

하지만 이 모든 것이 마음에 들지 않았다. 나는 소설을 쓰고 싶었다. 내게는 사람들이 나를 어떻게 생각하는지가 매우 중요했다. 사람들이 나를 예술가라고 생각해주길 바랐다. 한번은 마크 큐번Mark Cuban에게 어떤 것에 대한 열정으로 계속 일하고 돈을 버는지 물었다.

"돈이에요." 그가 말했다. "저는 돈을 많이 버는 것에 열정을 쏟고 있어요."

첫 사업을 시작한 지 34년이 지났다. 그동안 몇 가지를 배웠다. 10억 달러 수익을 내는 회사가 며칠 만에 망하는 것도 보았다. 전혀 예상치 못한 회사가 수억 달러에 매각되는 것도 보았다.

사업은 정말 어렵다. 돈이 들어올 수 있을 만큼의 시간적, 공간적 빈틈을 찾기가 어렵다.

나는 2015년에 마지막 사업을 시작했다. 투자는 받지 않았다. 그리고 마지막 해에 그 사업은 6,000만 달러 수익을 냈다. 나는 사업 때문에 인생을 희생했고 적어도 12년 동안 우울감에 빠져 있었다. 어머니도 나에게 말을 시키지 않았다. 2명의 누이도 마찬가지였다. 나는 가족이 왜 그러는지도 몰랐다. 나는 항상 모든 사람에게 친절하게 대한다고 생각했는데 어쩌면 내가 둔한 것일 수도 있다.

첫 사업을 시작하지 않는 편이 좋았을지도 모른다. 하지만 한편으로는 잘했다 싶기도 하다.

모순이지만 괜찮다. 그러나 그렇게 오랫동안 우울하게 보내지 않았으면 좋았겠다는 생각이 든다. 누나가 지금 나와 이야기를 나누었으면 좋겠다. 누나가 그립다.

↗ ↗ ↗

기업가가 되면 삶이 흔들릴 수 있다.

기업가가 된다는 것은 2주에 한 번씩 봉급을 받던 사람이 오직

자기가 사냥한 것만 먹을 수 있는 사람이 되는 것을 의미한다. 걱정할 것 없다. 다 괜찮을 것이다. 하지만 기업가가 된다는 것은 벌거벗은 채 정글에 남겨지는 것과 같다. 스스로 살아남아야 한다.

나는 1997년 이후 꾸준히 봉급을 받아본 적이 없다. 내가 얻은 교훈을 정리해보면 다음과 같다. 이것을 기억하면 초보 기업가가 범하기 쉬운 수많은 실수를 건너뛸 수 있을 것이다.

서비스 vs. 상품

내가 처음으로 성공을 거둔 사업은 에이전시였다. 아메리칸 익스프레스는 첫 번째 대기업 고객이었다. 아메리칸 익스프레스는 웹사이트가 필요했다. 그때가 1995년이었다.

나는 정말 빈곤했다. 단칸방을 다른 한 명과 함께 썼지만 그나마도 쫓겨났다. 동거하던 사람이 집주인에게 집세를 내지 않았기 때문이다. 나는 그에게 꼬박꼬박 내 몫을 주었는데 말이다.

아메리칸 익스프레스는 25만 달러를 냈다. 직원은 매형과 나, 둘뿐이었고 그 웹사이트를 만든 둘이 그 돈을 나눴다. 나는 내 일에 도움이 될 만한 소프트웨어를 개발했다. 우리는 거의 하룻밤 만에 웹 페이지 6만 개를 만들었고 그 소프트웨어가 웹사이트를 체크해 각각의 페이지 정보를 나에게 알리도록 설정했다. 나는 소프트웨어에 대해 다른 사람에게 이야기하지 않았다. 일단 그 소프트웨어만 설치하면 모든 일이 쉬워지므로 사람들이 내가 열심히 일하지 않는다고 생각할까 봐 겁났다.

이렇게 어리석을 수가!

워드프레스는 기업이 직접 웹사이트를 만들 수 있도록 도와주는 소프트웨어다. 나는 사실상 워드프레스를 만든 것과 마찬가지다. 워드프레스의 가치는 수십억 달러다. 하지만 나는 25만 달러를 받았다.

상품은 언제나 서비스보다 더 가치 있다. 나는 그때 그걸 몰랐다. 월스트리트에서 소프트웨어의 확장성이 지닌 가치를 더 높이 평가한다는 것을 몰랐다. 나는 이렇게 생각했다. '월스트리트에서는 이윤을 더 중요시할 거야. 그리고 만약 사람들이 쉽게 웹사이트 만드는 방법을 알게 되면 내가 버는 돈이 줄어들겠지.' 하지만 내 생각은 틀렸다.

오랜 고객이 최고의 신규 고객이다

HBO 웹사이트를 완성하고 나서 나는 연예 기획사 웹사이트로 넘어갔다. 항상 팔고, 팔고, 또 팔았다. 일을 마친 후에도 HBO에 전화해 이런 말을 했다면 좋았을 것이다. "제가 이 소프트웨어 문제를 해결해드릴 수 있을 것 같은데요." 나는 이미 HBO를 위해 맡은 작업을 잘 수행했다. HBO에서 근무하는 모든 직급의 사람들을 알고 지냈지만 일단 일이 끝나면 바로 다른 회사 일로 넘어갔다.

이제는 그러지 않는다. 팟캐스트를 예로 들어보자. 나는 새로운 게스트만 고집하지 않는다. 대화가 잘 통하는 훌륭한 게스트를 찾아내기도 어렵고, 그와 함께 팟캐스트를 하면서 즉시 친밀감을 느끼기는 더 어렵다. 이제 나는 안다. 과거의 훌륭한 게스트가 다시 출연한다면 새로운 게스트로서 언제든 대환영이다.

인생은 살아가는 것이지 파는 물건이 아니다.

사람들, 사람들, 사람들

내 친구가 자신의 예비 동업자 한 명에 대해 불평했다. "재키가 도와주러 왔어야 했는데. 취소하자는 연락도 하지 않았어. 이번 한 번만 더 기회를 주려고 해."

나는 그에게 말했다. "왜? 다시는 연락하지 마. 하나를 보면 열을 아는 법이잖아."

"하지만 내가 가르쳐줄 수 있을 거야. 교육을 해줘야지."

"재키가 교육을 원해?"

"네 말 무슨 뜻인지 알아. 하지만 한 번 더 기회를 주면 좋잖아?"

"왜?" 내가 말했다.

"그냥 좋은 거니까."

아니다. 좋지 않다. 99.9999퍼센트의 사람들은 절대 변하지 않는다. 나쁜 사람이어서가 아니다. 그들은 마음속에 당신과는 다른 행동 지침을 가지고 있을지도 모른다. 그리고 당신이 그와 꼭 함께 일해야 하는 것은 아니다.

한번은 친구를 위해 한 회사를 실사하고 있었다. 당시 큰 화제가 된 '우버 푸드 트럭'이었다. 그런데 그 회사 동업자들이 투자자와 통화하던 중 서로 심하게 다투었다는 소문이 들렸다.

나는 내 친구에게 말했다. "투자하지 마."

친구가 말했다. "모두 좋아하는 상품이잖아."

"잘 안 될 거야. 설립자 2명이 모르는 사람들 앞에서 다툴 정도면 그 두 사람이 잠자리에 들면서 무슨 생각을 할지 상상해봐."

그 회사는 6개월 만에 망했다.

사람들에게는 각자의 에너지가 있다. 당신과 내가 가까워지면 우리가 서로를 잘 아는 듯한 기분이 든다. 서로 말하지 않아도 마음을 아는 사이가 될 수 있을 것 같다.

하지만 그렇지 않을 수도 있다.

모두 나와 같은 가치관과 행동 지침에 따르는 것은 아니다. 물론 다르다는 것 자체는 괜찮다.

내가 매우 존경하던 상사가 있었다. 그는 나에게 영웅이었고 제2의 아버지와 같았다. 그리고 나는 그 밑에서 일하게 되었다. 하지만 함께 저녁을 먹고 나면 매번 기분이 나빠지곤 했다. 이제는 안다. 우리 몸에서 뇌를 제외하고 신경 화학물질(세로토닌)을 분비하는 유일한 곳은 소화기관이다. 소화기관에서 아니라고 하면 그 반응에 주의를 기울여야 한다. 그렇지 않으면 시간을 낭비하고 적과 함께하게 된다. 돈도 잃는다.

사업체는 사람으로 구성된다. 당신의 사업은 결코 판매하는 상품 때문에 실패하는 게 아니다. 사람 때문에 실패한다.

더 약속하고 더 해주어라

나는 이런 이메일을 받곤 한다. "수정해야 할 것이 있어요. '덜 약속 하고'라고 쓰려고 했던 것 같은데요."°

아니다. 덜 약속하는 것은 거짓말이다. 고객에게 거짓을 말하지 마라. 누구에게도 거짓말하지 마라.

5일이면 될 일을 20일 걸린다고 말하지 마라. 그 일을 5일 만에 끝낼 수 있다면 사실대로 5일이 걸린다고 얘기하고 4일 후에 넘겨 준다.

다른 모든 사람이 20일 걸린다고 거짓말을 한다. 당신은 진실 (5일)을 말함으로써 그 일을 따낼 수 있다. 그런 다음 4일 안에 끝낼 수 있도록 도전 의식을 가지고 부지런히 일하는 것이다.

그러면 당신은 다른 사람보다 더 나은 사람이 된다. 그 고객은 평 생 당신 곁에 머물 것이다. 당신은 자신의 한계를 뛰어넘기 위해 훈 련해야 한다. 그렇게 하지 않는다면 당신은 다른 사람들과 같은 그 저 그런 존재일 뿐이다.

그저 그런 사람이 되지 마라.

○ 세계적 경영 구루 톰 피터스가 '덜 약속하고 더 해주어라Underpromise, overdeliver'라는 격언을 유행시킨 바 있다.

싸고 빠르게 해내라

처음부터 상품을 만드는 데 시간을 낭비하지 마라. 당신이 제공하는 것을 경험하고자 하는 사람을 찾아내라. 그 사람에게 당신의 서비스를 팔아라(그 서비스가 상품으로 진화할 것이다). 한 명의 고객을 구해라. 아이디어 실행의 출발점은 상품 제작이 아니라 고객이다.

상품을 만들면 고객이 그 상품을 살지도 모른다. 하지만 누군가가 "네, 그거 주세요"라고 하기 전까지 아이디어는 실현된 것이 아니다. 고객이 원하지 않는다면 그것은 좋지 않은 아이디어일지도 모른다.

사업은 불을 붙이지 않은 성냥이다. 그 성냥에 불을 붙이기 위해 할 수 있는 것은 모두 하라. 성냥에 불이 붙으면 당신은 그 새로운 빛이 밝혀주는 세상을 볼 수 있다. 그러면 그 안에 당신의 사업이 자리 잡게 되는 것이다.

날마다 실험하라

나는 금융 분야에서 소셜 미디어 사업을 시작했다. 우리는 날마다 새로운 기능을 추가했다.

나는 내 사업, 경력, 창조성을 위해 날마다 새로운 것을 시도한다. 과학 분야에서도 그렇듯 실험은 대부분 원하는 결과를 내지 못한다. 99퍼센트의 실험이 그렇다. 하지만 실험 하나가 성공하는 순간, 삶이 바뀐다. 실험하지 않는다면 당신의 인생은 절대 바뀌지 않는다. 나는 스탠드업 코미디를 하기로 했고 인생이 바뀌었다.

또 나는 뉴욕 택시 뒷좌석에 광고를 내겠다고 했다.

맞다. 나는 뉴욕 택시 뒷좌석에 있는 승객용 모니터에 광고를 내는 실험을 했다. 그 광고에는 내가 컵을 들고 있는 사진이 담겨 있었다. 그리고 그 컵에도 똑같은 사진이 있었다. 표어나 슬로건 같은 것은 없었다. 웹사이트 주소나 전화번호도 싣지 않았다. 콜 투 액션(특정 행동을 유도하는 메시지)도 상표도 없었다. 나는 그저 어떤 일이 생길지 알고 싶었다.

"이 광고는 왜 하는 거죠?" 광고 회사 직원들이 물었다.

"실험이에요."

"웹사이트 주소라도 넣으시지요."

"그럼 실험을 망칠지도 몰라요."

택시 뒷자리에는 누구나 광고를 낼 수 있다. 하지만 나는 판촉 의도가 전혀 없는 광고를 내서 사람들이 "도대체 이게 뭐야? 이 사람은 누구지?"라는 반응을 보이길 바랐다. 그리고 많은 사람이 그렇게 궁금해하다 보면 미디어의 주목을 받게 될 것이다. 미디어의 주목은 공짜 광고를 의미한다. 그러면 이 이상한 광고를 알아보는 사람이 더 많아질 것이다. 그러면 홍보할 것(예를 들면 이 책)이 생겼을 때 그걸 홍보할 수 있고 모두의 주목을 받게 될 것이다.

이 실험이 성과가 있을지는 모른다. 하지만 실패해도 괜찮다. 그 과정에서 배우는 것이 있기 때문이다. 어떤 사람이 길에서 나를 멈춰 세우고는 말했다. "이봐요! 당신이 그 택시 광고에 있던 사람이군요! 8세 딸이 아주 좋아해요." 그러더니 나와 함께 셀카를 찍고는 그 사진을 자기 딸에게 전송했다.

어떻게 보면 그 실험은 성공한 것이다.

업계의 목소리가 돼라

벤처캐피털 회사를 설립할 때, 나는 비슷한 회사를 차리려는 1만 명의 사람들과 차별화하고 싶었다.

그래서 벤처 사업계에 대한 모든 것을 배웠다. 나는 적절한 배경을 갖추지 못한 사람이었다. 하버드 경영학 석사 학위를 취득한 것도 아니고 골드먼삭스Goldman Sachs에서 일하지도 않았으며 오래된 벤처캐피털 회사에서 인턴으로 일을 시작한 것도 아니었다.

그래서 모든 책을 읽고 멘토들의 말에 귀 기울였다. 배우고, 배우고, 또 배웠다. 그런 다음 내가 배운 것을 글로 써보았다. 날마다 썼다. 얼마 지나지 않아 사람들이 내가 쓴 글을 읽고 싶어 했다. 나는 〈월스트리트저널〉과 〈파이낸셜타임스〉에 게재할 글을 썼다. 책도 썼다. 처음엔 사람들이 내 이야기에 귀 기울이게 하기가 힘들었다. 하지만 나는 나만의 독자적 의견을 개진했다. 나는 텔레비전에서 나오는 비슷비슷한 허튼소리의 대안으로서 사람들이 듣고 싶어 하는 목소리가 되었다.

사람들은 나를 알게 되었고 내 사업에 대해서도 듣고 싶어 했다.

그리고 그런 사람들이 점점 더 많아졌다.

미래는 바로 지금이다

나는 유전체학이 세상을 바꿔놓을 거라고 생각한다. 당신이 10년 후 보게 될 의료 서비스는 지금 당신이 경험하는 그 어떤 것과도 다를 것이다.

하지만 기술이 그만큼 발전하지 못했다. 5년이 걸릴지도 모르고 10년이 걸릴지도 모른다. 그리고 나는 유전학자가 아니다. 과학자도 아니다. 그래서 어떻단 말인가? 나는 "그런 기술은 아직 존재하지 않아"라든가 "나는 자격증이 없어" 같은 말이 나에게 제동을 걸게 내버려두지 않을 것이다.

지금 당장 사업을 시작할 수많은 방법이 있다.

- 초기 단계 회사에 투자하는 헤지펀드를 시작하라. 아니면 헤지펀드 회사들에 초기 단계 회사를 소개하라(보고서를 쓰라).
- 첨단 기술 콘퍼런스에서 알게 된 것을 가지고 업계 뉴스레터를 써라.
- 그 기술에 대한 책을 써라. 팟캐스트를 시작하라. 테드 토크TED Talks 에서 유전체학의 미래에 대해 강연하라.

불평하지 마라. "나는 자격이 없어"라고 말하지 마라. "그건 미래에나 가능한 일이야"라고 말하지 마라.

뭔가에 열정을 느낀다면 지금 당장 사업 기회를 찾을 수 있다. 그러면 당신은 누구도 따라올 수 없는 사람이 될 것이다. 그리고 혼자 힘으로 유명해질 것이다.

도취는 금물이다

자기 사업에 굉장히 신이 나 있는 친구가 있었다. 그 친구는 똑똑했다. 천재였다. 그는 항상 기업을 조사하고 그 기업의 미래에 대한 의견을 제시했다. 하지만 자신의 사업 이야기는 하지 않았다.

나는 그 친구의 편향적 태도를 '코카인 편향'이라고 불렀다. 그는 자기 자신의 아이디어에 중독되었다. 자기 아이디어가 훌륭하다고 여겼기 때문에 그의 생각과 다른 의견을 납득시키는 것은 불가능했다.

나는 사업을 할 때마다 매일 스스로 질문했다. 좋은 사업일까? 왜? 이 사업은 어떤 문제를 해결하는가? 실제로 돈을 지불하고 이것을 살 사람이 있을까?

이것이 **실질적** 편향이다. 사업을 하면 누구나 이런 식으로 그 사업에 빠져든다. 당신이 할 수 있는 것은 너무 깊이 빠져들지 않기 위해 최선을 다해 싸우는 것뿐이다.

선택할 수 있는 것을 모두 나열해보라

사람들은 아이디어를 내고선 이렇게 생각한다. "이거야말로 내 사업이야."

내 접근법은 (예상했겠지만) 많은 아이디어를 실험하는 것이다. 즉시 한 가지 사업을 시작해 당신이 가진 모든 것을 쏟아붓지 마라. 당신의 귀중한 몇 년을 단 하나의 아이디어에 헌신하느라 낭비하지 마라.

월트 디즈니는 지금껏 훌륭한 애니메이션 작품을 여러 편 제작했다. 〈백설공주와 일곱 난쟁이〉 〈신데렐라〉는 내가 가장 좋아하는 애니메이션이다. 하지만 월트 디즈니는 대공황기에 출시한 미키마우스 시계로 첫 성공을 거두었다(19장 '바큇살과 바퀴: 뭐든 돈으로 바꾸는 방법' 참고).

매일 당신이 선택할 수 있는 것을 모두 나열해보라. 항상 가능성 근육을 사용하라. 매일 10개씩 아이디어를 내라.

커뮤니티를 구축하라

지금 당장 당신만의 메일링 리스트를 만들어라. 항상 당신의 이야기를 듣고 싶어 하는 사람들과 연락하고 지내라.

당신만이 할 수 있는 독창적인 이야기가 있을 때만 입을 열어라. 그렇지 않다면 들어라.

이는 내가 사업에 대해 얻은 조언 중 가장 중요한 것이다. 나는 2012년부터 메일링 리스트를 만들었다. 이 리스트는 친구, 가족, 고객으로 이루어진다. 그리고 내가 가장 많은 돈을 번 방법이 바로 이것이다.

하지만 가장 중요한 것은 좋은 사람들 곁에 있어야 한다는 점이다. 많은 아이디어가 거기에서 나온다.

자력으로 백만장자가 된 사람은 없다. 세계를 구하려면 슈퍼히어로 팀이 필요하기 마련이다. 당신 혼자 해낼 가능성은 거의 없다.

19장

바큇살과 바퀴:
뭐든 돈으로 바꾸는 방법

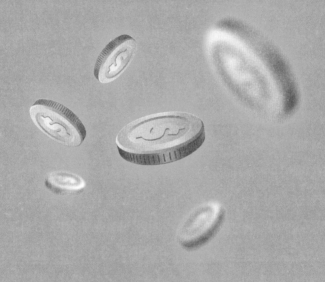

SKIP THE LINE
SKIP THE LINE

나는 내가 글을 써서 돈을 벌 수 있으리라고 생각하지 못했다. 내가 '바큇살과 바퀴 방법'을 알았더라면 사업할 때도 좀 더 똑똑하게 일을 처리했을 테고, 열심히 습득한 기술로 돈을 버는 방법이 많다는 것도 깨달았으리라. 나는 수년간 매일 글을 썼다. 블로그에도 글을 쓰고 신문이나 잡지에도 글을 썼으며 책도 썼다. 그 밖에도 많다.

나는 수년간 투자에만 집중했다. 처음에는 데이 트레이딩으로 돈을 벌었다. 그다음엔 다른 사람 대신 투자했다. 그다음엔 다른 증권 업자에게도 투자했다. 그 밖에도 많다.

제프 베이조스Jeff Bezos는 아마존에서 책을 팔았다. 그다음엔 옷을 팔았고 그다음엔 전자 기기를, 그다음엔 음식을 팔았다. 그다음에 '한 걸음 더' 나아가 해운 물류 기반 시설을 팔았다. 그리고 아마존 셀러Amazon Seller 프로그램이 탄생했다. 그런 다음 그는 또 한 걸음 더 나아갔다! 아마존 웹 서비스를 만든 것이다. 아마존 웹 서비스에서는 누구나 그가 확립한 어마어마한 컴퓨터와 클라우드 기반 시설 안에서 작업 공간을 빌려 개발 업무를 수행할 수 있다.

조지 루카스George Lucas는 〈스타워즈〉로 돈을 벌었다. 그런 다음 〈스타워즈〉를 이용한 장난감으로 돈을 벌었다. 그다음엔 속편을 제작했다. 그리고 〈스타워즈〉와 관련한 책이 출판되었다. 만화책도 나왔다. 이제는 프랜차이즈 회사(디즈니)가 스핀오프 프로그램(〈만달로리안The Mandalorian〉)으로 돈을 벌고 있다. 그 밖에도 많다.

당신이 돈을 벌고 있지만 (또는 당신의 구독자가 확장되고 있지만, 퍼스널 브랜드를 창출하고 있지만, 예술 작품을 만들고 있지만) 바큇살과 바퀴 방법을 사용하지 않는다면 당신은 손해를 보고 있는 것이다.

당신의 중심 아이디어는 바퀴다. 바퀴에는 여러 바큇살이 이어져 있다. 당신은 바큇살 하나하나를 가지고 돈을 벌 수 있다(혹은 브랜드를 구축할 수 있고, 구독자를 확장할 수 있고, 어떤 목표든 이룰 수 있다). 당신의 주된 관심사는 투자지만 전문 투자자가 되고 싶지는 않다고 가정하자. 그리고 투자 콘텐츠를 만들고 싶어 한다. '바퀴'는 무엇이고 '바큇살'은 무엇인가? 만약 **모든** 바큇살을 사용하지 않는다면 테이블에 돈을 남겨둔 셈이다. 또 당신의 브랜드를 만들고 더 탄탄한 도약의 발판을 쌓을 기회를 놓치는 것이다. 여기서 바퀴는 투자다. 그럼 바큇살은 뭘까? 투자에서 뻗어 나온 바큇살을 찾아보고 그것을 돈으로 바꾸는 방법을 살펴보면 다음과 같다.

- 블로그: 돈으로 바꾸기 어렵다. 하지만 블로그 포스트를 다른 플랫폼(링크드인, 미디엄, 〈허핑턴포스트〉, 쿼라, 투자 웹사이트 등)에 판매해 당신의 브랜드로 발전시킬 수 있다. 이런 것이 당신의 브랜드를 발전시키는 바큇살이다. '투자'는 바퀴가 되고 '블로그'가 당신의 첫 바큇살이 되는 것이다.

- 소셜 미디어: 인스타그램, 페이스북, 틱톡, 유튜브. 이런 플랫폼 하나하나에서 돈을 벌려면 엄청난 구독자를 구축해야 한다. 하지만 이런 플랫폼은 다양한 구독자를 만나고 상호작용을 할 수 있는 좋은 기회이기도 하다. 만약 이런 플랫폼에서 소통하지 않는다면 당신은 더 많은 구독자를 구축할 기회를 잃는 셈이다. 물론 그렇다 해도 괜찮다. 모든 사람과 알고 지내야 하는 것은 아니며, 모든 사람이 당신에게 맞는 것도 아니다. 하지만 소셜 미디어에서 소통하는 것의 중요성은 알고 있어야 한다.

- 팟캐스트: 팟캐스트를 돈으로 바꾸는 몇 가지 방법이 있다. 이번엔 팟캐스트가 바퀴라고 상상해보자. 그럼 그 바큇살은 다음과 같다.

  a. 광고

  b. 스폰서

  c. 패트리온Patreon(도움을 주는 팬들은 추가 콘텐츠나 다른 보상을 받을 수 있다)

  d. 제휴사 거래(블로그에도 적용할 수 있다): 당신의 팟캐스트에 광고를 내주고 그 회사의 상품으로 연결되는 링크를 만든다. 당신의 팟캐스트에서 광고를 클릭한 사람이 구매하면 당신이 수수료를 받는다.

- 메일링 리스트: 무료로 특별한 기사를 제공한다. 사람들은 당신의 이메일 목록에 등록하기만 하면 된다. 그러면 무료로 당신의 모든 콘텐츠를 어느 매체에 포스팅한 것이든 받아볼 수 있다. 이렇게 하면 당신에게 관심 있는 독자는 인터넷 검색을 하지 않고도 당신의 콘텐츠를 소비하게 된다.

이 4가지 방법은 당신의 브랜드를 구축하는 데 사용하는 바큇살에 대한 것이다. 하지만 이것들이 수익을 낼 수도 있다.

- 온라인 강좌
- 온라인 뉴스레터: (당신의 무료 블로그보다 더 가치 있는 콘텐츠를 담은) 당신의 뉴스레터 가격이 한 달에 20달러이고 구독자가 2,000명이라고 가정할 경우 1년이면 약 50만 달러다. 앞에서 언급한 바큇살이 효과를 발휘한다면, 그리고 당신의 **진정성** 있고 **독창적**인 관점을 좋아하는 구독자가 있다면 한 달에 20달러씩 낼 2,000명의 구독자를 모으는 것은 어려운 일도 아니다. 온라인 강좌도 마찬가지다.
- 유료 페이스북 그룹: 나는 자신의 팟캐스트 〈잘나가는 기업가들Entrepreneurs on Fire〉에 열정을 쏟는 존 리 뒤마John Lee Dumas가 만든 훌륭한 커뮤니티에 항상 감탄한다. 그 페이스북 커뮤니티에서는 팟캐스트 진행자들이 쪽지를 교환하고 서로 네트워크를 형성하며 질문도 주고받을 수 있다. 그 페이스북 그룹에 가입하려면 2,000달러를 내야 하는데 회원 수가 2,400명이다.
- 상품: 당신의 브랜드를 구축하면서 상품을 만들 수도 있다('투자 역사 속 이날' 달력, 워런 버핏 티셔츠, 주식 종목 약칭을 넣은 머그컵 등).
- 책
- 텔레비전 쇼: 텔레비전이나 영화 산업의 비즈니스 모델 중 하나는 가장 유명한 팟캐스트를 조사해 텔레비전 프로그램이나 영화로 만들 권리를 사는 것이다.

- 공개 연설: 당신의 진정한 메시지를 들으려는 구독자 규모가 커지면 공개 연설할 기회가 생길 것이다. 처음엔 무료로 하겠지만 나중엔 유료 연설을 할 수 있다.
- 컨설팅
- 직접 헤지펀드를 시작하거나 헤지펀드 관련 일을 할 수 있다.
- 데이 트레이딩

더 있을지도 모른다. 하지만 모든 부문에서, 그리고 모든 사업 아이디어에서 그 아이디어를 바퀴라고 생각하고 창의력을 발휘해 그 바퀴에서 뻗어 나갈 바큇살을 나열해보라. 바큇살 중에는 팟캐스트처럼 그 자체가 바퀴가 되어 수익을 얻고 성장할 수 있게 해주는 바큇살을 갖춘 것도 있다.

예를 들어 곤도 마리에近藤麻理惠는 미니멀리즘에 대한 독자적 접근법을 바탕으로 '곤마리 방법'이라는 정리법을 고안했다. 이 방법에 그녀만의 독특한 견해가 담긴 건 맞지만 곤마리 방법도 신도(일본의 민족종교)의 신념과 현대적 개념인 미니멀리즘이라는 아이디어 교배의 결과다.

그뿐 아니라 그녀는 12~15세 때 받은 영감을 인생의 목표로 발전시킨 사람이다. 당시 곤도 마리에는 반장이 될 기회를 포기했다. 반장보다는 '책꽂이 담당'이 되고 싶었기 때문이다. 그녀에게는 교실 안 모든 것을 정돈하고 책도 체계적으로 정리하고 싶은 마음뿐이었다.

곤도 마리에는 아이디어 교배를 통해 이런 집착을 본격화했다. 신도 신앙에 대한 관심과 현대적 미니멀리즘에 대한 관심을 결합한 것이다. 이런 조합이 탄생한 것은 이해할 만하다. 그녀는 5년간 신사神社에서 수행원 일을 했다. 그리고 19세에 사회학을 전공할 때는 컨설팅 회사를 설립하기도 했다. 그녀의 졸업 논문도 '젠더 관점에서 본 정리'에 대한 것이었다. 곤마리 방법은 그녀의 바퀴다. 그 바퀴의 바큇살을 살펴보자.

- 책: 《곤도 마리에 정리의 힘人生がときめく片づけの魔法》. 30여 개국에서 수백만 권이 팔렸다.
- 텔레비전: 넷플릭스 프로그램 〈곤도 마리에: 설레지 않으면 버려라 Tidying up with Marie Kondo〉
- 메일링 리스트
- 상품: 그녀는 특별한 블루라이트 차단 안경, 히키다시 박스라고 알려진 정리 상자 등 여러 아이템을 판매하는 쇼핑몰을 운영하고 있다.
- 온라인 강좌: 인증 획득 과정이 있다. 사람들은 자격증을 받아 곤마리 방법으로 다른 사람들의 집을 정리해주는 일을 할 수 있다. 수강료는 2,000달러다.
- 공개 강연

물론 그녀는 책을 출판해 수백만 달러를 벌었을 것이고 스스로 텔레비전 프로그램에 출연하겠다고 결정했을 테지만(수입이 많지는 않을 것이다. 요즘 텔레비전 프로그램으로 돈을 벌기는 정말 힘들다), 가장 많은 돈을 번 것은 2,000달러짜리 인증 획득 강좌일 것이다. 수치에 대해 잘 아는 사람이 해준 이야기가 있다. 그는 곤도 마리에가 넷플릭스 쇼 다음 해부터 인증 과정 강좌로 3,000만 달러 이상을 벌었을 거라고 했다.

이런 방법을 사용하지 않더라도 그녀는 잘살았을 것이다. 그녀는 정말 독특하고 영향력 있는 통찰력을 갖추었고 신도의 교리를 따르는 사람들에게 있을 법한 차분함으로 그 통찰력을 전달했다. 독자들은 곤도 마리에와 그녀의 아이디어에 푹 빠졌다. 그리고 그녀의 책은 수백만 권이 팔렸다.

그리고 바큇살을 활용한 덕분에(공개 강연, 텔레비전, 상품, 컨설팅 등이 2,000달러짜리 인증 획득 강좌로 이어졌다) 그녀의 순자산은 몇 배 더 증가했을 것이다.

바큇살과 바퀴 접근법은 수입원을 다각화해 하나의 수입원에만 매달리지 않게 해줄 훌륭한 방법이다. 그러면 어떤 사람도, 조직도, 구독자도 당신을 좌지우지할 수 없다.

곤도의 책이 성공했는데도 새로운 책을 출판하려는 곳이 없었다고 가정해보자. 문제없다! 그녀에게는 텔레비전이 있다. 다른 소셜 미디어도 있다. 컨설팅도 있다. 그리고 마지막으로 온라인 강좌도 있다. 그리고 모든 바큇살은 연결되어 있다. 그녀의 텔레비전 프로그램이 없었다고 가정해보자. 문제없다! 그녀에게는 홍보를 위한 메일링 리스트가 있다.

당신의 사업 아이디어가 무엇이든, 관심사가 무엇이든 그 아이디어와 관심사에서 뻗어 나올 수 있는 모든 바큇살을 한번 쭉 적어보라(가능성 근육 훈련을 위해 사용하는 '하루에 아이디어 10개 내기' 활동의 일환이다).

당신은 거기서 많은 기회가 생긴다는 사실에 놀라고 그 기회들을 실험하기가 상당히 쉽다는 사실에 또 놀랄 것이다.

예를 들어 곤도가 넷플릭스와 거래하기 위해 텔레비전 에피소드를 13개 제작할 필요는 없다. 계획안을 쓰고 몇 차례 미팅을 하면 그만이다. 쉬운 실험이다. 또 쇼핑몰에서 판매하기 위해 1만 개의 히키다시 박스를 생산할 제조 시설을 만드느라 시간을 빼앗길 필요도 없다. 히키다시 박스를 생산하기 전에 먼저 사진을 올려 사람들이 주문하는지 실험해볼 수 있다. 많은 사람이 주문하면 그때 제조업체에 주문하면 된다. 그러면 아마 대량 구입 할인도 받을 수 있을 것이다. 만약 사람들이 별로 주문을 하지 않는다면 받은 주문을 취소하고 환불해주면 된다.

모든 것을 실험으로 확인해볼 수 있다. 판단할 필요는 없다. 어떤 실험은 기대한 성과를 낼 것이고 어떤 것들은 그렇지 않을 것이다. 어차피 성과를 얻지 못한 실험은 누구도 기억하지 못한다. 그리고 성과를 얻은 실험은 당신의 브랜드를 구축해주고 흥미를 수익으로 바꿔주며 더 많은 기회, 즉 당신이 처음에는 가능한 줄 몰랐던 바퀴와 바큇살을 만들어줄 것이다.

아무도 월트 디즈니의 첫 영화사 래프-오-그램Laugh-O-Gram이 파산했다는 사실을 기억하지 못한다. 디즈니는 애니메이션이 장래성이 있다고 판단해 모든 것을 쏟아붓기로 했다. 그는 투자자를 확보하고 자신의 친구들을 고용했다. 그리고 12분짜리 만화영화를 만들었다. 그 영화의 토대가 된 것은 바로 동화였다. 그의 만화영화는 지역 극장에서 영화가 시작되기 전에 상영되었다. 하지만 반응이 신통치 않았고, 소요된 비용만큼 돈을 벌지도 못했다. 당시는 '광란의 20년대Roaring Twenties'°가 막 시작된 시기였지만 그는 백기를 들고 파산을 선언했다. 래프-오-그램에서 디즈니가 제작한 마지막 만화영화는 12분짜리로 제작한 〈이상한 나라의 앨리스Alice's Wonderland〉였다.

디즈니는 즉시 새로운 영화 스튜디오를 설립했다. 이번에는 그의 이름을 따 스튜디오 이름을 짓고 위치도 할리우드로 옮겼다. 그리고 〈이상한 나라의 앨리스〉를 팔기 위해 노력했다. 주문이 들어오자 그는 캔자스시티에 있는 가장 친한 친구에게 로스앤젤레스로 오라고 설득했다. 그리고 마법이 일어나기 시작했다.

정말 마법이었을까?

〈이상한 나라의 앨리스〉를 시리즈로 제작하는 와중에 디즈니는 새로운 만화 시리즈 작업에 착수했다. 그 만화의 주인공은 무려 설치류였다. 디즈니의 아내 릴리언이 미키마우스라는 이름을 생각해 냈다. 그러나 이 사랑스러운 새 캐릭터를 주인공으로 삼은 만화가

° 미국의 1920년대를 표현하는 말. 제조업이 성장하고 소비자 수요가 증가해 예술과 문화 산업이 발전한 시대다.

처음 방송되었을 때, 아무도 관심을 보이지 않았다. 그 만화는 완전히 실패했다.

그리고 대공황이 시작되었다.

1931년 10월, 애니메이션 사업에 발을 들인 지 10년, 그리고 (한 번의 파산을 겪은 뒤) 두 번째 회사를 시작한 지 8년이 되었을 때 월트 디즈니는 신경쇠약 증세를 보였다. 몸과 마음을 쏟아부은 일이 모두 실패하는 것을 정말 견디기 힘들었기 때문이다. 그는 본전도 찾지 못했다.

월트 디즈니는 좋은 영화를 만들고 있었고 단편영화 부문에서 아카데미상도 받았지만 디즈니 자신과 회사는 생존을 위해 끝없이 투쟁해야만 했다. 그들은 상업광고와 단편영화는 물론 그보다 규모가 좀 더 큰 영화도 만들었다(이 영화들은 바큇살과 바퀴 기술의 시작이 되었다). 그리고 마침내 하나의 바큇살이 급속히 성장해 회사를 살리고 디즈니가 역사에 남을 수 있도록 힘을 주었다. 시계를 만든 것이다.

1933년 디즈니는 미키마우스 캐릭터 시계를 만들었다. 1934년에는 3.75달러짜리 시계를 100만 개나 팔았다. 그렇게 해서 회사를 살리고 이윤도 냈다. 그리고 월트 디즈니 프로덕션은 미국에서 가장 큰 시계 회사가 되었다.

물론 몇 년에 걸쳐 디즈니는 많은 바큇살을 추가했다. 장편영화, 텔레비전 프로그램, 테마 파크, 책, 시계 외에 더 많은 상품 등등. 그들은 애니메이션 캐릭터라는 핵심 아이디어에서 시작해 가능한 한 많은 바큇살을 더했다. 하지만 그들을 성공의 자리에 올려놓은 것은 엉뚱한 바큇살, 바로 시계였다.

　이제 디즈니는 세계에서 가장 큰 엔터테인먼트 회사다. 하지만 바큇살과 바퀴 접근법이 없었더라면 실패했을지도 모른다.

20장

10억 달러 기업을 만드는 3가지 방법

내가 25년 전에 이번 장을 읽었다면 얼마나 좋았을까.

하지만 그러려면 타임머신이 필요했을 것이다. 오늘에서야 쓰고 있으니 말이다.

만족감과 행복감을 일으키는 뇌 신경 화학물질 두 종류를 생각해보자. 도파민과 세로토닌. 수백만 혹은 수십억 달러를 벌 만한 아이디어를 생각할 때면 나는 기대감에 흥분한다. 왠지 할 수 있을 듯하다! 그렇게 흥분한 상태로 뭔가를 시작하지만 결국 그 흥분은 사라지고 흥미를 잃는다.

도파민은 그런 흥분을 세로토닌으로 바꾸어야 한다. 기대감만으로는 세로토닌 분비가 촉진되지 않는다. 세로토닌은 우리가 가진 것에 감사함을 느낄 때 증가한다. 세로토닌은 공동체나 부족에서 느끼는 유대감을 더욱 강화하려 한다. 그래서 당신은 다른 사람들에게 도움을 줄 때 행복감을 느낀다.

마치 씨앗처럼 아이디어 하나가 뇌에서 시작된다. 기대감과 흥분은 거기에 물을 준다. 그 아이디어는 성장하면서 사랑과 보살핌을 받아야 한다. 그 아이디어가 살아가려면 우리 도움이 필요하다. 하나의 아이디어가 완전히 성장한 기업이 되려면 다른 사람도 도와야 하고 우리 창의력을 키우는 데도 힘써야 한다.

이번 장에서 설명하는 3가지 비즈니스 모델을 어떻게 적용할까 생각하다 보면 온갖 흥미로운 아이디어가 떠오른다. 그러나 궁극적으로 사람에 대한 서비스가 중심이 되어야, 그리고 당신이 도움을 주고 싶은 공동체에 큰 가치를 제공해야 좋은 비즈니스 모델이라 할 수 있다. 수년간 나는 가치 제공이 아닌 돈을 최종 목표로 하는 비즈니스 모델을 시도했다. 하지만 돈을 중심으로 생각하는 것은 잘못된 방법이다. 돈은 서비스를 제공한 데 대한 물질적 보상이다. 마치 공동체에 가치를 제공하면 뇌가 세로토닌으로 보상해주는 것과 같다.

다음은 당신이 실험해볼 수 있는 3가지 비즈니스 모델이다(정서적이든 재정적이든). 자신이 추구하는 보상을 해줄 비즈니스 모델을 찾아보라.

접근 경제 모델

질문을 하나 하겠다. 당신이 이 책을 읽는 동안 당신의 차는 무엇을 하고 있는가? 주차장에 있는가? 집 앞에 있는가? 다른 사람이 사용하고 있는가?

2000년, 로빈 체이스Robin Chase는 자동차가 평균 55퍼센트의 시간 동안 운행하지 않고 서 있다는 사실을 알았다. 자동차 한 대에 5만 달러는 할 것이다. 자동차는 당신이 소유한 것 중 가장 비싼 물건일 수도 있다. 하지만 그런 자동차가 1년에 수천 시간을 아무것도 하지 않고 그냥 서 있는 것이다. 내가 운전을 하고 있을 때조차 뒤의 두 자리는 사용하지 않는다. 즉 내가 돈 내고 산 좌석의 대부분을 사용하지 않는다.

잘 사용하지 않는 물건에는 또 어떤 것이 있을까? 만약 내 소유의 집이 있는데 아이들이 모두 성장했다면 오랫동안 빈 방이 있을 수도 있다.

만약 당신이 나에게 "《전쟁과 평화》를 읽고 싶어요"라고 말한다면 어떨까?

"저는 다 읽어서 지금 그 책은 책꽂이에서 빈둥거리고 있습니다. 빌려드릴게요." 이것이 공유다.

그런데 만약 "책을 빌려드릴게요. 하지만 대여료 1달러를 받겠습니다. 참고로 서점에서 그 책을 사려면 20달러를 내야 한답니다"라고 말한다면? 이것은 '공유 경제'다.

로빈 체이스는 《공유 경제의 시대Peers Inc.》에서 이를 '접근 경제'라는 말로도 표현했다. 필요 이상 많이 가진 사람들이 있고 그 초과량에 접근하고 싶지만 찾는 방법을 모르는 사람들이 있다. 그러면 그 사이에서 양쪽이 서로를 발견하고 초과량에 지불할 적절한 가격을 책정하며, 고객 서비스와 보안 같은 것을 처리해줄 존재가 필요하다.

접근 경제를 구성하는 3가지 요소는 다음과 같다.

- 초과량: 어떤 물건 X를 필요량 이상 가진 사람들이 있다.
- 필요: X를 필요로 하는 사람들이 있다.
- 플랫폼: 중간 플랫폼의 도움을 받아 X를 원하는 사람들이 그것을 발견하고, 안전하게 거래하고, 고객 서비스를 받고, 보안 문제를 해결할 수 있다. 이 플랫폼은 좋은 고객과 나쁜 고객의 정보를 지속적으로 관리하기도 한다.

로빈 체이스는 2000년에 집카Zipcar라는 회사를 설립했다. 집카는 차를 구입해 그것을 단기간 사용하려는 사람들에게 연결해주었다. 집카 플랫폼은 GPS를 이용해 사람들이 빈 차를 찾게 해주고, 이용료 결제 시스템을 제공했으며, 사람들이 차를 훔치거나 훼손하지 않도록 보안 업무를 처리하고 고객 서비스를 제공하기도 했다. 인터넷 버블이 터지기 2개월 전인 2000년 5월, 집카의 첫 자동차가 거리로 나왔다. 2013년, 에이비스Avis는 집카를 5억 달러에 인수했다.

아이디어 규모가 크면 불경기든, 불황이든, 경기 호황이든, 아니면 그 중간의 어수선한 상태든 상관없다. 접근 경제 모델에서 대규모 초과량이 존재하고 그 초과량에 접근하려는 수많은 사람이 존재한다면 그것은 규모가 매우 큰 아이디어다. 접근 경제 모델은 여러 산업에 적용할 수 있다.

- 함께 타기, 우버: 차에 빈 좌석이 있다. 장소를 이동하기 위해 그 빈 자리를 이용하고 싶지만 직접 차를 운전하고 싶지는 않은 사람들이 있다. 즉 누군가 태워다주기를 바라는 사람들이다. 우버는 초과 좌석이 있는 운전자와 그 좌석을 원하는 사람을 연결해주는 중간 플랫폼이다. GPS를 통해 승객과 운전자가 서로를 찾을 수 있다. 플랫폼이 가격을 결정하고 고객 서비스를 처리한다. 또 거래가 안전하게 이루어지도록 해주며 믿을 만한 자동차인지도 확인한다. 이런 회사가 왜 필요할까? 주변에 택시가 없을 수도 있고 친구에게 데리러 와달라고 부탁할 수 없을지도 모른다. 우버가 생기기 전에는 자신을 데리러 와서 원하는 장소까지 데려다줄 빈자리가 있는 차를 '찾을' 방법이 이 2가지밖에 없었다.
- 임대 부동산, 에어비앤비: 빈집을 소유한 사람들이 있다. 한편 (예를 들면, 가족 휴가로) 호텔 방을 여러 개 예약하기보다는 빈집에서 머물고 싶어 하는 사람들도 있다. 에어비앤비는 이들을 서로 연결해주는 플랫폼이다.

접근 경제 모델은 온라인 강좌나 온라인 뉴스레터처럼 '정보 상품'이라고 부르는 것에도 적용할 수 있다. 이런 모델은 물질적인 것이 아니라 초과 지식에 대한 접근을 제공한다.

어떤 사람이 뜨개질은 물론 엣시 같은 사이트에서 스토어를 만들어 뜨개질로 돈 버는 법을 잘 안다고 가정해보자. 그런 사람은

'뜨개질 잘해서 돈 버는 법' 같은 온라인 강의를 만들 수 있다. 뜨개질을 좋아하는 사람 중 직장을 그만두고 싶어 하는 사람이 있을 것이다. 티처블Teachable이나 코세라Coursera 같은 온라인 강의 회사가 중간 플랫폼이다. 나는 티처블을 이용해 온라인 뜨개질 강의를 제작할 수 있다. 뜨개질 잘하는 법을 배운 다음, 뜨개질로 만든 물건을 팔아 생계를 꾸리고 싶은 사람은 중간 플랫폼(티처블)을 이용해 내 강의를 발견할 수 있다. 그리고 그 플랫폼은 검색, 금전 거래, 고객 서비스 등을 담당한다.

이베이가 서비스를 시작했을 때 사람들은 쓸 만한 고물을 찾으려고 다락방을 뒤졌다. 사람들은 책, 골동품, 입지 않는 옷 등 수년간 쌓아놓고 사용하지 않는 잉여 물건을 가지고 있었다. 하지만 그런 고물도 필요로 하는 사람이 있을지 모른다. 이베이가 그들을 위한 중간 플랫폼이 되었다.

접근 경제 모델은 새로운 기업 생태계를 창출했다.

- 플랫폼: 운송 회사 우버는 회사 소유 차는 한 대도 없었지만 기업 가치가 수십억 달러다. 그 회사는 플랫폼을 제공할 뿐이다.
- 초과량을 가진 사람들: 차를 운전하면서 우버나 리프트Lyft 같은 중간 플랫폼을 통해 빈자리를 원하는 사람들을 찾아 돈을 버는 사람이 많다.
- '삽과 청바지' 판매자(다음을 보라).

골드러시 시대에는 금이 많았다. 그리고 그 금을 원하는 사람들도 있었다. '삽과 청바지' 기업이란 접근 경제 이익을 최대화해주기 위해 등장한 기업을 말한다. 금을 캐는 사람들은 삽은 물론 청바지도 사야 했다. 캐낸 금을 보관할 은행도 필요했다. 금이 있는 지역에 머물 곳도 마련해야 했고 먹을 음식도 필요했다.

이것의 현대 버전이 에어비앤비 관리업이다. 에어비앤비를 통해 집을 빌려주려는 사람은 수없이 많지만, 그중에는 직접 집을 관리할 수 없는 사람도 있다. 누군가는 뉴욕에 여분의 집을 소유하고 있지만, 자신이 거주하는 곳과는 멀어서 그 집을 에어비앤비로 사용하게끔 날마다 관리할 수 없을 것이다. 그래서 에어비앤비 관리자는 사람들이 그 집에 머물고 싶게끔 집 사진을 찍어 올리고 투숙절차와 청소를 담당하며 투숙객이 없는 동안에 집을 관리한다.

다음을 생각해보라.

- 당신의 잉여 지식은 무엇인가? 그 지식에 접근하고 싶어 하는 사람이 있는가?
- 초과량, 그것을 원하는 사람, 그리고 양쪽이 서로를 발견하는 방법 사이에 불균형이 존재하는 분야가 있는가?

만약 내가 아파서 침대에 누워만 있어야 할 때 병원에 갈 필요 없이 집으로 와줄 사람(의사나 간호사)을 찾을 방법이 있을까? 그렇다

면 '의료 지원 우버' 같은 것이 비즈니스 모델이 될 수 있다. 이 서비스는 존재할 것 같긴 하지만 누가 알겠는가?

의학 학위를 갖춘 사람이 풀타임 근무를 하는 골치 아픈 생활을 원하지 않을 수도 있고, 개업하고 싶지 않을 수도 있다. 그런 사람이라면 의료 지원 우버를 활용해 낮에 환자를 찾는 것을 선호할 것이다. 그러면 개업의처럼 경비를 지출할 필요도 없다. 이 사람은 의술을 보유하고 있으니, 환자를 찾아주는 플랫폼에 가입하기만 하면 된다.

또 다른 아이디어. 아이 셋인 부부가 얼마 전 도시로 이사 왔다. 주위에 아는 사람이 아무도 없다. 그런데 지금 외식을 하고 싶다. 베이비시터 우버가 있을까?

틴더Tinder 같은 데이팅 앱도 접근 경제 모델로 볼 수 있다. 초과량을 가진 사람들, 그리고 거기 접근하려는 사람들에게 당신이 제공할 만한 서비스가 있을까? 스스로 질문해보라. 내 기술 중 어떤 것을 활용하면 접근 경제 사업을 해서 사람들의 초과량을 최대한 소비하는 데 도움을 줄 수 있을까?

이 모델에 대해 마지막으로 이야기할 것은 초과량을 가진 사람을 두 부류로 나눌 수 있다는 점이다.

(기업과 소비자 간 거래에서) 초과량을 가진 기업이 있다. 예를 들어 집카는 이 비즈니스 모델 중 초과량 보유자 입장에 선 유일한 기업이다. 원하는 사람들에게 빌려주는 차는 모두 집카가 사거나 빌린 것이다.

그리고 초과량을 가진 개인이 있다(소비자 간 거래, '동등 계층 간' 거래라고도 한다). 집카를 떠난 후 로빈 체이스는 그보다 한 단계 더 발전한 버즈카Buzzcar를 설립했다. 사람들이 자기 차를 사용하지 않을 때, 그 차를 버즈카 플랫폼에 등록할 수 있다(예를 들어 어떤 가족이 휴가 중이라면 쓰던 차를 버즈카 플랫폼 목록에 올린다). 그러면 다른 사람들이 그 플랫폼에 있는 대여 가능한 자동차 목록에서 그 차를 찾아 이용할 수 있다. 그 밖의 모든 일은 버즈카 플랫폼이 처리한다. 버즈카는 2015년에 드라이비Drivy에서 인수했다. 그리고 2019년에는 겟어라운드GetAround에서 3억 달러에 드라이비를 인수했다.

공유는 수익을 낸다.

신 → 인간 → 데이터 모델

내가 읽은 책 두 권이 서로 아이디어 교배를 했다.

바로 매트 리들리Matt Ridley의 《모든 것의 진화The Evolution of Everything》와 유발 노아 하라리Yuval Noah Harari의 《호모 데우스Homo Deus》다.

내가 매트 리들리의 책을 처음 접한 건 《이성적 낙관주의자The Rational Optimist》를 읽었을 때다. 이 책은 사람들이 항상 최악을 예견하는 이유를 알아보면서, 그럼에도 최악의 시나리오가 현실이 되기 전에 혁신이 그것을 해결했다고 설명한다. 그의 다음 책 《모든 것의 진화》에서는 인간뿐 아니라 삶의 모든 면이 진화한다고 주장하면서 부문별로 하나씩 분석해나간다.

그 책에서 리들리는 결혼의 진화를 논한다. 인간 조직이 이동하는 수렵 채취 사회에서 농경 사회, 산업사회로 진화하면서 결혼도 일부일처제에서 일부다처제로 진화했다. 많은 재산을 축적한 남자가 여러 여자와 결혼하기 시작한 것이다. 여자 입장에서도 굶주리며 살게 될 남자의 유일한 아내가 되는 것보다 황제의 아홉 번째 아내가 되는 편이 더 나았다.

하지만 이런 결혼 문화는 지위가 낮은 남자(또는 남편의 애정을 얻기 위해 경쟁해야 하는 지체 높은 여자)에게는 좋을 게 없었다. 그래서 전쟁이 일어났다. 칭기즈칸은 다른 국가를 침략해 남자, 아이, 나이 든 여자를 죽였다. 그리고 젊은 여자를 납치해 자기 제국의 지위 낮은 남자에게 더 많은 결혼 기회를 주었다. 시간이 흐르면서 일부다처제가 더 많은 폭력 사태의 원인이 된 데다 점점 부유해진 국가들이 정복보다는 혁신에 집중하자, 일부다처제는 일부일처제로 진화했다.

지금도 결혼 양상은 변화하고 있다. 법률혼보다 사실혼 관계(부부가 정식 결혼보다는 함께 지낸 기간을 근거로 부부간의 권리를 얻는 관계)를 원하는 부부가 많아졌다. 결혼 평균연령이 계속 높아지고 있고 출산율도 점점 줄고 있다.

리들리는 도시, 정부, 엔터테인먼트, 기술 등 우리 문화의 다른 부분이 어떻게 진화하는지 설명한다. 훌륭한 예가 예술계의 진화다. 처음에는 예술이 실제 삶을 정확하게 묘사할수록 가치를 인정받았다. 그러다 예술이 진화하면서 점점 추상적 형태로 바뀌었다. 인상주의로 시작해 피카소의 입체주의, 달리의 초현실주의, 폴록의 추상미술(현실과는 전혀 연관성이 없는 듯했다), 그리고 워홀의 팝아트(그림의 소재가 지닌 문화적 영향력까지 작품 일부가 되었다)가 이어졌다. 리들리는 시간이 흐르면서 우리가 생각할 수 있는 삶의 모든 부분에서 진화가 이루어진다고 말한다. 그리고 특정 산업 분야와 함께 진화하는 사람에게 성공이 따른다는 것이다.

좋은 예가 있다. 1980년대에 컴퓨터 산업은 기업에 필요한 모든 컴퓨터 기능을 한꺼번에 작동시키는 거대한 메인프레임컴퓨터에서 더욱 강력해진 소형 마이크로컴퓨터로 진화했다. 우리 아버지는 메인프레임 소프트웨어 사업을 했다. 아버지는 대기업의 회계 업무를 처리하는 메인프레임컴퓨터 소프트웨어를 만들었다. "모든 회계 업무를 작은 컴퓨터로 수행할 수 있는 대기업은 없어. 애플 매킨토시는 장난감 수준이지." 아버지는 1987년 나에게 이렇게 말씀하셨다. 그리고 2년 뒤 폐업했다.

지구상 모든 산업은 유신론적 접근법에서 인본주의적 접근법으로, 그리고 궁극적으로는 데이터 주도적 접근법으로 진화하고 있다 (혹은 이미 진화했다).

내가 처음 유발 노아 하라리를 알게 된 건 2014년 코세라에서 '인류 약사略史'라는 온라인 강의를 수강할 때였다. 그 강의의 바탕이 된 《사피엔스Sapiens》는 2015년에 영어로 출간되었다. 그 책에서 유발 하라리는 자신이 생각하는 미래의 인간은 어떤 모습일지 이야기한다. 그리고 그가 얘기한 개념 중 나를 계속 따라다니는 것이 있다. 모든 산업이 처음에는 그 분야 전문가로서 신(혹은 신들)에게 의지하고, 그다음엔 인간에게 의지하고, 그다음엔 데이터에 의지한다는 것이다.

예를 들어 전쟁을 생각해보자. 2,000년 전에는 두 왕국이 싸움을 시작하면 사람들은 신에게 제물을 바치고 성직자와 샤먼에게 축복 기도를 받은 다음 남자들을 전쟁터에 보냈을 것이다. 신이 그들 편에 선다면 승리할 것이다. 그들이 신에게 죄를 지었다면 전쟁에서 질까 봐 두려워할 것이다. 《성경》에서도 하느님은 종종 히브리인들의 총사령관이 된다. 그래서 여호수아에게 가나안 땅으로 가서 그곳을 정복하라고 명령하기도 한다. 또 유대인이 신의 신임을 잃었을 때 이스라엘은 다른 나라에 정복당하곤 한다.

그러다 전쟁의 초점은 인간의 역량에 맞춰졌다. 적병이 얼마나 되는가? 총알은 얼마나 있는가? 군사전략이라는 분야도 인간이 만들어냈다. 지금은 어떻게 싸울까? AI를 이용해 목표물을 찾고 드론으로 수천 마일 밖에서 적을 사살한다. AI와 사이버 보안 기술을 함께 사용해 적의 컴퓨터를 찾아 해킹으로 전력망을 교란하거나 정보를 얻는다. 전쟁은 인터넷망을 통해 매일 일어나고 있다. 언제든 수백만 또는 수십억 개의 '봇'이 적의 컴퓨터를 뒤져 허점이나 약점을 찾아내 공격할 수 있다.

이렇게 전쟁도 유신론에서 인본주의로, 그리고 데이터이즘으로 진화했다.

의학을 예로 들어보자. 수천 년 전에는 몸이 아프면 기도로 치유를 구하거나 샤먼을 찾아가 자신이 믿는 신의 도움을 받아 병이 나을 수 있는지 알아보았을 것이다. 50년 전에는 동네 병원에 가서 진료를 받으면 의사가 "아스피린 두 알 먹고 아침에 다시 오세요"라고 말했을 것이다. 지금은 질병의 요인을 담고 있는 유전체 배열과 환자의 유전체 배열을 비교해 질병을 판단한다. 암이 있는지 확인하기 위해 AI를 활용해 CT 촬영 영상을 분석한다. AI와 데이터로 질병을 진단할 뿐 아니라 어떤 치료제의 효과가 가장 좋을지도 판단할 수 있다. 특정 질병 요인의 화학구조를 바탕으로 치료제의 화학구조를 만들어낼 때도 AI의 도움을 받는다.

이런 진화는 비즈니스 모델에도 적용할 수 있는데, 우선 돈이 그렇다. 지폐를 보라. 돈에 대해 우리가 최초에 가졌던 믿음이 여전히 달러 지폐에 담겨 있다. 지폐 한가운데에는 이렇게 쓰여 있다. "우리는 하느님을 믿는다In God We Trust." 돈은 스토리다. 우리는 그 스토리를 믿으며 그림이 그려진 종잇조각이 음식, 주거지, 사치품, 그 밖에 필요한 물품과 교환하는 데 사용될 수 있다고 믿는다. 종종 있는 일이지만(1920년대의 독일, 2000년대의 짐바브웨 등), 만약 우리가 그 스토리를 믿지 않는다면 국가의 화폐는 붕괴한다. 그래서 대부분 국가는 지폐에 최대한 많은 의미를 부여해 사람들의 신념을 유지하려 한다. 달러 지폐에는 "우리는 하느님을 믿는다"(유신론)라는 문구를 담았다. 하지만 그게 당신에게 맞지 않는 경우를 대비해 초대 대통령 조지 워싱턴의 그림도 넣었다(인본주의).

하지만 "우리는 하느님을 믿는다"가 "우리는 데이터를 믿는다"가 되면 어떨까? 그러면 우리는 돈의 진화론적 변화의 출발점에 서는 것이다. 이것을 테스트하는 것이 비트코인이다. 비트코인은 전부 데이터다. '코인'은 거대한 데이터베이스를 이루는 프로그램이다. 그 거대 데이터베이스를 블록체인이라고 부르며, 비트코인을 보유할 수 있는 모든 '디지털 지갑'이 블록체인을 공유한다.

비트코인에는 물리적 형체가 없다. 배심원단은 여전히 비트코인의 존속에 대해 결정을 내리지 못하고 있다. 하지만 비트코인이 생긴 지도 10년이 넘었으며 2,000억 달러 넘는 돈이 투자되었다. 비트코인을 만드는 데 수백만 시간이 들었는데, 지금까지 비트코인이 붕괴할 위기도 여러 번 있었다(국가가 비트코인을 규제하려 했을 때, 팬데믹이 발생했을 때 등). 하지만 10센트에서 출발한 비트코인은 이 글을 쓰고 있는 시점에 하나당 1만 1,500달러 이상이 되었다.

산업이 이런 식으로 진화한다는 사실을 이해하면 변화의 틈새에서 기회를 찾을 수 있다. 그러려면 이런 질문을 해볼 필요가 있다. 아직 인본주의에서 데이터이즘으로 가는 마지막 도약을 하지 않은 산업이나 관습은 무엇인가? 모든 것이 결국 데이터이즘으로 진화한다면 비즈니스 모델에는 어떤 틈새가 존재하는가? 그리고 우리 서비스나 상품으로 그 틈새를 채울 수 있을까? 비트코인이 만들어진 후 비트코인 거래가 필요했다. 그러자 비트코인 브로커가 필요했고, 그다음엔 비트코인 애플리케이션을 만들 프로그래머가 필요했다. 의학계에서는 여전히 AI를 활용한 진단과 치료 가능성이 많이 열려 있다.

이제 데이팅업계를 살펴보자. 처음에 사람들은 성직자에게 혼인 상대를 지정해달라고 요청했다. 그다음에는 중매인이 생겼다. 지금은 데이팅 앱 알고리즘이 적절한 상대를 연결해준다. 여기서 더 진화할 수 있을까? 우리가 모든 유전체 배열을 밝혀내고 그 유전체 정보가 거대 데이터베이스에 저장된다면 어떨까? AI는 짝을 이루었을 때 더 성공적인 결혼 생활을 할 수 있는 특정 유전체를 발견할 수 있을까? 누가 최초로 이 사업을 할까?

법 집행은 어떤가? 업보(뿌린 대로 거둔다)라는 개념은 유신론에서 비롯된 것이다. 그러다 결국 인간(경찰)이 법 집행을 담당했다. 그리고 마침내 팔란티어Palantir 같은 회사가 데이터를 이용해 발생 가능성이 있는 범죄 패턴을 예측하기 시작했다(영화 〈마이너리티 리포트Minority Report〉와 비슷하다. 그 영화에서 경찰은 데이터를 이용해 미래 범죄를 예측한다). 팔란티어는 은행 거래를 확인해 은행 고객의 거래 중 수상하거나 범죄로 의심되는 것이 있는지 판단한다.

다음 단계는 AI와 GPS 데이터를 결합해 특정 인물, 즉 범죄자가 어떤 식으로 이동할지 알아보는 것일까? 아마존 판매 랭킹으로 유행을 분석하는 알고리즘이 당장 어떤 상품을 개발하면 아마존에서 가장 잘 팔릴지 알려줄까? 집값, 가정법원에 제출된 이혼 서류, 그리고 한 지역의 평균수명 등 공공 데이터를 분석하는 알고리즘이 언제 부동산 가격이 오를지 (혹은 내려갈지) 알려줄까? 아니면 매물로 나올 집을 파격적으로 싸게 살 수 있는 시점이 언제인지 알려줄까?

우리는 지금 데이터이즘이 비즈니스 모델로 부상하는 시점(1,000년의 진화 기간 중 첫 30년)에 서 있다.

하위 3분의 1 모델

스퀘어Square 공동 설립자 짐 매켈비Jim McKelvey는 나에게 이렇게 말했다. "어떤 산업의 하위 3분의 1을 위해 서비스를 제공하는 기업은 아무도 설립하려 하지 않습니다. 모두가 상위 3분의 1을 가지고 경쟁하지요. 하위 3분의 1에 서비스를 제공하는 비즈니스 모델을 찾아낸다면 당신은 그 부문에서 유일한 선수가 될 수 있고, 그 사업의 가치는 수십억 달러에 달할 것입니다." 그는 경험으로 그 사실을 깨달았다.

스퀘어는 소기업이 신용카드 결제를 받을 수 있도록 도왔다. 신용카드 회사는 사기, 지불 거절, 파산 등의 확률이 높은 소기업과 거래하려 하지 않는다. 스퀘어는 소기업과 거래하는 위험을 감수하고 자사 서비스를 이용하는 영세 기업, 주요 신용카드사, 그리고 은행 사이에서 중개인 역할을 했다. 짐은 유리 용기 제조 회사를 운영할 때 신용카드 결제를 받지 못해 2,000달러를 벌 기회를 놓친 후 스퀘어를 설립했다. 그리고 트위터 공동 설립자 잭 도시Jack Dorsey와 동업해 신용카드 결제를 위해 아이폰에 꽂을 수 있는 카드 리더기를 만들었다. 그들은 그 기계의 사용을 승인해달라고 모든 카드사를 설득했고, 그 결과 신용카드 결제를 받지 못한 수천만 개의 소기업이 고객에게 신용카드 서비스를 제공할 수 있게 되었다.

10여 년이 지난 지금 미국 기업 중 40퍼센트가 스퀘어를 통해 거래한다. 그리고 단 두 사람이 차고에서 시작한 스퀘어는 가치가 230억 달러 넘는 기업이 되었다.

어느 산업에나 필요한 여건을 갖추지 못하는 '하위 3분의 1'이 존재할 것이다.

아마존은 출판사를 찾지 못한 작가가 자비출판을 할 수 있게 해주면서 도서 판매량이 크게 증가했다.

텔레비전이 널리 보급되어 라이브 공연을 보러 갈 여유가 없는 사람에게 오락물을 제공할 수 있게 되었다. 그 덕분에 슈퍼볼 경기를 수천 달러를 들여 보러 가지 않아도 텔레비전에서 무료로 볼 수 있다.

기술이 발전할수록 전체 인구 중 서비스를 누리지 못하던 사람들에게도 더 많은 서비스를 제공할 방법이 생길 것이다.

유튜브 영상을 올리는 사람은 수백만 명이지만 그들이 모두 광고비를 받는 최고 유튜버가 되지는 못한다. 그렇다면 콘텐츠 크리에이터 중 하위 3분의 1을 도울 비즈니스 모델이 있을까? 전문 기술을 키우고 싶지만 대학에 가기 힘든 하위 3분의 1에 해당하는 학생을 도와줄 비즈니스 모델이 있을까?

현재 20억 달러(대략적 수치다. 공개 기업이 아니어서 분명히 말하기 어렵다) 넘는 가치를 지닌 리걸줌LegalZoom은 유언장 작성, 이혼, 간단한 계약서 작성 같은 일반적인 법률 서비스를 받을 여유가 없는 수천만 명을 돕기 위해 탄생했다. 리걸줌을 만든 변호사 브라이언 리Brian Lee는 자신을 '최악의 변호사'라 칭했다. 한번은 법인화에 필요한 간단한 서류 작성을 요청받았고, 그가 일하던 법률 회사는 수임료로 2,000달러를 청구했다. 기업 법인화 경험이 있으면 잘 알겠지만, 그것은 정해진 양식에 회사 정보를 기입하면 되는 일이다. 브라이언은 상사에게 회사가 2,000달러를 청구할 것이라는 말을 들었을 때 이렇게 말했다.

"제가 20분이면 끝낼 일인데요."

그리고 그 순간 머릿속에 번쩍 떠오르는 것이 있었다. 단순한 법률 서비스 비용과 그가 그 일에 들이는 노동력에는 큰 격차가 있었다. 인터넷을 이용하면 이런 기능 혹은 서비스 중 많은 부분을 자동 처리할 수 있다. 브라이언은 돈도 사업 경험도 없었지만, 인터넷에서 거의 무료로 단순한 법률 양식과 서비스를 제공할 수 있다는 것은 알고 있었다. 20년이 지난 지금, 그 회사는 가치가 20억 달러를 상회할 정도로 성장했고 그 후 그가 제시카 알바Jessica Alba와 함께 설립한 어니스트 컴퍼니Honest Company의 기업 가치도 10억 달러가 넘는다.

'하위 3분의 1'은 '재산과 수익에서 하위 3분의 1'을 뜻하는 것이 아니다. 그리고 어떤 산업의 하위 3분의 1이든 상관없다.

2002년에는 사람들이 비교적 단순한 웹사이트를 만들고 싶어도 수만 달러가 들었다. 맷 멀런웨그Matt Mullenweg가 만든 워드프레스 덕분에 공학 기술이 하위 3분의 1에 해당하는 사람(공학 기술 지식이 전혀 없거나 거의 없는 사람)이 복잡한 웹사이트를 무료로 만들 수 있게 되었다.

여기서 질문. 우리 경제에서 상위 3분의 2에 속하는 사람들만 누리는 서비스는 어떤 것이 있을까?

↗ ↗ ↗

이 3가지 비즈니스 모델과 그 모델 간의 미묘한 차이를 이해하면 당신은 수십억 혹은 수조 달러 가치가 있는 기회를 발견할 수 있을 것이다.

상품이나 서비스가 팔리는 것을 볼 때마다 질문하라. 이 서비스를 이용하지 못하는 사람은 누구인가? 왜 못하는가? 이용하고 싶지만 어디서 찾아봐야 하는지 모르는 사람인가? AI나 데이터가 개입하면 더 나은 서비스를 제공할 수 있는 산업인가? 하위 3분의 1이 제대로 서비스를 받지 못하는 산업인가?

내가 25년 전에 이런 비즈니스 모델을 완전히 이해했더라면 좋았을 텐데. 하지만 지금은 안다. 그리고 나는 내 회사를 운영하고 투자할 때 3가지 모델을 모두 활용하고 있다.

인세르토 테크닉:
불확실성에 대처하는 법

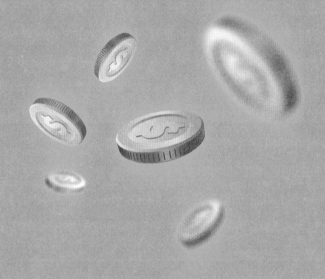

사람들은 기업가가 되려면, 투자를 하려면, 직업을 바꾸려면 위험을 감수해야 한다고 생각한다. 나는 모험가였다. 모험을 하다가 모든 것을 잃어보았다. 돈이나 명예 혹은 친구나 가족을 잃기도 했다.

단숨에 도약한다는 건 곧 큰 모험을 하는 것이다. 자신의 명성을 걸고 모험하는 것이다. 너무 빠르게, 멀리 간다면 굴욕을 각오하고 모험해야 할 수도 있다. 실패할 각오도 해야 한다. 그래서 실험을 주의 깊게 실행해 손실을 줄여야 한다. 중요한 결정에 따르는 위험을 줄이기 위해 단숨에 도약하는 전략을 세워라.

리스크 관련 책은 많지만 내가 추천하고 싶은 것이 있다. 하지만 그 책을 읽으라고 권하지는 않겠다(내가 이렇게 말하면 저자가 좋아하지 않겠지만 제목만 읽고 책은 읽지 않아도 좋다. 읽고 싶다면 읽어라. 그러나 우리에게 필요한 것은 제목이다).

추천하는 저자는 나심 니콜라스 탈레브이며 추천하는 책은 《행운에 속지 마라Fooled by Randomness》《블랙 스완The Black Swan》《안티프래질Antifragile》《스킨 인 더 게임Skin in the Game》이다. 더불어 탈레브는 이 책들을 그의 '인세르토 컬렉션Incerto collection'이라 부른다. 그래서 이번 장에서 설명하려는 기술에 인세르토 테크닉이라는 이름을 붙였다. '인세르토'는 라틴어로 불확실성을 뜻한다. 삶은 불확실성으로 채워져 있다. 그리고 사람들은 대부분 거짓 확신을 만들어내려고 애쓰면서 평생을 보낸다. 하지만 불확실성을 견디고 그것을 발판 삼아 성공하는 능력만 갖춘다면 우리는 얼마든지 모험에 뛰어들 수 있고 거기서 발생하는 문제도 해결할 수 있다.

이 책들의 제목은 4가지 다른 기술을 보여준다. 결정을 잘하는 기술, 군중 속에서 두드러져 보이는 기술, 사람들이 거의 기대하지 않던 지위에서 성공하는 기술, 그리고 행운과 기술의 차이를 이해하는 기술이다.

단숨에 높은 곳으로 도약하려면 가장 덜 붐비는 방을 찾아야 한다. 이 제목들은 그런 방을 찾는 방법을 설명한다. 탈레브의 예상이 적중하는 것을 보면 그가 본질을 제대로 파악했음을 알 수 있다. 팬데믹 초기인 2020년 2월과 3월, 시장이 붕괴했을 때 탈레브의 원칙을 바탕으로 한 헤지펀드는 4,200퍼센트까지 치솟았다!

행운에 속지 마라

아침에 일어나면 "나는 아마 가장 멍청한 사람일 거야"라고 말하게 만드는 제목이다. "나는 분명 가장 멍청한 사람이야"가 아니라 "나는 아마 가장 멍청한 사람일 거야"다.

내가 처음 돈을 벌었을 때(그리고 두 번째, 세 번째, 그 이후로도 계속) 혼자 이렇게 생각했다. '나는 천재야!' '이걸 잘해냈으니 어떤 것이든 잘해낼 수 있어!' 인생의 한 부분에서 크게 성공하면 모든 일에서 성공할 수 있다고 생각한다. 그러면서 '나는 천재가 틀림없어'라고 생각한다. 나는 한 걸음 더 나아갔다. 나는 천재였을 뿐 아니라 인생에서 더 이상 배울 것이 없는 사람이었다. 손뼉을 치고 그 일에서 손을 떼면 이제 끝이었다! 인생은 식은 죽 먹기였다! 이제 나는 그저 쉬면서 즐길 준비가 되었다.

이 잘못된 오만과 잘못된 자부심이 결합된 화학적 혼합물은 실패로 가는 가장 빠른 방법이다. 리스크, 회의적 태도, 호기심, 그리고 정신 건강 같은 개념은 모두 머릿속에서 사라진다. 내가 계속 실수할 때도 나는 언제나 모든 것이 잘될 거라고 낙관적으로 생각했다. 그러나 절대 잘되지 않았다.

불평을 하는 게 아니다. 불평은 충분히 했다.

첫 회사를 팔았을 때는 내가 얼마나 큰 모험을 했는지, 그리고 말도 안 되는 행운(인터넷은 역사상 가장 큰 투자 거품이었다) 덕분에 위기를 모면한 적이 얼마나 많았는지 깨닫지 못했다. 나는 웹사이트를 만드는 작은 회사를 운영했다. 그리고 수백만 달러에 회사를 매각했다. 화상 연고를 만드는 회사가 인터넷 회사들이 누리는 기이한 주식시장 붐을 기회로 삼으려고 '닷컴' 사업에 뛰어든 덕분이었다. 물론 모든 것이 단지 운이 좋아서 일어난 것은 아니었다. 그때 웹사이트를 만드는 일이 닷컴 열풍에 뛰어들기에 적절한 산업이었던 건 사실이다. 하지만 돈에서는 정말 운이 따랐다. 나는 회사를 화상 연고 회사 주식을 받고 팔았는데 그 주식이 1년 만에 2달러에서 48달러까지 오른 건 말도 안 되는 행운이었다. 그리고 내가 거의 정점에서 주식을 팔았다는 것도 순전히 행운이었다.

그다음에 일어난 일은 말도 안 되는 행운이 아니라 그냥 말도 안 되는 일이었다. 내가 그 돈을 다시 닷컴 회사에 투자한 것이다. 투자한 이유는 내가 '인터넷 천재'였기 때문이다. 그러고 나서 투자하기 위해 계속해서 점점 더 많은 돈을 빌렸다. 정점에서 주식을 판(행운일까? 기술일까? 내가 기술을 지녔다고 믿을 이유가 없으므로 확답할 수 없다) 나였다. 결국 나는 그 돈을 다 긁어모아 최악의 회사에 투자했다.

나는 운에 속았다.

이제 좋은 실적이나 결과물을 보여줘도 나는 절대 그들이 (혹은 내가) 자신이 하는 일을 정확히 안다고 생각하지 않는다. 나는 항상 질문한다. 어떤 리스크가 있었을까? 그들은 리스크를 고려했기 때문에 성공했는가? 아니면 리스크는 잊은 채 그저 운이 좋아서 성공한 것인가?

정답은 대부분 후자다.

블랙 스완

블랙 스완(흑조)은 희귀하다. 하지만 분명 있다. 탈레브의 요점은 지진처럼 통계상으로 불가능한 듯 보이는 것도 일반적 통계 모형 허용치보다 훨씬 자주 발생한다는 것이다.

아주 단순화해 이야기해보겠다. 기본 확률 이론은 주로 운에 맡기는 게임에서 어떻게 돈을 걸어야 할지 알아내는 과정에서 발전했다. 내가 동전을 10억 번 던지면 던진 횟수의 약 50퍼센트는 앞면, 그리고 약 50퍼센트는 뒷면이 나올 것이다. 연속해서 앞면만 나오는 것도 가능하기는 하다. 하지만 성공할 것 같지 않다. 만약 성공하면 당신은 확률 이론 밖에서 답을 찾으려 할 것이다. 이를테면 그 동전은 한쪽 면이 더 무거울지도 모른다는 답 말이다.

동전 던지기, 포커, 주사위, 룰렛 같은 게임에서 돈을 걸 때 통계를 활용할 수 있다. 에드 소프Ed Thorp 같은 사람은 기본 확률 이론을 활용해 카드 카운팅 기술을 만들었다. 카드 카운팅 기술을 이용하면 블랙잭 게임에서 자신에게 유리한 상황이 되었을 때 그 기회를 놓치지 않을 수 있다. 만약 다음에 10점 카드가 나올 것을 알고 있거나, 10점 카드가 나올 가능성이 게임 도중 갑자기 변화했다면 그는 그 가능성에 따라 내기 돈을 늘리거나 줄일 수 있다(그는 테이블에 나온 10점 카드를 세기 위해 최초의 웨어러블 컴퓨터를 만들었다. 그 컴퓨터를 신발에 부착하고 테이블에 10점 카드가 나올 때마다 발로 바닥을 톡 쳐서 컴퓨터에 숫자가 올라가도록 했다). 훗날 소프는 이 아이디어를 최초로 주식시장에 들여와 계량 투자 분야를 창안했다.

게임은 통제가 잘되는 환경에서 이루어진다. 동전 던지기에서는 동전 앞면 또는 뒷면 외에 다른 결과가 나오지 않는다. 그리고 동전 양면이 무게에 치우침 없이 균형이 잡혀 있다면 앞면이 나올 확률은 실제로 50퍼센트다. 하지만 환경이 더 복잡해지고 더 '현실적'인 상태가 되면 모든 일이 이론과 같은 확률로 일어나지는 않는다.

누군가가 연쇄살인범으로 체포됐을 때 이웃 사람들이 이렇게 말하는 것을 본 적이 있을 것이다. "말도 안 돼요! 그는 정말 좋은 사람이에요." 그 사람들이 아는 범위에서는 당연히 연쇄살인범이 아니었을 것이다. 그래서 만약 당신이 살인범의 이웃이 될 확률 모델을 만들 때 사람들이 그 살인범을 관찰한 것만을 바탕으로 하면 그가 살인범이 될 확률은 거의 0에 가깝다.

그건 마치 내가 이렇게 말하는 것과 같다. "나는 1만 8,361일 동안 살아 있었어요. 내가 죽을 확률은 최대치가 1만 8,361분의 1이에요. 그러니 내가 죽는 것은 거의 불가능해요!" 하지만 언젠가 나는 분명 죽을 것이다. 확률이 무색하게.

블랙 스완의 개념은 이런 것이다. 만약 과거를 돌아보면서 그때까지 관찰한 것을 기초로 결정을 내린다면 보통은 좋은 결정을 내릴 수 있다. 하지만 리스크가 발생할 여지를 생각해야 한다.

나는 나심 탈레브의 투자 전략은 모르지만 이렇게 예상해볼 수 있다. 우리는 주식시장이 하루에 10퍼센트 이상 폭락한 일이 수백 년간 단 세 차례 있었다는 것을 알고 있다. 보험 모델에서는 기존 사례를 살펴보고 이렇게 말할 것이다. "좋습니다, 2만 5,000일 중 3번(주식시장은 1년에 대략 250일간 열린다. 주말과 몇몇 공휴일에는 폐장한다)뿐이에요. 그러니 가능성은 2만 5,000분의 3입니다." 그리고 증시가 하루에 10퍼센트 하락하는 것에 대비하는 보험 상품을 파는 사람은 보험료를 매우 싸게 책정할 것이다. 발생 가능성이 아주 낮기 때문이다.

하지만 블랙 스완이 존재한다는 사실은 예측할 수 없는 것이 있다는 뜻이다. 모델에 포함되지 않는 부분이 있다는 뜻이며 주식시장에서 리스크가 될 요소가 존재한다는 뜻이기도 하다. 잘 알려진

21장 인세르토 테크닉: 불확실성에 대처하는 법

리스크도 있다. 우리는 그런 리스크를 완벽하게 모델에 포함시킨다. 하지만 소행성이 지구와 충돌해 수억 명이 사망한다면 어떻게 될지는 고려하지 않는다. 만약 당신이 10퍼센트 하락 같은 큰 변화에 대비하기 위해 주식시장 보험 상품을 산다고 생각해보자. 당신은 매달 조금씩 돈을 벌 것이다(손실도 그 정도 수준을 넘지 않을 것이다). 하지만 블랙 스완 사건이 발생한다면 20개월만 보험금을 지불했다 해도 4,000퍼센트, 즉 400개월분에 해당하는 보험금을 받을 수 있다.

중요한 활동을 할 때(회사를 설립할 때, 투자할 때, 인간관계를 시작할 때, 새로운 관심거리나 직업을 시도할 때) 나는 언제나 이미 알고 있는 리스크(내가 투자하는 회사의 CEO가 사망할 수도 있고, 내가 사망할 수도 있으며, 내가 교제하는 사람이 엄청난 빚을 졌다는 사실을 숨길 수도 있다)를 고려해 투자 규모를 줄이기도 하고 내가 모를 수도 있는 부분을 알아내기 위해 상대방과 더 많은 시간을 보내기도 한다.

하지만 블랙 스완, 즉 내가 전혀 경험해본 적이 없어 예측하거나 모델화할 수도 없는 것도 분명 존재한다.

그래서 당신은 '보험'에 대해 생각해야 한다. 내가 사업을 시작한다면 그 사업에서 부수적 이익(기술 습득, 인맥 형성 등)을 얻는 것이 일종의 보험이 될 수 있다. 그렇게 하면 그 사업이 잘 안 될 경우 쉽게 수입원을 전환할 수 있기 때문이다. 아니면 경쟁자에게 약간 투자를 할 수도 있다. 내가 시작한 사업이 잘되지 않는다면 경쟁자가 승자가 되었기 때문일지 모른다.

인간관계는 보험을 들기가 어렵다. 그래서 리스크 중 가장 고통스러운 것이 바로 사랑인지도 모른다.

안티프래질

"회복력이 정말 좋군요." 언젠가 강연 후 이런 말을 들었다. 강연에서 나는 파산할 때마다 내가 겪은 다양한 일을 농담처럼 이야기한다.

파산하면 친구를 잃는다. 전부까지는 아니더라도 대부분 잃는다. 이것은 진실이다. 진부한 말이지만 누가 진정한 친구인지 알아낼 수는 없다. 어느 순간 친구가 한 명도 없었다는 사실이 저절로 밝혀질 뿐이다. 어쩌다 남아 있는 친구들도 한 발짝 물러서서 상황을 관망한다. 하지만 과거를 되돌아보기만 해서는 앞으로 나아가기 어렵다. 후회는 일종의 시간 여행이다. 내가 잃은 모든 순간을 계속 곱씹는다면 끊임없이 반복되는 블랙홀 같은 나날에서 결코 빠져나올 수 없다. 희망을 가져야 한다. 희망의 끈을 놓지 않으면 흥분과 기쁨으로 다음 날을 맞이하게 해준다.

영화 〈사랑의 블랙홀Groundhog Day〉에서 빌 머리Bill Murray는 사랑에 빠져야만 인생이 진행된다. 처음에 그는 자신에게 일어나는 일을 억울하고 분하게 여겼다. 그는 자신에게 일어나는 나쁜 일(같은 날이 반복되는 일) 때문에 더욱 나쁜 사람이 되어갔다. 이런 모습은 그가 프래질 상태임을 보여준다. 불행하고 무서운 일은 그 사람을 본래 모습보다 더 나쁘게 만든다. 이것은 전형적인 인간의 모습이다. 사람들은 트라우마를 겪으면 외상 후 스트레스 장애가 생겨 나중에 유사한 부정적 상황이 발생했을 때 행동에 영향을 받는다. 그들은 프래질 상태가 되고 너무 취약해져 다시 일어서거나 자신이 원하는 삶을 살 수 없다.

우리가 아는 정치인, 기업 리더, 유명 인사만 봐도 알 수 있다. 수십 년을 쏟아부어 많은 것을 이루었지만 한번 나락으로 떨어지면 회복하지 못하는 사람들이 있다. 그들의 성공이 프래질 상태에서 이루어졌기에 버티기 힘든 것이다. 크리스털 꽃병은 바닥에 떨어지면 산산조각이 나버린다.

처음 파산했을 때 나는 너무 침울해져서 회복할 수 없을 것 같았다. 나는 프래질이 무엇인지 보여주는 완벽한 예였다. 내가 과거와 잘못한 일에만 광적으로 집착하는 것을 그만두고 미래에 대해 생각한 건 가능성 근육 훈련을 시작하고 몸과 마음의 건강을 돌보기 위한 일상을 보내게 되면서부터였다.

'리질리언트' 상태란 당신이 원래 있던 자리로 되돌아가는 것이다. 물론 여전히 같은 실수를 하고 다시 허물어질 가능성이 있다. 나는 리질리언트한 사람이었다. 계속 실패하고 회복했지만 가르침을 얻는 데 실패했고, 그래서 다시 무너졌다. 부서진 크리스털 꽃병 조각을 모두 모아 꽃병 만드는 사람에게 가져갈 수는 있다(아마도). 그러면 그는 꽃병 조각을 이어붙일 것이다. 하지만 당신이 다시 꽃병을 테이블 끝에 올려둔다면, 그리고 당신의 개가 그 테이블 위로 뛰어오르기를 좋아한다면 어떨까? 당신은 리질리언트한 사람일지는 모르지만 과거의 당신보다 더 나은 사람은 아니다.

리질리언트한 사람이 되는 것도 좋다. 이를 악물고 힘든 시간을 헤쳐나가 완전히 다른 경지에 도달하는 사람도 많다. 하지만 탈레브가 말하는 '안티프래질' 성질을 띠는 사람은 한 걸음 더 나아간다. 뭔가에 상처를 입으면 당신은 더 강해진다.

모든 실수를 공개하며 취약점을 드러내기 전까지 나는 스스로 진짜 성공이라고 부를 만한 것을 이루지 못했다. 블로그에 그 얘기를 쓰기 시작하자 금융에 대한 글만 쓸 때보다 구독자가 크게 늘어났다. 그동안 저지른 실수를 공개적으로 드러내고 인정하는 과정에서 나는 교훈을 얻을 수 있었다. 매일 새로운 아이디어를 10개씩 쓰지 않으면 내 창의성은 금세 바닥을 드러내리라. 또 내가 하는 일에서 리스크를 고려하지 않으면 다시 무너지기 쉽다.

　언젠가 누군가 이런 말을 했다. "늘 하던 일만 한다면 늘 얻는 결과만 얻을 것이다."

　안티프래질은 단숨에 도약하기의 본질이다. 만약 당신이 단숨에 도약하는 기술을 습득한다면 점점 더 높은 곳으로 손을 뻗을 수 있을 것이다. 방해물에 부딪혀도 금세 회복할 수 있을 뿐 아니라 훨씬 더 강한 사람이 될 수 있다는 것을 알기 때문이다.

　스탠드업 코미디 무대를 망쳤을 때 나는 찍어놓은 영상(일종의 보험이다)을 보면서 내가 어디에서 잘못했는지 알아보고(보통은 나보다 경험이 풍부한 코미디언의 도움을 받는다) 약한 부분을 보완할 수 있는 것(예를 들면 즉각적으로 관심을 끌어야 하는 냉정한 청중 앞에서 더 좋은 쇼를 하기 위해 지하철에서 코미디 쇼를 하는 것)을 해본다.

　블랙 스완까지 고려해 모델을 만들 만큼은 아니지만, 나는 몇 년에 걸쳐 기업을 정확히 분석한 다음 투자할 곳을 결정한다. 그리고 상황이 안 좋아져도 무너지지 않고, 오히려 위기를 기회로 삼을 수 있도록 다양한 기업에 투자한다. 이것이 완전한 방법은 아니다. 어떤 블랙 스완이 나타날지 모르기 때문에 그것까지 고려할 수는 없다. 하지만 이 정도 보호를 받으면 충분히 생존할 수 있을 뿐 아니라 성공할 수 있을 것이다.

나는 탈레브에게 이런 질문을 했다. 나는 10대 이후로 병원에 간 적이 없다. 나는 내 몸이 프래질 상태일까 봐 두렵고, 내가 아플 때 두려움과 불안으로 무너져 내릴까 봐 두렵다. 어떻게 하면 안티프래질 상태가 될 수 있을까? 그의 대답은 마치 백신에 대한 이야기 같았다. "독을 매일 조금씩 섭취하세요." 나는 그 말이 청산가리 같은 것을 섭취하라는 말이라고 생각하지 않는다. 그의 말은 이 책에서 계속 반복되는 개념이다. 당신은 성공으로 가는 방법을 모른다. 모든 문제를 헤치고 가는 방법도 모른다. 당신은 불확실성을 안고 살아가되 당신이 잘하고 싶은 것을 **경험하고 실행해야** 한다.

질문해보라. 만약 믿을 수 없는 일이 발생한다면 당신 인생의 어느 부분이 완전히 폭발하고 실패할 것인가? 그리고 지금 당신은 어떻게 해야 조금이라도 더 안티프래질을 확보할 수 있을까? 최악의 경우까지 고려한 시나리오는 무엇이며 당신은 그런 상황에서 괜찮을까? 그리고 만약 당신이 괜찮다고 생각한다면 그 상황을 가볍게 경험해본 다음 그 문제를 해결할 방법이 있는가? 만약 그럴 수 있다면 당신이 그 시나리오에 어떤 반응을 보이고 어떻게 문제를 해결하는지 확인할 수 있을 것이다.

9·11테러 직후에 투자할 때 나는 주가가 계속 떨어지는 동안 지속해서 투자금을 빌렸다. 결과적으로 파산했다. 몇 년 동안 나는 그 일을 후회했고 다시는 모험을 하지 않았다(프래질). 수년 동안 투자 기술을 쌓은 다음 여러 시도를 했지만 다시 돈을 다 날렸다(리질리

언트). 하지만 마침내 나는 훨씬 더 신중해졌다. 이득이 크고 손실이 적은 기회, 그리고 연관성이 없고 내가 생각할 수 있는 블랙 스완과도 연관성이 없는 기회를 더 열심히 찾아보았다. 그 덕분에 나는 안티프래질을 더 확보할 수 있었다. 이것이 당신이 스스로 안티프래질 상태가 되는 방법이다.

스킨 인 더 게임

판돈을 건다는 건 잃을 것이 있다는 뜻이다.

100년간 지진이 일어나지 않았으므로 올해는 지진이 일어날 수 있다는 예측 기사를 쓴 기자는 판돈을 걸지 않은 것이다. 지진이 일어나지 않고 1년이 지나가면 그 기자는 이렇게 말할 수 있다. "어쨌든 제가 경고한 덕분에 사람들은 더 각별한 주의를 기울였습니다." 아니면 그가 1년 전에 한 예측을 아무도 기억하지 못할 수도 있다. 아무 결과도 나타나지 않았기 때문이다.

하지만 그 기자가 자신의 예측에 돈을 걸어야 했다면 어땠을까? 만약 그가 예측하는 것마다 돈을 걸어야 한다면 어떻게 될까? 그렇다면 그는 더 많이 연구하고 단층의 위치와 지진학자의 예측 방식을 조사하느라 많은 시간을 보낼 것이다. 어쩌면 위험을 감수할 가치가 없으니 돈을 걸지 않겠다고 할지도 모른다. 그리고 돈을 걸지 않았으니 예측 기사도 쓸 수 없다. 이것이 스킨 인 더 게임이다.

나는 '예측 시장'에 돈을 거는 것을 좋아한다. 예측 시장은 "누가 대통령이 될까?" 또는 "브렉시트Brexit가 2020년 안에 일어날까?"처럼 어떤 사건의 결과에 돈을 거는 웹사이트를 말한다. 가끔 내가 예측할 만한 문제를 보면 혼잣말을 한다. "아, 이런 일은 절대 안 생기지." 이 정도면 기사를 쓰기에 충분할 것이다. 하지만 만약 내가 그 도박판에 뛰어든다면(나는 돈을 걸어야 한다) 나는 내가 할 수 있는 모든 연구를 할 것이다. 나는 전문가가 될 것이다.

전문 지식은 강좌를 듣거나 자격증을 딴다고 생기는 것이 아니다. 전쟁에 나가지 않으면 훌륭한 군인이 될 수 없다. 데이 트레이딩에서 경험하는 손실의 절망감과 성공의 짜릿함이 어떤 것인지 알려면 직접 데이 트레이딩을 해봐야 한다.

중요한 결정을 내릴 때마다 스스로 질문을 해보라. 이것이 제대로 되지 않았을 때 내가 잃는 것이 있는가? 그것은 돈일 수 있고, 명성일 수 있고, 시간일 수 있다. 이 중 어떤 것을 잃더라도 처참한 기분을 느낄 것이다. 이것이 스킨 인 더 게임이다. 판돈을 걸면 당신은 자연스럽게 리스크를 최소화하기 위해 연구할 것이다.

리스크를 완전히 없애는 것은 불가능하다는 사실을 받아들여라. 불확실성을 안고 살아가는 것은 단숨에 도약하는 비결과 떼려야 뗄 수 없는 부분이다. 단숨에 도약한다는 것이 아무도 시도하지 않은 것을 한다는 뜻이기 때문이다. 그리고 아무도 하지 않은 것을 하기에 성공할 수 있는 것이다.

하지만 '인지된 리스크'를 감수하면 최고의 보상이 기다린다. 인지된 리스크라고 한 것은 당신이 판돈을 걸 때 개인적으로 할 수 있는 모든 조치를 취해 그 리스크를 줄일 것이기 때문이다.

연결을 위한
30/150/수백만 법칙

단숨에 도약하는 기술 중에는 흥미로운 비전을 세우고 그것을 다른 사람들과 공유하는 기술도 있다. 다른 사람과 공유하는 비전을 창출한다면, 당신은 사람들과 신뢰를 쌓을 수 있다. 그뿐 아니라 협업을 촉진하고 창의성을 높일 수도 있다.

지난 몇 년간 우리는 세상의 비전이 완전히 흔들리고 사라질 위기에 처하는 것을 지켜보았다. 그리고 지금 그 어느 때보다 삶의 모든 부분에서 우리의 행동, 일 처리 방식, 사회 활동을 비롯해 그러한 것들을 하는 이유를 서로 이어줄 비전을 찾아야 한다. 아울러 그런 비전을 공유하려면 공동체가 어떻게 형성되고 서로 영향을 미치는지 먼저 이해해야 한다.

30/150/수백만 법칙을 완성하는 데 8만 년이 걸렸지만, 이 법칙 덕분에 인간은 먹이사슬의 중간 위치(사자가 사냥해서 좋은 고기를 먹고, 그다음으로 독수리가 나머지 살점을 먹고 나면 겨우 뼈의 골수밖에 먹지 못하는 위치)에서 맨 꼭대기(이제 사자는 우리가 만든 동물원에 있고 네안데르탈인은 멸종했다)로 올라갈 수 있었다. 중요한 것은 이 법칙이 리더십과 조직, 그리고 그 조직 안에서 당신이 차지하는 위치에 적용되며 조직, 기업, 산업 등 모든 집단의 운영에 적용된다는 점이다.

30 법칙에서 30은 우리가 직접적으로 알고 지낼 만한 사람의 수다. 유목민 부족은 30명으로 구성되었다. 이 정도 규모라면 공동체 구성원이 모두 서로를 잘 알며 누가 믿을 만한 사람인지도 알 수 있다. 제인은 마이크를 안다. 제인은 마이크가 사냥을 나가리라 믿는다. 하지만 집단 규모가 30명을 넘으면 이런 신뢰와 공동체의 유대가 무너진다. 더 이상 모든 사람에 대한 정보를 보유할 수 없다. 모든 사람을 신뢰하기도 어렵다. 그러면 공동체는 소그룹으로 나뉜다.

약 1만 년 동안은 이런 역학이 괜찮았다. 그런데 약 7만 년 전, 인간은 다른 어떤 동물도 취득하지 못한 중요한 기술을 발달시켰다. 심지어 네안데르탈인처럼 인간에 가까운 종족도 갖지 못한 기술, 바로 가십이다.

제인은 해리에게 이렇게 말한다. "마이크는 같이 사냥하기 좋은 사람이야." 그러면 해리는 제인의 판단을 믿고 마이크와 함께 사냥을 나가도 되겠다고 확신한다. 마이크를 전혀 모르는데도 말이다. 이렇게 해서 네안데르탈인과 더불어 다른 모든 사피엔스는 멸종하고 인간만 남게 된 것이다. 만세!

이런 시스템은 150명까지 잘 작용한다. 우리는 대략 150명의 정보와 가십을 보유할 수 있다. 사람들은 가십거리를 이야기할 만한 사람이 150명이 되지 않으면 가십을 다룬 잡지를 읽고 싶어 하고 소셜 미디어에서 인플루언서를 팔로하면서 킴 카다시안이나 버락 오바마 같은 사람들의 근황을 확인한다. 이 법칙은 사업에도 적용할 수 있다. 직원 수가 30~150명이라면 사내 뉴스레터, 시상, 명확한 직책 분류 등을 이용하면 조직을 잘 운영하는 데 도움이 된다.

여기에 계급제도를 약간 가미하면 그 조직은 오래 존속할 수 있다. 모두를 직접 알고 지낼 수는 없으므로 다른 사람의 신뢰도(우리가 그들을 믿을 수 있는지)를 측정할 다른 방법이 필요한 것이다.

그런데 정말로 인간을 먹이사슬 꼭대기에 오르게 해준 것(진화 측면에서 단숨에 정상으로 뛰어오른 일)이 약 1만 년 전에 발생했다. 수천 마일 떨어져 사는 완전히 낯선 사람과도 함께 일하게 해주는 도구, 바로 스토리다.

만약 당신이 좋은 스토리를 설파하고 서로 지구 반대편에 있는 두 사람이 그것을 신뢰한다면 둘은 함께 일할 수 있다. 종교도 정치도 브랜드도 그렇다.

만약 당신이 낙태 합법화에 찬성하고 나도 낙태 합법화에 찬성한다면 우리는 함께 일할 수 있다고 느낀다. 만약 당신이 스스로 공화당 지지자라고 말하고 나도 공화당 지지자라면 우리는 함께 일할 수 있다고 느낀다. 이는 이 세계에서 일어나는 일에 대해, 그리고 우리가 선택한 입장에 대해 같은 '스토리'를 공유하기 때문이다.

국가주의는 강력한 스토리다. 환경, 낙태 합법화 찬성/반대 같은 정치적 구분도 강력한 스토리다. 종교도 수백만 명을 통합하는 강력한 스토리다. 이런 스토리는 그것 외에 공통점이 하나도 없는 낯선 사람들과도 함께 일할 수 있게 해준다. 아! 당신은 혼다 시빅Honda Civic을 타는가? 나도 그렇다! 이제 우리는 함께 일할 수 있다(사실 나는 면허정지 상태다. 그냥 예를 든 것뿐이다).

좋은 스토리의 구성 요소는 무엇일까? 당신이 당신 스토리의 영웅인가?

조지프 캠벨Joseph Campbell이 《영웅의 여정The Hero's Journey》에서 간략하게 설명했듯 영웅 이야기에는 대략 다음과 같은 특징이 있다.

- 주저하는 영웅: 〈스타워즈〉의 루크 스카이워커는 다른 행성으로 가고 싶었지만 큰아버지 농장에 머물러야 할 의무감을 느꼈다.
- 콜 투 액션: 스파이더맨 피터 파커는 삼촌이 그의 눈앞에서 죽는 것을 목격했다. 피터 파커는 자신의 힘을 사용했다면 그 살인을 막을 수 있었다는 사실을 깨닫는다.
- 여정: 영웅은 새로운 친구들을 만나고 점점 더 큰 문제와 맞닥뜨린다. 부처는 제자가 되고자 하는 최초의 수도승을 만나고, 전쟁 중인 국가들은 부처가 그의 숲에 이루어놓은 평화를 방해하려 한다.
- 마지막에 만나는 가장 큰 문제, 그리고 물리침: 루크 스카이워커는 데스 스타를 파괴한다.
- 귀향, 그리고 영웅담 전파

브랜드도 강력한 스토리다. 만약 당신의 상품이나 서비스를 다른 사람과 연결해줄 스토리를 만들 수 있다면 당신은 모든 준비를 마친 셈이다. 이 사실은 최근에 이루어진 한 연구에서도 드러났다. 그 연구에서 한 남자가 쓸모없는 물건을 잔뜩 사들인 다음 이베이에서 팔아 얼마간을 벌었다. 그런 다음 그는 이베이에서 똑같은 물건을 다시 팔았다. 그런데 이번에는 물건 하나하나에 스토리를 담았다. 그 물건이 어디에서 온 것인지, 왜 중요한지 등의 스토리였다. 여전히 같은 물건이었지만 그는 네 배를 벌었다.

스토리는 가치를 창출하고 낯선 이 수백만 명과 협력할 수 있게 해준다. 다만 우리는 수백만 년 동안 진화해왔지만 스토리를 이용하는 기술은 겨우 1만 년 동안 유전자에 존재했을 뿐이라는 것이 유일한 문제점이다. 그래서 때때로 고장이 난다. 그 결과가 전쟁, 재정 위기 등이다.

살면서 많은 스토리를 듣다 보니 무엇이 허튼소리이고 무엇이 진실인지 판단할 수 있게 되었다. 스토리의 진정성을 판단하는 유일한 방법은 마음속으로 느끼는 것이다. 내가 웃으면 나에게 그것은 진짜다. 내가 좋다고 느낀다면 그것은 나에게 진짜다. 그렇지만 내가 스토리와 상관없이 누군가에게 친절하게 대할 때 기분이 더 좋아진다. 그러니 나는 스토리 때문에 남들과 언쟁하지는 않을 것이다. 내 에너지는 얼마 되지 않으므로 그 에너지를 최대한 효율적으로 사용해 가족을 사랑하고, 새로운 것을 창조하고, 재미있는 일도 하고, 건강해질 것이다.

나는 에너지 미니멀리스트다.

미래 세대에게:
좋은 인생을 위한 23가지 조언

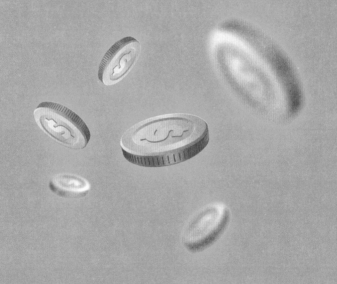

SKIP THE LINE

나는 아이를 원하지 않았다. 그때까지 한 번도.

하지만 그런 나에게 아이가 생겼다.

딸이 내 삶으로 들어왔다. 키가 1피트 정도 되는 신규 미국 시민은 말도 못 했고, 언제나 울어댔으며 바닥에 응가를 하고 시도 때도 없이 엄마 젖을 먹었다.

그래도 나는 딸의 모든 행동을 받아들였다. 그리고 그때까지 내가 사랑한 그 누구보다 더 딸을 사랑했다. 지구상의 70억 넘는 사람 중 가장 사랑했다.

딸은 얼마 전 20세가 되었다. 20세!

딸이 내 충고를 귀 기울여 듣는지 모르겠지만 나는 딸에게 좋은 인생을 사는 법에 대해 다음과 같은 글을 써주곤 했다. 좋은 인생까지는 아니더라도 나처럼 걱정, 고통, 두려움, 불안으로 가득 찬 삶을 살지 않는 법쯤은 될 것이다.

딸이 20세까지 성장하는 동안 재미있는 일이 생겼다. 둘째가 태어난 것이다. 나는 첫째를 사랑한 만큼 누군가를 사랑할 수 없다고 생각했다. 하지만 틀렸다. 두 아이 모두에 대한 사랑이 점점 커졌다. 그러고 나서 재혼했는데, 아내 로빈에게도 세 아이가 있었다.

셋 모두 우리 아이들과 나이가 비슷했다. 딸 넷에 아들 하나가 되었다. 나는 아이들 모두를 사랑한다. 가장 어린 아이부터 조시, 존, 세라, 릴리, 몰리다. 매일 다섯 아이(이제 작은 어른이다)에게 새로운 문제가 생긴다. 그리고 아이들이 그런 문제를 이야기하고 싶어 한다. 매우 중요한 문제이기 때문이다!

핵심은 반응하지 않는 것이다. 아이들이 조언을 구하려 하는 일은 거의 없다. 조언에 귀를 기울이는 일도 매우 드물다. 하지만 아이들은 당신의 모든 행동을 지켜본다. 좋은 부모가 되려면 좋은 사람이 되어야 한다. 당신은 바르게 살아가는 방법을 말해주는 것이 아니라 몸소 보여주어야 한다.

게다가 나는 아주 만만한 사람이다. 아이들도 누구에게 허락을 받아야 하는지 알고 있다. 아내는 "안 돼!"라고 말하고 나는 이렇게 말한다. "좋아. 하지만 엄마에게 물어보렴!"

아이들은 내 조언을 들으려 하지 않는다. 그래서 나는 삶으로 본보기가 되려고 노력한다.

---

1. 언제나 가장 덜 붐비는 곳으로 가라.

성공은 다른 사람이 없는 곳에서 이루어져.

내 친구 딸은 하버드대학에 가고 싶어 했어. 하지만 학점 좋고 SAT 점수가 좋은 뉴욕 학생 중 얼마나 많은 수가 하버드에 지원했을까? 아마 모두 지원했겠지. 경쟁이 정말 심했을 거야. 그런데 친구 딸은 자동차 경주를 너무 좋아해서 그걸 할 수 있는 나이가 되자마자 레슨을 받았어. 자동차 경주에 대한 열정이 넘쳤지. 자동차 경주 영상을 보고 기회가 될 때마다 코치와 함께 트랙에 나가 연습했대. 마침내 그 친구는 경주에 나가 좋은 성적을 거두었어. 최고라고 할 정도는 아니어도 꽤 잘했어. 하버드대학 지원자 중 유일하게 10대 여성 자동차 경주 선수가 된 거야. 그리고 합격했어. 하지만 자기가 좋아하는 일이 너무 즐거웠던 나머지(스폰서도 생겼어) 꿈을 이루기 위해 하버드대학을 포기했어.

이 이야기는 내가 좋아하는 문구와 통한단다. 〈와이어드〉 설립자이자 편집자 케빈 켈리가 한 말이야. "최고가 아니라 유일한 사람이 되어야 한다."

2. 남들 모르게 좋은 일을 하는 사람은 슈퍼히어로로, 유명해지려고 유명해질 행동을 하는 사람은 패배자다.

3. 좋은 인간관계는 좋은 인생, 나쁜 인간관계는 나쁜 인생을 의미한다.

청중을 양성하는 것보다 청중을 선택하는 것이 더 낫단다. 너도 항상 주변 사람들에게 뭔가 가르쳐주며 살고 싶지는 않을 테니까.

세계 선수권자 수준의 체스 선수는 자신의 '세컨드'와 함께 다니는 경우가 많아. 세컨드란 체스 포지션을 분석하고 중요한 경기에서 쓸 아이디어를 내며 상대 선수가 했던 경기를 연구하고 그 선수가 어떤 식으로 경기를 할지 예측하는 등 선수를 보조하는 사람을 말해. 세계 선수권자 수준의 선수와 함께 다니는 세컨드는 보통 세계

10위권 안에 드는 선수야. 전 챔피언일 수도 있어. 1972년 세계 선수권자 보비 피셔Bobby Fischer는 이런 질문을 받은 적이 있어. "왜 세컨드가 없나요?" 그가 이렇게 대답했어. "저는 중요한 경기 중 체스 레슨을 하고 싶지는 않습니다."

조금 극단적인 예를 든 걸 수도 있어. 하지만 요점은 잘 맞는 사람을 선택해야 그들을 발전시키느라 시간을 들일 필요가 없다는 거야. 시간을 들여서 네 주위에, 그리고 팀에 적절한 사람을 두어야해. 네가 발전시켜야 할 사람을 선택하지 마.

4. 늘 하던 일만 한다면 늘 얻는 결과만 얻게 될 거야.

인생이 바뀌기를 바란다면 지금까지와 다른 뜻밖의 일을 해야 해. 길을 잘못 들어 비포장도로로 가보기도 하고 말이야. 그리고 가능성 근육을 키워야 해. 날마다 10가지 아이디어를 적어봐. 모든 일에 새로운 방식으로 접근하면 더 많은 가능성을 발견할 거야.

5. 잘 자고 잘 쉬어라.

사람들은 언제나 이렇게 말해. "열심히 일해라. 많이 해라. 서둘러서 부지런히 해라." 하지만 쉬어야 성장할 수 있어. 쉬는 시간이란 뇌가 성장하고 재정비하는 시간을 말하는 거야. 계속 뭔가를 하고 있다면 그건 일하는 시간이야. 온라인 일정표에 아침에 20분, 오후에 20분씩 시간을 비워놓고 그 시간만큼은 휴대전화도 컴퓨터도 잠시 멈춘 채 공상에 잠기거나 산책을 해보렴.

6. 나쁜 일은 생기게 마련이야. 그 일을 기회로 삼으면 돼.

   매일 이 말을 반복해야 할 거야.

7. 절대로 자신에게 낙담하고 스스로를 불쌍히 여기지 마. 그 이유는
   위와 같아.

8. 날마다 창의적인 사람이 되어라.

   사람들은 모두 자기 레인에 머물려고 해. 네가 날마다 창조적인 사람
   이 된다면 다른 사람보다 더 멀리, 더 빠르게 갈 수 있을 거야.

9. 오늘이 마지막 날인 것처럼 살아라.

   마지막 날이 아닐지도 몰라! 그러니 싫어하는 사람을 죽이면 안 돼.
   오늘 뭔가를 할 때 내일 더 잘하면 된다는 마음으로 하면 안 된다
   는 뜻이야. 하루하루를 최대한 활용해야 해.

10. 하라하치분메

    일본 오키나와는 전 세계에서 100세 이상 인구 비율이 가장 높은
    곳이야. 게다가 그곳에 사는 100세 이상 노인이 모두 병상에 누워
    있는 것도 아니란다. 오키나와는 삶의 질이 높은 100세 이상 인구
    비율이 가장 높은 지역이기도 해. 오키나와 사람들은 '하라하치분
    메腹八分目'라는 철학을 실천한대. '자신이 먹을 수 있는 양의 80퍼
    센트만 먹는다'는 뜻이야. 사람들은 실제로 배가 찬 뒤 20분이 지
    나서야 배가 부르다고 느끼기 때문에(배부르다는 신호는 위에서 뇌까지

부자는 천천히 벌지 않는다

천천히 전달되거든) 네가 배가 부르다고 느끼는 데 걸리는 시간을 감안해 80퍼센트에서 멈추는 거야.

내가 말하려는 건 이거야. 음식을 맛있게 먹되, 네가 배고프다고 느낄 때도 배고파 죽을 지경은 아니라는 사실을 기억해. 미국에서는 대부분이 날마다 배부르게 먹지. 하지만 너무 많이 먹으면 더 불행해질 수도 있어. 질 높은 삶을 누리며 오래 살고 싶다면 이 철학을 따르는 것이 좋을 거야.

이렇게 10가지가 있다. 그리고 다음은 보너스다.

1. 읽어라!

너는 운이 아주 좋아. 사람들은 대부분 책을 읽지 않는단다. 책을 읽지 않는 사람은 실패자가 될 수 있어. 하루에 한 가지씩 좋은 글을 읽으면 몇 년 후에는 남들보다 수천 가지를 더 알게 될 거야.

2. "할 수 없다"고 하지 마라.

절대로 뭔가를 "할 수 없다"라고 말하지 마. 열렬히 원하는 게 있다면 그것을 얻을 방법, 혹은 거기에 가까이 다가갈 방법은 언제나 존재하기 마련이란다.

3. 주저하지 말고 이중 주차하라.

어딘가에 꼭 가야 한다면 이중 주차를 두려워하지 마라. 하지만 그럴 때면 다른 사람이 네 차를 움직일 수 있게 해두렴. 그건 꼭 지켜야 해.

4. 편리함을 사라.

네가 가진 마지막 1달러를 써서 통근이 좀 더 편해진다면 반드시 그 돈을 써라. 편리함은 물질적 소유보다 더 가치 있단다.

5. 뉴스를 읽지 마라.

뉴스 읽을 시간에 독서를 하거나 네 삶을 향상할 수 있는 것을 해보렴.

뉴스를 쓰는 사람들은 위선자야. 내가 자주 출연한 유명 뉴스쇼 대기실에 있을 때였어. 친절한 프로듀서가 와서 뉴스쇼 제작에 대해 설명해주었지. 그의 말 중 가장 중요한 것은 이거였어. "우리가 여기서 하는 일은 광고와 광고 사이를 이어주는 것뿐이랍니다." 이 말은 네가 뉴스를 봐서는 안 되는 이유를 함축적으로 보여주지(13장 '모두가 배워야 할 미시적 기술' 중 '관심 다이어트' 부분에서 내가 뉴스를 읽지 말 것을 제안하면서 했던 질문과 답을 볼 수 있단다).

6. 가치 있는 일은 모두 기술이 필요하다.

뭔가를 이루려면 그것을 이루려는 다른 누구보다 더 많은 기술을 갖추어야 해. 한 가지 기술을 20개의 미시적 기술로 나누어봐. 그런 다음 매일 각각의 미시적 기술을 향상시킬 방법을 찾아보는 거야. 결과에 대해서는 걱정하지 마. 기술을 습득하면 결과는 자연스럽게 따라올 거야. 날마다 조금씩 발전하는 데 초점을 맞추면 돼.

7. 널 싫어하는 사람이 있다면 그냥 무시해라.

당연한 이야기 같지만 그렇지 않아. 나를 싫어하는 사람이 생기면 나를 좋아하게 만들려고 노력하느라 시간을 보내게 돼. 하지만 이렇게 해서 네가 얻는 건 패배자라는 결과뿐이야.

8. "너답게"라는 말에 신경 쓸 필요 없어.

그냥 날마다 네가 옳다고 믿는 대로 결정해. 그리고 그런 믿음에 대해 타협하지 마. 타협할 때마다 너는 기계 부속품이 되는 거야. 기계 밖에는 더 많은 행복이 존재한단다.

9. 단지 남들이 믿는다는 이유로 어떤 것을 믿지 마라.

10. 자부심을 남에게 위탁하지 마라.

누군가를 사랑할 때 그 사람이 해주는 말로 자부심을 얻으려 하지 마. 너에게 자부심을 갖게 해주기는커녕 그 사람 자신이 자부심을 갖는 것만도 충분히 힘들단다.

네가 승인받는 사람들의 수를 제한해라. 다른 사람의 의견을 존중하더라도 그들의 의견이 너에게 적절하지 않을 때가 있다는 사실을 잊지 마라. 다른 사람의 의견은 그들이 원하는 것에만 적합할 뿐이야.

너와 가장 가까운 사람들조차 네가 단숨에 성공하는 것을 바라지 않을 수 있어. 그들은 네가 로켓을 타고 날아가고 자기들은 뒤에 남을까 봐 두려워하거든. 그들 입장에서는 타당한 걱정이야. 다들 나쁜 사람이니 다른 이의 말을 무시하라는 뜻은 아니야. 하지만 그들의 의도를 잘 파악해야 해. 모든 행동에는 의도가 있단다.

11. 사실이 무엇인지는 중요하지 않다.

이렇게 말하는 사람이 있어. "오늘 주식이 왜 오르고 있는 거죠? 나쁜 뉴스가 보도됐는데요!"

그건 사실 자체는 중요하지 않기 때문이야. 우리는 모든 상황에서 전체적인 그림을 보지 못하지. 인생사는 참 복잡하단다. 세상에는 다양한 스토리가 있어. 그리고 누군가에겐 사실인 것이 다른 누군가에게는 그저 하나의 의견일 수 있지. 사람들이 중요하게 생각하는 것은 확실성과 불확실성이야. 주식시장은 현재 사람들이 느끼는 불확실성 정도를 보여주는 지표란다. 불확실성이 커지면 공포가 커지고 확실성이 커지면 공포는 줄어드는 거야.

사실보다 더 유용한 것은 바로 수많은 가능성이야.

12. 매사에 타당한 이유와 진짜 이유가 존재한다.

언젠가 네가 나에게 도서관에 공부하러 가야 한다고 말한 것이 기억난다. 이유를 물었더니 너는 필요한 책이 모두 도서관에 있고 집에서는 온라인 검색도 할 수 없기 때문이라고 했어.

그건 '타당한 이유'야. 나는 그 의견을 반박할 수 없어. 하지만 도서관에는 남학생이 있을 테고 그 학생을 만나고 싶다고 말하는 것을 잊었더구나. 그것이 '진짜 이유'란다.

누군가 너에게 반박할 수 없는 타당한 이유를 댈 때, 물론 그것은 사실이고 중요한 이유겠지만, 진짜 이유가 무엇인지 반드시 물어보렴. 모든 것에는 진짜 이유가 있거든.

13. 나한테 전화하는 거 잊지 마라.

사랑한다.

우리 아이들에게, 태어난 순서대로.

몰리 알투처, 릴리 새뮤얼스, 세라 새뮤얼스, 존 새뮤얼스, 조시 알투처.

너희 중에는 오랜 가족도 있고 새로 가족이 된 사람도 있다. '감사의 글'이 여기에 적절한 제목은 아닌 것 같다. 물론 나는 너희에게 감사하다. 하지만 좀 더 정확히 말하면, 이 책은 너희를 위해 쓴 것이다.

이 책은 연구자가 사회심리학 연구소에서 발견한 내용으로 이루어지지 않았다. 내 경험, 그리고 내가 이야기 나누고 연구한 수많은 사람의 경험에서 힘겹게 얻어낸 깨달음을 담았다. 나는 너희가 살아가는 동안 다양한 열정을 발견하고, 직업과 관심 분야를 수십 번 바꿔보고, 언제나 머리와 가슴의 말이 일치하는 일을 하기 바란다. 이 책을 통해 너희가 단숨에 높은 곳으로 도약해 무엇이 됐든 자기가 좋아하는 분야에서 최고가 되는 기쁨을 누리기를 바란다.

아울러 팟캐스트에서 소중한 지식을 공유해준 많은 분에게 감사한 마음을 전합니다. 이기적인 생각이지만, 나는 내가 더 나은 사람이 되기 위해 여러분 모두에게 여러분의 메시지나 아이디어를 퍼뜨리지 말아달라고 부탁드렸습니다(알려진 것도 있긴 하지만요). 이 책을 통해 여러분이 제공한 수많은 아이디어를 내 이야기와 더불어 세상에 알리려 합니다.

아론 버그, 아론 캐럴, 애덤 그랜트, 애덤 펄먼, A. J. 제이콥스, 알렉스 베런슨, 알렉스 블룸버그, 알렉스 리버먼, 앨리슨 태스크, 어맨다 서니, 에이미 코플먼, 에이미 모린, 안데르스 에릭슨, 앤드루 휴버먼, 앤드루 슐츠, 앤드루 양, 애니 듀크, 앤서니 어빈, 아리아나 허핑턴, 애슐리 밴스, 오브리 마커스, 바버라 코코란, 배리 미헬스, 바셈 유세프, 벤 메즈리치, 버트 크라이서, 베스 콤스톡, 빌 비티트, 빌 카트라이트, 빌 글래서, 블레이크 허치슨, 블레이크 마이코스키, 보 이슨, 보비 케이시, 보비 헌드레즈, 보니 맥팔레인, 브래드 멜처, 브래드 토르, 브랜던 웨브, 브렌든 레몬, 브렛 맥케이, 브라이언 키팅, 브라이언 코플먼, 브라이언 스콧 맥파든, 바이런 앨런, 칼 퍼스먼, 칼 뉴포트, 칼렙 카, 칼 앨런, 캐럴라인 허시, 캐스 선스타인, 샬라마뉴 더 갓, 찰스 두히그, 찰리 호엔, 체이스 자비스, 첼시 핸들러, 셰릴 리처드슨, 치프 돈 델루카, 칩 콘리, 크리스 앤더슨, 크리스 브로건, 크리스 디스테파노, 크리스 제사드, 크리스 스미스, 크리스 터커, 크리스 터너, 크리스 보스, 척 클로스터먼, 척 팔라닉, 크레이그 벤진, 댄 애리얼리, 댄 칼린, 댄 해리스, 댄 라이언스, 댄 로스, 댄 쇼벨, 대니 졸던, 대니카 패트릭, 단테 네로, 데이브 아스프리, 데이브 배리, 데이비드 바흐, 데이비드 엡스타인, 데이비드 고긴스, 데이비드 쾅, 데이비드 리트, 데이비드 매캔들리

스, 데이비드 루벤스타인, 데이비드 싱클레어, 데이먼드 존, 딘 그라지
오시, 데비 밀먼, 데니스 우드사이드, 데릭 시버스, 돈 매클린, 더그 케
이시, 도브 다비도프, 닥터 오즈, 산지브 초프라, 스티븐 건드리, 에디
이바네즈, 엘리자베스 스마트, 엘런 페인, 에릭 애덤스, 에릭 슈미트,
에릭 웨인스타인, 에리카 엔더, 에번 카마이클, 파누시 토라비, 플로이
드 랜디스, 프랭크 오즈, 프랭크 샴록, 프레드 스톨러, 가브리엘 와인
버그, 가브리엘 번스타인, 가리 카스파로프, 게리 걸먼, 게리 바이너
척, 제노 비스콘티, 조지 길더, 길버트 갓프리드, 고드프리, 그레고리
주커먼, 그레첸 루빈, 그리핀 던, 할 엘로드, 헤더 모하난, 헨리 윙클
러, 하워드 막스, 휴 하위, 험블 더 포엣, 잭 페리, 재키 마틀링, 제이렉
로빈스, 제임스 프레이, 제이미 킬스타인, 제이미 메츨, 제이미 윌, 제
이슨 칼라카니스, 제이슨 페이퍼, 제이 셰티, 제이 우준 요우, 지니 개
피건, 제프 갈린, 제프 고인스, 젠 신체로, 제니퍼 샤하데, 제니 블레이
크, 제시 이츨러, 제시카 뱅크스, 주얼, 짐 크레이머, 짐 크윅, 짐 맥켈
비, 짐 노턴, 지미 O. 양, 조코 윌링크, 조 드 세나, 조 모글리아, 조이
콜먼, 존 C. 맥긴리, 존 매키, 존 맥스웰, 존 매커피, 존 맥커스킬, 존 폴
디조리아, 존 필립스, 존 알퍼트, 존 맥스, 존 모로, 존 론슨, 조나 버거,
조녀선 케이, 조던 피터슨, 조던 하빈저, 조던 슐레인, 조지프 레브 런
시몬스, 조슈아 포어, 줄 파이낸셜, 줄리아 캐머런, 소니아 소토마요
르 판사님, 카이푸 리, 카말 라비칸트, 카림 압둘 자바, 키스 에르난데
스, 켈런 러츠, 켄 폴릿, 켄 랑곤, 케빈 알로카, 케빈 켈리, 케빈 슈라스,
루이스 호위스, 린다 파파도폴로스, 로레타 브루닝, 로리 고틀립, 마크
에코, 마크 로어, 마커스 레모니스, 마리아 코니코바, 마리아 메노노

스, 마크 큐번, 마크 디바인, 마크 말코프, 마크 맨슨, 마티 마카리, 매트 클레이튼, 매트 멀런웨그, 매트 리들리, 매슈 베리, 마이클 오비츠, 마이클 싱어, 미치오 카쿠, 마이크 불라드, 마이크 러브, 마이클 마시미노, 마이크 포즈너, 마이크 라이스, 마이크 로, 마이크 반 클리브, 낸시 카트라이트, 나스, 나심 니콜라스 탈레브, 네이선 로스보로, 닐 디그래스 타이슨, 닐 스트라우스, 넬 스코벨, 니콜 라핀, 닉 왈렌다, 노아 케이건, 노암 드워먼, 오잔 바롤, 폴 메쿠리오, 폴 오이어, 폴 라이저, 폴 샤퍼, 피트 홈스, 피터 디아만디스, 피터 오픈쇼, 피터 틸, 필립 스투츠, P. J. 오루크, 라밋 세티, 랜들 스터트먼, 레이 달리오, 레이 제이, 리치 코언, 리치 칼가아드, 리치 롤, 리처드 브랜슨, 롭 코드리, 로버트 치알디니, 로버트 그린, 로버트 커슨, 로빈 알투처, 로저 맥나미, 론 폴, 로이 니더호퍼, R. P. 에디, 라이언 데이스, 라이언 홀리데이, 사치트 굽타, 샘 해리스, 샘 파, 세라 블레이클리, 사샤 코언, 스콧 코언, 스콧 애덤스, 스콧 배리 카우프먼, 스콧 갤러웨이, 스콧 슈타인도르프, 스콧 영, 숀 김, 세바스찬 매니스칼코, 세스 고딘, 셰인 스노, 숀 스티븐슨, 실라 네빈스, 셰리 슈나이더, 셰러드 스몰, 스파이크 코언, 스티븐 더브너, 스티븐 머천트, 스티븐 토볼로스키, 스티브 케이스, 스티브 코언, 스티브 스콧, 스티븐 존슨, 스티븐 코틀러, 스티븐 프레스필드, 스티븐 슈워츠먼, 수전 데이비드, 수지 에스먼, 탱크 시나트라, T. D. 제이크스, 테로 이소카우필라, 테리 조지, 티파니 해디시, 팀 딜런, 팀 페리스, 팀 케네디, 팀 라킨, 팀 라이언, 팀 스테이플스, 티온 티-보즈 왓킨스, T. J. 밀러, 토드 배리, 토드 허먼, 톰 빌류, 톰 파파, 톰 퀴긴, 톰 래스, 톰 새디악, 토니 호크, 토니 로빈스, 토니 록, 터커 맥스, 터니

더프, 타일러 코웬, 타이라 뱅크스, 월리 그린, 웨인 베이커, 웨인 다이어, 윌 쇼츠, 윌리엄 샤트너, 볼프강 퍽, 와이클리프 장, 윈턴 마살리스, 얀시 스트리클러, 야니스 파파스, 일론 슈워츠, 유발 노아 하라리, 주비

그리고 내가 이 책을 쓰는 데 도움을 준 많은 분에게 진심으로 감사드립니다. 특히 WME의 수전 글루크와 하퍼콜린스 출판사의 홀리스 하임바우크가 그토록 애써주지 않았더라면 이 책은 세상의 빛을 보지 못했을 겁니다. 최고의 전문가와 일하는 것은 언제나 기쁜 일입니다.